国家社科基金项目

"绿色银行评级制度研究"（12BGL081）成果

绿色银行
评级制度研究

Research on the Green Bank's
Rating System

王小江／著

人民出版社

目　录

绪　论

第一节　绿色信贷产生与发展

绿色信贷的产生源于人类的生态危机,源于人类非绿色的生产行为、生活行为与金融行为。信贷绿色化的基本目的是为人类生存与发展,是通过建立银行系统与生态环境之间新的关系模式和手段,有效的管理和协调人与自然,金融与自然、金融与绿色经济和社会的和谐发展,绿色银行建设代表着银行业时代发展的新方向。

一、绿色信贷的产生

我们认为,绿色信贷的产生与发展是源于多种因素共同挤压的结果,并非来自金融机构的内在动力。这种因素包括生态因素、社会因素、政治因素、文化因素、制度因素等,其中核心因素是生态危机的发生,生态危机直接威胁人类的生存与发展,迫使人类重新进行文化、模式、制度和生产与生活方式的思考。

(一)生态危机与人类发展模式选择

自然生态是人类生存与发展的基本要素,人类对生态环境变化的忍受能力极低,任何自然生态因素的改变都可能直接威胁人类的生存。20 世纪以来,由于黑色工业文明的出现,导致自然生态的大规模恶化,直接威胁了人类的生存与发展,使得人类陷入了一场生存与发展的选择之中。全球人类开启了发展模式、发展机制、发展体制、发展制度的新探索过程。

(二)绿色经济对银行服务提出新要求

究其原因,黑色的工业文明是今天环境危机的首恶。改变黑色生产方式,变黑色为绿色,是扭转生态环境恶化的主要途径与方式。金融是经济发展的核心动力,是"发动机"。当然"发动机"的绿色化就成为经济绿色化的关键与核心。"发动机"的绿色化对金融提出了全新的要求,它不仅仅是外在的改变,也是基本思想与理念的改变,由此引发的一系列运行模式、经营模式、经营体制、经营制度等的变化。从学科知识的角度看,是一个全新学科和知识体系的出现。

(三)政治文化文明的要求

创造人与自然和谐共处的新理念、新体制,是上层建筑领域中各种权利主体基于维护自身利益的基本选择,是时代赋予政治组织的基本任务。金融是人类基于自身利益而设计的一种工具与产品,金融的目的就是为人类的发展服务。政治文明、文化文明的新发展对金融的发展提出新方向与新目标。金融绿色化是适应政治、文化要求的必然性发展。

(四)银行业的可持续发展要求

传统银行模式下,银行只对经济利益负责,无需考虑生态环境的变化状况。但现在银行业经营的外界环境发生巨大的变化,生态环境破坏成为人类社会生存与发展的主要矛盾。人类社会的发展模式、经济模式、社会模式都在变化。行业能否适应这种新的变化,适应这种新条件的约束,构成银行业的可持续发展基本条件。

绿色信贷的产生只有 30 多年的历史,但对世界的社会发展、经济布局及生态环境的改变产生了重要的影响,已成为一种世界性的趋势。人类社会生态环境的改善,在某种意义上取决信贷绿色化的广度与深度。

二、绿色信贷的发展

绿色信贷适应人类社会发展的新要求,以双重身份介入生态环境风险控制与改善之中,为人类控制与改善生态关系提供了新机制、新方法和新手段。

(一)绿色信贷理论研究的探索

国际上绿色信贷理论研究主要从四个方面对绿色金融的产生、发展与规律进行探索。一是生态与金融关系角度;二是企业社会责任的范畴;三是环境风险管理角度;四是绿色金融绩效的管理。绿色金融理论的研究与发展对绿色信贷产生重要影响。

2001 年,Marcel Jeucken 发布《银行可持续发展与银行业》一书,该书以可持续发展与银行业的关系分析为基点。一是探索银行业在可持续发展中的价值与作用;二是提出环境信用风险的概念,分析环境风险给银行业所带来的信用风险;三是探索企业环境风险与金融机构基于连带环境责任的关系,并提出解决的办法;四是提出银行业对待环境保护的态度分为四个阶段,抗拒阶段、规避阶段、积极阶段和可持续发展阶段的理论。

D.Baron,(2001 年)认为,绿色信贷是指基于企业环境保护和社会责任标准的信贷活动。绿色信贷的关键是标准的制定与执行,并以此作为绿色信贷工作的基准。

T.E.Gradel 和 B.R.Allenby(2003 年)的《产业生态学》阐述了环境与金融的理论基础,从产业与环境的视角分析了金融业对环保产业发展的贡献,阐述金融业在产业环保技术升级中的信贷引导作用,标志着环境与金融的研究进入一个新阶段。

Garcia,Robert De 指出,通过绿色金融这一杠杆调控碳排放市场,有效地促进了碳排放市场价格发现机制和信息沟通机制的建立,碳金融成为环境与金融市场的桥梁,在规避气候变化的风险中发挥更大作用。

Eric Cowan 运用实证研究的方法对环境质量与金融投放额之间的联系进行研究发现,绿色金融投放额度、环境污染治理投融资等都会对环境产生直接的影响,绿色信贷通过金融市场作用于实体经济,进而影响实体经济中生产企业的生产与排污行为,从而促进环境质量的提高;同时,绿色信贷可以通过利息、利率以及相关的信贷产品或理财产品直接为节能环保产业提供便利与优惠,促进节能环保产业的发展。[①]

Scholz(1995 年),Keidel(1997 年)及 Coulsson(1999 年)在分析金融机

---

① 孔瑞:《我国绿色信贷发展研究》,山东师范大学 2014 年硕士学位论文。

构环境责任的基础上,提出金融环境风险的理论,他们认为,商业银行的发展要充分考虑环境风险因素,将环境风险作为项目考察的重要指标,并对项目进行风险管理。另外,要建立环境风险管理体系,减少环境风险对商业银行信贷行为所产生的不确定损失。

国内对绿色信贷理论的研究历史较短,基本上是进入 21 世纪开始,且以环保政策的落实为主,偏重应用型,主要论证绿色信贷应用的意义、作用、职能、工作方法和工作模式等,特别是偏重绿色信贷政策的实施与评估的研究。

熊学萍(2004 年)认为绿色信贷应该包含以下两层含义:其一,绿色信贷的目标之一是帮助和促使企业降低能耗、节约资源,将生态环境要素纳入金融业的核算和决策之中,扭转企业污染环境、浪费资源的粗放经营模式,避免陷入先污染后治理、再污染再治理的恶性循环;其二,金融业应密切关注环保产业、生态产业等"无眼前利益"产业的发展,注重人类的长远利益,以未来的良好生态经济效益和环境反哺金融业,促成金融与生态的良性循环。

王小江、祝晓光(2007 年)在《让我们联合起来》一文中针对环境政策与信贷政策的联合实施提出建议,认为基于商业银行环境风险控制和商业银行落实国家环境保护政策的角度,环境保护部门和金融机构之间应在信贷行为上形成一种紧密合作的关系,包括环境信息沟通、重污染行业贷款控制和联合管理方式等。

何德旭(2007 年)指出绿色信贷是银行业贯彻落实科学发展观的一项重大举措。并根据国际经验,介绍了绿色信贷的涵义、商业银行推行绿色信贷的必要性以及绿色信贷与传统信贷的区别。李森在《我国商业银行的企业社会责任与绿色信贷》中提到"绿色信贷"体现了我国商业银行的企业社会责任,分析执行绿色信贷过程中面临的困境,并提出了对策。柳钦在《国内外绿色信贷的实践途径》中分析了国外绿色信贷制度发达国家和国际几家大型赤道银行在实践绿色信贷时的主要模式及成就,以及对我国的借鉴价值。张磊(2006)认为可以通过建立专门支持农村可持续发展的"绿色银行",建立农业绿色信贷信息系统和建立农村绿色信贷的诚信保障体系来支持农村经济可持续发展。

(二)绿色信贷机制的国际探索

基于信贷行为在人类社会发展中的特殊作用与影响,国际组织、各国政府及金融机构都在进行积极的探索,其路线与模式主要有四种:一是责任模式,主要通过赋予金融机构在生态环境系统中应承担的责任入手,以减少对生态环境系统的影响;二是支持模式,就是金融机构主动参与到生态环境改善的行为之中,以提高环境容量和承载力为目标,提高人类的生存现状;三是以环境风险控制的方式,介入到环境保护中,但此机制是以银行自身的风险控制为依据,只是间接方式介入,无法在本质上产生影响;四是参与支持环保产业方式,间接支持生态环境的改善与维护。具体阐述如下:

1. 以信贷责任方式,预防生态破坏行为

20世纪70年代,金融在第一届联合国人类环境会议上正式被讨论。该会议通过了《联合国人类环境会议宣言》,确认了全球环境保护7点共同看法以及26项具体原则。以行为责任和规则的角度,介入生态环境保护中。

80年代初,美国公布多部与环境保护和绿色信贷相关的法律文件,界定了政府、企业和银行在绿色金融活动中的责任和义务,从而为绿色金融发展打下了基础。著名的"超级基金法案",提到信贷行为与自然环境关系处理的责任方式。该法案要求各企业必须对它们在开展项目或者生产经营活动中造成的环境污染负责,同时通过严格责任划分的方式,要求商业银行在信贷行为中承担连带责任,这就意味着银行在发放贷款的过程中要严格对企业进行审查才能规避由于企业环境污染而带来的环境赔偿风险。伴随"超级基金法案"的实施,商业银行可持续金融的研究纷纷展开,目的是有效回避企业可能对商业银行带来的环境信用风险和环境赔偿风险。

同样在80年代,英国完善了环境保护法律体系,根据环境保护法律,污染企业可能会面临巨额罚单,同时如果商业银行贷款给了污染项目也会面临监管部门的罚单。因此,英国银行在审核信贷风险时,都给予环保以更多

的权重。此外,英国政府制定了相关的激励政策为环境保护政策护航。至此,可持续发展的理念在金融领域得到充分的落实,特征是:国家以法律强制约束的方式介入商业银行的信贷行为之中,要求金融行为必须以社会的整体利益为前提,以保护社会公众利益为主线。社会利益至上,成为绿色金融实施的基本依据。

1989 年,美国 CERES 集团启动了一项要求,即遵从协议的签字企业要定期报告自身环境情况,并由 CERES 集团依据包括环境指标在内的情况报告决定投资方式,这种投资方式称为伯尔蒂斯投资原则。该原则开启企业投融资行为与生态环境保护融合的序幕。

2010 年,瑞士日内瓦国际会议中心以"共担责任,实现可持续发展"为主题的 ISO26000《社会责任指南标准》正式发布,提出社会责任实施与评价的具体标准与工作步骤,为企业与金融机构实施绿色信贷工作打下基础。

2. 以支持、激励机制建设,推进金融参与环境保护行动

2015 年,联合国通过了《2030 年可持续发展议程》。世界各国呼吁各国政府、企业、金融机构等利益相关者积极行动,特别是注重鼓励和引导金融机构通过积极支持惠及经济、社会、环境发展的项目,发挥杠杆作用,推动可持续发展。

2016 年 12 月,第 4 届 SBN 年度会议上,绿色金融发展衡量体系问题被首次提上议程。中国绿色信贷统计和评价体系激发了其他成员的兴趣。成员提出了基于中国、尼日利亚和巴西等国现有经验,成立绿色金融衡量体系工作组,整理经验,推动不同国家衡量体系建设的要求。目前 SBN 已经着手召集和设立了不同主题的技术工作组,并同各专门性机构建立长效沟通机制。

在中国人民银行和英格兰银行的联合声明中,绿色金融在 2016 年首次成为 G20 的主题。会上提交了以中国、巴西等国家为代表的成员融合国际经验,结合本国国情发展绿色信贷的经验,提出了一系列推进绿色金融发展的建议,推动了绿色金融的深化和发展,绿色金融的发展进入新时代。

3. 环境风险控制方式,预防环境风险对金融的冲击

20 世纪 90 年代,联合国环境规划署金融行动机构(UNEP-FI)成立,该组织成为绿色信贷发展的国际性倡导组织,就此绿色信贷的发展纳入国际范畴。同时该组织发布了银行业《金融业环境暨可持续发展宣言》,强调要把环境考虑纳入标准的风险评估流程,倡导银行业在运作时必须充分重视环境因素,为国际金融机构绿色信贷的发展指明方向。

2003 年,世界银行集团国际金融公司会同十家银行在 2003 年引入"赤道原则(Equator Principles)",为金融机构提供了一系列指导方针,为开展项目融资提供一套识别、评估和管理环境与社会风险的准则,并确立了配套的项目融资环境与社会最低行业标准(EHS Guidelines)。[①] 赤道原则要求金融机构在投资项目时要综合评估该项目对环境和社会所产生的环境影响,鼓励金融机构利用金融工具推动环境保护及社会协调发展,强调环境、社会与企业发展目标的统一。

2015 年 9 月,在秘鲁首都利马召开的第三届 SBN 年度大会上,与会代表初步探讨了如何在巴塞尔协议框架下考虑环境社会风险,显示了银行监管部门将绿色信贷系统纳入银行常规业务流程,纳入常规银行业监管的初步设想。

4. 支持环境保护产业发展

从绿色信贷产生的历史来看,绿色信贷源于生态环境保护制度建设的压力,金融机构环境责任的明确,使得金融机构不得不把环境风险作为影响商业银行正常经营的要素,金融机构必须把环境因素纳入其风险管理体系,成为商业银行风险管理的主要构成。

进入 21 世纪,绿色信贷理念得到世界的广泛认可,特别是杭州的 G20 会议,把绿色金融上升到治理方式与治理体系建设的重要程度,绿色金融进入快速发展的时期。

---

① 李鑫:《绿色信贷助推经济绿色可持续发展——基于甘肃银行实践》,《甘肃金融》2017 年第 8 期。

(三)绿色信贷中国机制与模式的探索

国内绿色信贷的实践主要经历两大发展阶段,一是绿色信贷政策发展阶段,主要以人民银行与原国家环保部联合出台以防范环境风险和执行国家环境政策为内容的政策、意见;二是以部门管理为主体的发展阶段,以原国家银监会为主发布的绿色信贷相关指引、规章,绿色信贷的发展进入规范的发展过程。

1. 绿色信贷政策发展阶段

1995 年,中国人民银行和原国家环保局分别出台《中国人民银行关于贯彻信贷政策与加强环境保护工作有关问题的通知》《国家环境保护局关于运用信贷政策促进环境保护工作的通知》,标志着我国进入环境政策与信贷政策相互融合的过程,以信贷政策执行参与环境保护成为我国银行发展的方向。

2007 年,原环保部、中国人民银行与原银监会联合发布《关于落实环境保护政策法规防范信贷风险的意见》,要求银行等金融机构对贷款严格审批、管理与发放,将绿色发展理念融入信贷工作中,利用绿色信贷机制对不符合产业政策、环境违法的企业或项目进行信贷控制,以遏制高耗能、高污染产业的扩张,标志着绿色信贷制度的正式确立并进入治污减排的主战场。意见要求各银行机构必须将企业环保守法作为审批贷款的必备条件,对未通过环评审批的新建项目,银行机构不得以任何形式增加授信支持,同时规定银行机构对环保部门查处的超标排污、未取得许可证排污或未完成限期治理任务的已建项目所属企业流动资金贷款申请进行审查时,应严格控制。正式拉开了我国绿色信贷发展的序幕。

之后,人民银行、原银监会等相关部门先后颁布了《中国人民银行关于改进和加强节能环保领域金融服务工作的指导意见》《节能减排授信工作指导意见》《关于全面落实绿色信贷政策进一步完善信息共享工作的通知》《关于进一步做好支持节能减排和淘汰落后产能金融服务工作的意见》等相关文件,引导与鼓励金融机构开展绿色信贷业务,我国绿色信贷进入发展阶段。

2. 绿色信贷部门管理制度发展阶段

2012 年,原中国银监会颁布《绿色信贷指引》,提出了绿色信贷三大框架体系,即建立环境社会风险管理、绿色金融产品创新和银行自身环境足迹。还提出对绿色信贷的组织管理、政策制度及能力建设、流程管理、内控管理与信息披露、监督检查等环节的各项工作进行规范。从此我国的绿色信贷工作进入部门管理和规范发展的新阶段。

2013 年,原中国银监会发布的《落实绿色信贷工作指导意见》和国务院出台的《加快节能环保产业发展指导意见》中都明确提出我国绿色信贷已经成为发展趋势,商业银行应该积极推出符合公众需要的银行产品和相关服务。

2015 年,原中国银监会与国家发展改革委联合颁布《能效信贷指引》(下称"《指引》"),鼓励和指导银行业金融机构积极开展能效信贷业务,有效防范能效信贷业务相关风险,支持产业结构调整和企业技术改造升级,促进节能减排,推动绿色发展。

2016 年,中国人民银行、原银监会、证监会、原保监会、财政部、国家发展改革委和原环保部等七部委联合发布了《关于构建绿色金融体系的指导意见》为绿色信贷发展提供了新动力。《意见》提出要构建中国绿色金融体系,大力发展绿色信贷,推动证券市场支持绿色投资,设立绿色发展基金,通过政府和社会资本合作(PPP)模式动员社会资本,发展绿色保险,完善环境权益交易市场、丰富融资工具,支持地方发展绿色金融,推动开展绿色金融国际合作等建议。

3. 国内银行绿色信贷模式的探索

2007 年 10 月 11 日,招商银行宣布加入联合国环境规划署银行行动,并制定了全方位的绿色银行行动计划。在绿色银行行动计划的基础上,招商银行制定较为全面的具体行动方案,并以此为依据展开绿色银行的行动。但由于缺乏具体的信息制度和责任制度,我们还难以看到实际的行动结果。

2007 年 10 月 17 日,中国工商银行出台《关于推进"绿色信贷"建设的意见》,提出要建立信贷的"环保一票否决制",对不符合环保政策的项目不发放贷款。对列入"区域限批"、"流域限批"地区的企业和项目,在解除限制之前暂停信贷支持。中国工商银行陆续制定了 60 个行业绿色信贷细化政策,实现了公司客户行业全覆盖,使绿色项目融资业务有据可循。工行内部信贷管理系统还对法人客户进行了"环保信息标示",初步形成了客户环保风险数据库。

2008 年 10 月,兴业银行承诺采纳赤道原则,成为中国首家赤道银行。践行社会责任,倡导绿色信贷,培育环境与社会风险管理文化,为构建人与自然、环境、社会和谐共处的良好关系而努力成为兴业银行的信贷准则。

2008 年,浦发银行成为国内首家发布绿色银行综合方案的上市银行,方案涵盖了低碳经济上下游产业链,并建立专业从事绿色信贷业务团队,浦发银行展开国际合作,与世界银行、国际银行公司、亚行、法国开发署有长年实质的项目合作。

2011 年,民生银行与中国环境保护产业协会在北京举行了战略合作签约仪式。根据协议,民生银行计划通过积极创新银行服务,建立绿色审批渠道,发展环保产业,增加"绿色信贷产品"的供应,与环保产业共同发展。

2011 年,国家开发银行先后出台了《污染减排贷款工作方案》《关于落实节能减排目标项目贷款评审的指导意见》等项具体措施,严格管理对高耗能、高污染行业的贷款,另外还建立了重点支持水污染治理工程、燃煤电厂二氧化硫治理工程等的"节能减排"专项贷款。

各银行机构对绿色银行产品和服务进行了大胆创新和探索,绿色产品创新力度不断加强,在众多领域实现了零的突破。工商银行、农业银行、中国银行等机构先后发行了绿色银行债券。农业银行、华夏银行、光大银行等机构探索碳排放权、排污权质押融资方式,已经形成了包括节能减排技改项目融资、CDM 项目融资、节能服务商融资、绿色买方信贷、公用事业服务商融资、绿色融资租赁、排污权质押融资等丰富的绿色银行信贷体系,涵盖低碳经济、循环经济、生态经济三大领域的各种绿色银行产品。

2014 年,29 家主要银行代表中国银行业在福州签署了《中国银行业绿色信贷共同承诺》,承诺全面践行绿色信贷。29 家主要银行正在逐步按照绿色信贷指引的要求,加强能力和机构建设,建立绿色信贷长效机制和体制。为做好信贷支持项目的节能减排效果统计,国家开发银行开发了专业的节能减排效果测算软件,以确保节能减排效果统计的准确性。其他银行也积极借鉴学习国家开发银行的做法。

第二节　中国绿色信贷发展瓶颈

绿色信贷责任与评价的缺失已成为中国绿色信贷深度发展的瓶颈与阻碍。责任缺失导致绿色信贷发展失去动力,评价缺失使得国家绿色发展战略难以在金融机构得到真实的落实。中国绿色信贷深度发展的首要任务是绿色信贷评价与绿色评级制度建设。

一、责任与评价是银行信贷行为的核心环节

(一)责任与评价是银行信贷行为的核心

责任与评价是银行管理的核心环节,责任与评价构成银行管理的起点。银行信贷责任与评价制度的建设不仅仅是金融机构的个体行为,也是国家进行资金的调控与配置的管理行为。对银行的工作而言,一切的行为都是围绕信贷责任与评价行为而展开。银行信贷行为责任与评价的建设具有以下意义。

1.认知作用。评价本身就是对事物从不知到认知的一个完整过程,信贷通过对企业的市场调研、技术调研、管理调研、财务调研、行为调研、人员调研和绩效调研,对企业从不知,到基本认知,再到认知的提升,最后进入信贷决策,完成资金的配置的选择。而这一切的保证是责任的建立与落实。

2.配置作用。从经济的角度来看,银行认知过程是一个优化选择的过程,通过信贷选择,淘汰经济效益差、没有发展前景的企业。支持那些经济效益好的企业,实现资金的优化配置,进而也实现了社会资源的优化配置,实现社会效率的质量的全面提升。这一切的行为需要银行信贷责任的建设

与执行,没有责任的信贷行为只能导致信贷信用风险的上升,效益的下降。

3. 风险管理作用。以最小的风险换取最大的经济利益是商业银行经营的首要法则,对社会发展而言亦是如此,总是要以最小的成本,换取社会的最大效益。银行信贷的风险管理,恰恰可以起到如此的作用,一方面控制了金融机构的资金回收风险,另一方面也实现了社会风险的控制。同样,责任是以上管理行为的前提与基本保障。

(二)绿色信贷责任与评价建设

责任与评价行为是商业银行信贷行为的核心。以信贷责任与评价行为为起点,商业银行形成一个以信贷责任和评价为核心的管理体系。绿色信贷同样是一个完整的管理体系,由于绿色管理的目的与目标的不同,以经济利益为核心的信贷评价体系,中国绿色信贷的发展必须建立一套新的管理体系与管理制度,其核心是绿色信贷准入与评价制度的建设。

中国绿色信贷工作虽然已经有近 20 多年的历史,但绿色金融体系并未完整建立,从发展方向到发展模式、从宏观到微观、从技术层面到管理层面、从制度层面到政策层面、从产品层面到宣传推广、从基础理论到应用理论,绿色信贷工作实践和理论研究与绿色信贷发展的需求严重脱节,已经极大影响绿色信贷的深度发展。缺少绿色评价的核心制度的设计是主要问题。当前绿色信贷工作急需突破,以绿色银行评级制度的建设为我们突破绿色信贷工作瓶颈,选取工作与研究的方向。

二、绿色评价行为中的信贷管理问题

(一)金融机构环保意识的缺乏

意识是行动的前提,行动是意识的反映。绿色信贷行为源于绿色信贷的意识和思想。银行业近 15 年的信贷数据表明,虽然绿色信贷政策从 1995 年开始出台,但事实上环境保护政策落实并未到位,没有环评手续,环保超标、超排的现象非常严重,企业负债率一直居高不下。如我国的钢铁行业,产业政策和环境政策已对钢铁行业采取严格限制,该行业的资产负债率近 15 年基本在 70%—75% 之间,最高达 80%。在社会的环境利益和金融机构的经济利益之间,金融机构选择经济利益。因此,要进一步强化银行业金融机构的环保主体意识,使其担当环保的社会责任。

(二)金融机构环保责任不清

责任的理解通常可以分为两个意义。一是指社会道德上,个体分内应做的事,如职责、责任、岗位责任等。二是指没有做好自己工作,而应承担的不利后果或强制性义务。银行业金融机构的绿色信贷的压力主要来自于政府的外部压力,但可惜的是,中国的绿色金融没有走上立法的道路,金融机构在环境问题上不承担任何的法律责任。商业银行社会责任在政府没有相关的制度和法律惩罚措施与利益最大化的驱使下流于形式,商业银行更加重视借款人偿还贷款的能力,对企业的环境风险方面关注比较少。环保责任不清已成为中国绿色金融深度、实质性发展的瓶颈。要想绿色信贷实质性开展,就要进一步强化银行业金融机构的环保责任,特别是从法律上强化金融机构的环境责任,自律地执行差别化管理的信贷政策,引导资金流向资源节约型、环境友好型的生产环节。要进一步发挥其金融环境责任功能,特别是将环境保护内化成企业成本,试行或推行差别化的绿色信贷利率,发挥利率对资金流向的调节作用,将环境保护落地到生产的全过程。

(三)绿色信贷产品创新不足

绿色信贷产品的设计,要兼顾经济效益、社会效益,更要体现环境与社会责任意识。目前绿色信贷产品仍然停留于探索阶段,由于缺乏高素质专业人才,制约了商业银行绿色信贷创新能力的提升。如对于环保项目技改贷款,企业希望得到长期项目贷款支持,但商业银行认为循环经济项目将多个生产环节进行组合,生产链条与资金循环周期加长,风险和回报难以测定和控制,更倾向于发放短期流动资金贷款等,一定程度上反映商业银行对循环经济发展特点的不适应和金融产品创新的缺乏。

(四)绿色信贷专业技术人才缺乏

现有信贷人员对环保政策法规及知识了解掌握较少,也缺乏相应评估技术,对项目贷款和企业环评一般只能被动地接受有关单位的意见,同时由于不具备有关专业知识,难以把握绿色行业经营特点和风险发展趋势,对授信客户或项目的环保风险不能及时有效地识别、监控。

（五）商业银行绿色信贷发展的组织体系不完善

绿色信贷的工作任务需要分解，需要部门和具体人员的落实。目前，国内只有少部分银行建立了绿色信贷组织体系、设置了绿色信贷专门的职能部门，大部分银行则并未针对绿色信贷建立相应的组织体系和框架，部分银行甚至还未设立绿色信贷相应的岗位。

三、绿色评价行为中的信贷技术问题

（一）环境和社会风险技术问题

由于国家绿色信贷标准缺乏具体的指导目录、环境风险评价标准等，对绿色信贷的标准多为综合性、原则性，环保、健康、安全等绩效评价指南也不完善。商业银行尚未形成系统、规范的环境和社会风险管理机制及流程体系。

伴随我国环境保护法律法规的日益健全，金融机构的环境风险逐步上升，而且呈现逐步扩展的趋势，金融机构不仅仅要承担环境信用风险，还要承担环境赔偿的风险，环境赔偿风险日益成为信贷活动中最主要的风险之一。建立有效的环境风险管理体系，以有效的应对环境风险可能对金融机构经营所带来的经济损失风险、信誉损失风险和金融危机风险，意义将十分的巨大。

《绿色信贷指引》要求银行业金融机构应当有效识别、衡量、监控和管理测信贷业务中的环境和社会风险，但绿色信贷是一个庞大的工程技术体系，涉及所有行业和部门，仅仅以一部《绿色信贷指引》是不够的，必须建立以环境保护为核心的绿色信贷环境风险控制体系、环境风险技术体系、环境风险监督体系。从宏观上有效地管理环境风险可能对社会经济发展产生的影响，降低环境风险发生的概率。从微观上，必须建立金融机构的环境风险体系，以保证环境风险管理的具体落实。

（二）信息交流共享技术问题

信息交流是绿色信贷管理与发展的前提，因为绿色信贷首先是绿色信贷的准入,准入需要信息,需要贷款人的环境信息,否则是无法确认贷款人的具体情况的。包括贷中管理和贷后管理等都需要信息的支持。当前,人民银行企业征信系统对企业环保信息收集不完整、不健全,导致各金融机构无法及时、准确获得企业环保的相关信息,银行从环保部门得到的是一些零碎、松散的环保信息,环保部门发布的企业环境违规信息不及时,其程度不足以满足银行对信用审查的要求,对绿色信贷的实施有一定影响。而且这些信息主要是企业过去由于违反环保政策法律法规受到处罚的信息,其针对性、时效性都不强,银行难以及时全面掌握企业环保真实情况。

（三）评价技术标准问题

绿色信贷技术标准是绿色信贷工作开展的前提,因为标准绿色信贷工作的目的是协同金融系统与生态系统的关系,本质上是协调与自然的关系,这种关系在量上是一个固定的长值,所以绿色信贷本身也是一个必须定量分析的问题。尽管原银监会已经发布了绿色信贷指引,但是绿色信贷标准认知不统一,各商业银行对绿色信贷的内涵、外延理解并不一致,绝大部分商业银行都是按照自身理解制定本行绿色信贷战略方针政策、制度、标准、产品和流程。绿色信贷标准的不统一结果就是直接影响绿色信贷市场的公平与公正性,影响金融市场的稳定与秩序。

（四）没有健全绿色信贷监测体系

统一绿色信贷标准是规范银行绿色信贷体系建设和过程管理的基础,也是加强绿色信贷管理,明确问责、补偿和惩罚的依据,促进了绿色信贷发展和科学决策。建立和完善可以准确应用于各种银行业金融机构的统计监控系统,可以统一环境风险和社会风险,准确反映绿色信贷发展的类型、过程和效果,使绿色信贷可量化、可核实、可报告,通过严格的考核和问责,保证它在既定的制度和法律框架下能够有效运行。国家环保政策使银行陷入"两难"境地。[1]

---

[1]　龚晨:《探索微利时代我国商业银行绿色金融业务合作模式》,《经济视角》2012年第6期。

四、绿色评价行为中责任制度建设问题

(一)绿色信贷责任制度体系缺失

绿色信贷是一个完整的工作体系,更需要一个完整的内部工作体系和外部体系的配合。每一个体系内部又是由众多的子因素构成,每一个子因素都有自己的运行规律与方式。这就需要完整的绿色信贷制度体系的配合,以形成一个责权利结合的管理体系。现实是绿色信贷并未形成一个完整的制度体系,如由于绿色信贷实施中缺乏一定的绿色信贷指导标准和环境风险评级标准等,商业银行难以有相关依据制定监管措施及实施细则,降低了绿色信贷工作的可操作性和公平性。[①] 没有统一的标准和尺度,地方政府受"争比进位"压力,过分重视短期利益,对企业污染的监管形同虚设。制度的缺失,一方面是缺乏对金融机构实施绿色转型的激励,银行信贷不能有效支持生态环境改善;另一方面金融机构无法形成对环境造成重大污染的企业进行贷款的处罚机制。

(二)绿色信贷责任与评价机制缺失

首先,动力机制不足。就政府而言,"两高一剩"企业对地方就业、纳税、GDP 等指标有重要的贡献。在"唯 GDP"考核机制与缺少相应激励惩戒机制的情况下,政府对该类企业往往采取宽松政策,推动绿色信贷开展动力不足。其次,就银行而言,商业银行主要利润来源于贷款业务,如果商业银行严格执行绿色信贷标准,必将流失不符合环保标准的客户,并要以较低的利率向符合绿色标准的企业进行贷款,提高银行的信贷风险,损害银行当前的自身利益。最后,对于企业而言,为了降低成本,不符合绿色信贷标准的企业往往懈怠于污染治理与结构转型,注重短期利润最大化目标,忽视长远利益与整体利益。在向银行提出信贷申请时,企业往往为了顺利满足融资需求,刻意隐瞒或谎报环保数据与信息,造成恶性循环。

---

① 中国人民银行黔西南州中心支行课题组:《绿色信贷推进的现状、问题及对策——以"中国金川"为例》,《西南金融》2013 年第 11 期。

（三）绿色信贷责任与评价的法律化

绿色信贷评价是国际绿色信贷发展的主要特点，这和西方各国在环境保护法律体系的建设是一致的，环境法律的完善，企业和金融机构的环境责任建立直接降低金融机构环境风险。绿色信贷评价体系的建立，为金融机构控制环境风险的产生，为金融机构处于环境保护提供基本的方法。但绿色信贷一直以来，是以政策管理为主，缺少一套与我国国情相对应的法律法规体系，这也是我国绿色信贷发展滞后的一个重要原因。

一是绿色信贷缺乏权威性。绿色信贷开展基本是以《中国人民银行法》《商业银行法》及《银行业监督管理法》为主，但以上法律在相关绿色信贷的安排上，基本处于空白的地步，对信贷行为不能起到约束和激励的作用。近年来，原银监会、人民银行、原环保部等多个相关部门陆续出台绿色信贷相关政策文件，初步形成了绿色信贷管理框架，但是相关政策大都属于规章及其指导性文件，不属于法律范畴，因此缺乏权威性与强制性，无法把绿色信贷的责任落实到位。

二是绿色信贷缺乏统一的基准与标准。无法起到维护金融秩序和环境秩序的目的，无法保证绿色信贷是在公平与公正条件下的经营，甚至出现"劣币驱除良币"的现象。

三是绿色信贷协同性不足，我国绿色信贷相关文件由多个部门出台，政出多门，部门之间协同性差，无法实现生态、经济、社会、金融的协同发展。

（四）绿色信贷责任与评价的社会监督机制建设

绿色信贷问题是一个环境问题，环境问题是社会利益的维护，而社会利益的维护，由于社会利益的共享性和消费的非排他性，公共利益的维护需要外界的压力。绿色信贷产品的结果是生态环境公共利益的产生，其结果具有非排他性和共享性的特点。因此绿色信贷不能只依赖金融机构的自发行为，而是把银行机构自发的责任建设和评价与社会参与机制进行有机的结合，通过社会的绿色信贷责任与评价机制的建设来保证绿色信贷的公平性、秩序性和公正性。

第三节　绿色银行评级制度研究理论、实践与价值

绿色信贷承担国家绿色发展战略的实施与调控的任务。但绿色信贷责任与评价的缺失,导致中国绿色信贷实施效率与质量低下,进而影响整个绿色发展速度与质量。选择一个突破口,全面决定绿色信贷政策的执行与实施效果。绿色银行评级制度为我们找到了着力点。

一、绿色银行评级制度的实践

绿色银行评级制度是银行绿色信贷制度的重要构成,绿色银行评级制度的研究与实践源于绿色信贷行为理论研究和社会实践的要求,在逻辑上形成递进关系和验证关系。

(一)绿色银行(信贷)评级制度建设实践

2002 年,世界银行发布《环境与社会风险的项目融资指南》,这项准则要求以环境与社会责任指标来判断项目的可行性,来决定项目的信贷审批。此后,该标准已应用于世界上许多大型环境项目的融资,取得了很好的反响。

2009 年,河北省环境保护厅、人民银行石家庄中心支行以及河北省银监局联合发布《河北省绿色信贷政策效果评价办法(试行)》,该办法明确了河北省绿色信贷执行考核评价方法体系,包括银行机构组织管理自我评估、社会公共评估、监管部门现场考察评估等方法,并对政策执行评价结果予以公示,明确环境保护贷款审批的"一票否决"原则。河北省开创绿色信贷政策执行效果评估的先河。[①]

2012 年,环保部环境与经济政策研究中心发布《我国绿色信贷政策进

---

① 马其林:《河北省绿色信贷发展现状调查研究》,河北金融学院 2015 年硕士学位论文。

展报告(初稿)》,该报告对 2010 年末总市值排名前 50 的银行绿色贷款投放进行了调研,调研反映出我国银行业金融机构绿色信贷投放量依然偏低,值得一提的是,其中有 28 家城商行和农商行存在绿色信贷投放动力不足和"两高一资"项目贷款数据信息披露不完善等问题。

2012 年,绿色流域、创绿中心、天津绿色之友、公众与环境研究中心、自然之友、绿家园中国发展简报、全球环境研究所、横断山研究会、重庆绿联会、绿色浙江等十家机构共同举办了以"绿色银行推动绿色经济"为主题的论坛,并发布了《中资上市银行绿色信贷表现排名(2008—2011)》(简称《绿色信贷排名》)报告。

2013 年,中国银监会印发《绿色信贷统计制度》,定期统计银行业银行机构涉及落后产能、环境、安全等重大风险企业信贷情况、支持节能环保项目及服务贷款情况、绿色信贷资产质量情况,以及贷款支持的节能环保项目所形成的年节能减排能力情况等,为完善绿色信贷考核评价机制奠定基础。

2014 年,中国银监会印发《绿色信贷实施情况关键评价指标》,并在《银行业银行机构绩效考评监管指引》中设置社会责任类指标。从 2015 年起每年组织国内主要银行业银行机构开展绿色信贷自评价,督促全面对照标准自查绿色信贷工作中的缺陷并要求及时整改。目前,正在指导中国银行业协会制定绿色银行评价制度,通过公开评价接受公众监督。

二、绿色银行(信贷)评级理论进展

绿色银行评级制度研究在我国基本处于空白的状态,相关的研究主要围绕企业环境风险的控制,绿色信贷制度的研究范畴。绿色银行评级制度的专项研究亟待进行。

2002 年,Sonia Labatt,Rodney R. White 在《环境银行:环境风险评估与银行产品指南》中指出,绿色银行效应的发挥取决于具体的银行工具与产品,在企业的环境风险评估中,环境信息起着重要作用,可以指明银行产品的投放方向。2007 年,Rory Sullivan 指出,对银行业投资应该考虑银行机构的社会责任以及投资的社会责任,应对项目的出资建设进行相关社会责任风险的调查,以避免风险。

2007 年,Bert Scholtens, LammertjanDamd 在分析采纳赤道原则的银行和没采纳赤道原则的银行时发现,采纳赤道原则,关注企业社会责任,可以释放信号给社会公众,虽然要花费一些费用,但是提高了银行的声誉,同样也影响了银行对企业的风险评测。认为采纳赤道原则的银行都是大银行而且是被认为更有社会责任的。说明采用赤道原则具有规模效应并且是可持续的。

2009 年,祝晓光在《论绿色信贷政策实施效果的评估》中提出对商业银行执行绿色信贷行为实施效果进行分析的建议。该文对绿色信贷实施效果评估的概念、范围、标准、主体、客体、方法与步骤进行论证。建议组建一个由银行监管、环境保护部门、社会新闻媒体和社会大众广泛参与的绿色信贷政策评估体系,目的是体现评估的公平与公正性,确保信贷行为与环境保护行为的紧密结合,促进环境保护政策的落实。

夏少敏的《论绿色信贷政策的法律化》,主要讨论了我国绿色信贷产生的原因,介绍了我国关于绿色信贷的相关法规以及对其法律化的形式和途径选择等。阳露昭、姜渊的《论我国绿色信贷法律制度的构建》分析了我国实行绿色信贷的必要性,以及目前绿色信贷相关制度的不足,并提出了我国绿色信贷法律制度的一个构想。崔晓卫、郑雅杰的《商业银行实施绿色信贷的法律思考——以社会责任为视角》,主要对商业银行在绿色信贷中的社会责任与银行的逐利性之间的冲突、法规强制性与商业银行自主权的冲突进行了对比分析,并提出了完善绿色信贷评价制度的法律建议。

三、绿色银行评级制度研究的价值分析

绿色银行评级制度的价值分析分为宏观价值分析和微观价值分析。宏观价值分析是指绿色银行评级制度在国家生态环境保护层面的价值状况。微观价值分析是指绿色银行评级制度在绿色银行制度体系中的价值状况与影响。

正确把握绿色银行评级制度宏观和微观的价值,把绿色发展的理念与

思想注入到绿色银行评级制度设计的每一个环节,对绿色银行评级制度设计的决策具有十分重要的意义。具体分析如下:

（一）国家生态环境制度体系的重要构成

基于生态环境的危机已经威胁到人类社会的生存与发展,人类建立了以生态环境保护为基点的绿色发展观和行动计划。制度是绿色发展观和绿色发展战略在制度层面的具体落实,制度建设成为绿色发展观和绿色发展战略落实的基本保障与支持。绿色银行评级制度表面上看是银行层面的事,但实际上是国家生态环境保护制度的重要构成,是国家生态环境保护制度在银行层面的具体落实。绿色银行评级制度在国家层面生态环境保护制度中价值如下:

1. 国家环境保护的重要手段。环境保护是世界的共识,环境保护手段包括法律手段、经济手段、社会责任手段、道德手段等。但同其他的环境保护手段相比,银行手段具有可持续、范围广、穿透力强、对象精准、综合成本低等特点。绿色银行评级制度亦是在银行业实施绿色信贷政策和制度,即成本低、社会效益高、可持续和发展的制度建设,把环境保护制度、绿色银行制度、企业环境保护制度连在一起,共同构成国家环境保护链。

2. 国家生态文明制度的重要构成。生态文明是人类社会进步的标志,是人类社会发展过程中的必然选择,代表时代的进步和人民的呼声。生态文明制度体系是生态文明建设的核心内容,按照"源头严防、过程严管、后果严惩"的原则,生态文明制度包括从源头、过程、后果三个过程建立制度体系,其核心制度包括生态文明评价制度、生态文明管理制度和生态文明考核制度。绿色银行评级制度是生态文明评价制度、管理制度、考核制度在银行领域的延伸,是生态文明制度在银行领域的全面反映,绿色银行评级制度的建设十分重要。

3. 国家信用体系的主要构成。信用行为的记录,不仅要站在经济角度对企业和个人进行信用的评价,以维护正常的经济秩序和公平。当生态环境保护上升为人类的最基本问题时,绿色信用的评价就应成为人类约束企业和个人行为的必要,成为人类社会信用体系建设的重要构成。把绿色银行评级制度纳入国家信用体系的一部分,将成为环境的建设与改善,促进生态、经济和社会平衡的主要手段。

(二)在绿色银行制度中处于统领、引导和控制的作用

无论是从银行机构在绿色信贷管理制度链的角度,还是从绿色银行评级制度在整个绿色银行制度建设中的作用角度,绿色银行评级制度在整个生态环境保护制度和绿色银行制度体系建设过程中具有十分特殊的价值,绿色银行评级制度的建设可以起到带动、拉动、激励、促进整个绿色银行制度乃至生态文明制度和环境保护制度建设的作用。

1. 统领绿色银行制度建设。绿色银行评级结果是对绿色银行信贷行为的综合评价,其内容全面反映了银行各工作环节绿色化的发展状况与水平,反映了银行信贷行为与生态环境之间的关系状态。在绿色银行设计和实施的过程中,绿色银行评级制度可以起到一种"倒逼"机制的作用,通过反向的绿色行为等级的划分,"倒逼"银行反思整个绿色管理链的状况,通过不断的总结改进绿色银行管理,改进管理制度,进而改善银行信贷行为与生态环境的关系。

2. 引导绿色银行制度建设。绿色银行评级制度是由绿色准入、绿色审核、绿色决策、绿色跟踪、绿色报告等一系列制度构成的,绿色银行评级制度可以倒催绿色银行制度的建设,因为绿色评级的结果来源绿色信贷相关制度建设的结果,前面的制度落后,直接导致评级制度的失效、失真。所以绿色银行评级制度对整个绿色银行制度建设具有重要的意义。

3. 激励与处罚作用。通过绿色银行评级结果信息的发布,既可以激发银行界参与生态环境保护的积极性,对银行出于环境保护的行为进行教育补偿制度的补贴与奖励。又可以通过信息发布,激发社会对银行环境行为的认知,形成社会对银行参与环境保护的压力,激发银行机构环境保护的责任心,在市场上维护银行秩序的公平与公正。

第四节　绿色银行评级制度的研究对象与方法

一、绿色银行评级制度研究的基本逻辑

绿色银行评级制度建设的最终目的是为人类社会与生态环境的和谐发展提供基于银行力量的贡献。但由于绿色银行评级与制度位于绿色银行信贷行为与制度链的末端，绿色银行评级反映的是银行信贷综合行为与生态环境之间的关系状况。所以绿色银行评级制度的研究，我们认为，应从银行信贷系统与生态环境系统内在逻辑关系为起点，通过具有内在逻辑的四个逻辑层级进行。

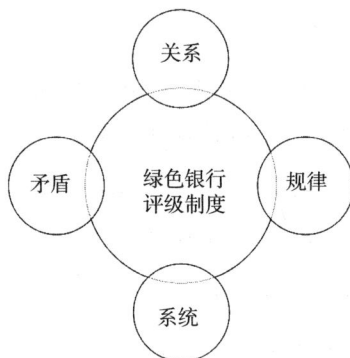

图0-1 绿色银行评级制度研究内在关系逻辑图

（一）研究世界观

世界观与方法论的不同，导致研究结果不同。我们认为绿色银行评级制度的研究应从以下四个角度进行：一是用联系的观点，银行信贷运动与生态环境之间的联系，是研究绿色银行评级制度的起源；二是用矛盾观点，绿色信贷资金运动对生态环境可能产生的外部性影响，是我们研究分析绿色银行评级制度的根据；三是用规律的方法，绿色信贷资金运动规律为我们研究分析绿色银行评级制度提供基本方法；四是用系统的方法，要求我们用整

体、关联、动态、结构的方法分析绿色银行评级制度。

（二）人类发展—环境约束角度

绿色发展观与绿色发展制度的讨论。绿色发展观是人类基于生态环境、经济增长与社会发展过程中的生态危机现象所提出的人类发展方式的选择，代表着人类这个时代的选择。其根本目的是解决人类发展与生态环境关系的问题，为人类社会提供一条可持续的生存与发展之路。

绿色银行作为绿色发展系统在金融领域的一个子系统，是人类绿色发展的一个重要构成，担负着改善与维护人类生存环境的重任。因而在其发展的过程中，绿色银行在发展观、绿色制度建设等方面应与国家的绿色发展观、绿色制度建设、绿色行动保持一致性的关系，绿色银行制度的建设方能产生最大的效力，对人类可持续发展的贡献形成最佳的效果。

（三）绿色银行评级制度研究基本理论

1. 银行与生态关系的讨论

绿色银行发展的自然环境与银行关系的讨论主要论证银行与自然关系的客观性、普遍性、因果性、影响性的联系存在。这种联系构成绿色银行的产生与发展，内在的联系是在生态环境规律约束下的联系，是绿色金融发展规律以及绿色发展观与系统、和谐的处理方法对未来绿色银行评级制度建设的引导、引领与协调的作用分析。

绿色银行产生的背景与意义分析，要以人类的生态环境危机为基本背景，以人类与生态环境的生存、发展关系为基本点，在研究国内外绿色银行发展状况的基础上，推论绿色银行制度建设的必然性、必要性和主要意义。

2. 绿色银行评级制度公共效益理论

绿色银行评级制度的效益源于绿色银行信贷行为运动的结果。绿色银行的产出，具有公共产品的特征，其产出最终结果，是要推进人类所处的生态环境的维护与改善，促进人类社会经济发展与生态环境的平衡与和谐。生态环境属于社会公共利益，所以，绿色银行评级制度的最终产出也是人类社会所处生态环境的改善，是人类社会健康水平的不断提高。

3.绿色信贷资金运动规律的讨论

绿色信贷资金运动规律反映银行贷款运动过程与自然生态之间的内在联系,这种联系反映的是自然生态系统与银行信贷系统之间的本质性关系,即绿色信贷资金运动规律是人类在银行系统尊重自然、顺应自然和保护自然的具体反映。通过对绿色信贷资金运动规律的认识,人类可以有效地利用银行信贷支持环境保护,改善生态环境。这是人类自觉运用规律的表现。

通过绿色银行评级制度建设目的与目标分析,以及通过绿色银行基础理论和生态经济银行综合系统的阐述,提出绿色银行与制度建设的重要性,绿色银行与制度建设在社会经济综合系统中的位置与作用,为绿色信贷实务指明方向与目标。

(四)绿色银行评级制度应用部分研究

1.绿色银行评级的逻辑构成

在银行绿色发展目标的指引下,绿色银行评级由四个具有递进逻辑关系的制度构成。一是银行贷款环境影响评价制度,这是银行贷款环境影响准入控制的部分。二是银行贷款环境影响绩效评价制度,这是对银行贷款环境影响的实际效果进行的评价,属于银行贷款环境影响的事后评价控制;这两部分属于银行贷款微观行为环境影响的分析,主要是针对每一笔银行贷款对环境的影响。三是银行贷款环境影响综合评价制度,是对银行贷款总量对生态环境的影响分析,包括贷款总量环境影响占比分析和环境状况总量占比分析。四是绿色银行评级制度,是根据银行环境影响贷款综合绩效评价的结果进行的绿色银行等级的划分,是结果性的评价行为。

2.银行贷款环境影响评价制度

银行贷款环境影响评价制度在整个绿色银行评级制度体系中处于前置性制度,也可以称为准入制度。银行贷款环境影响评价制度主要有四部分构成,一是环境影响评价制度的功能,是对其结构与功能的阐述。二是银行贷款环境影响评价指标体系的讨论,主要是针对环境影响的内在机理,分析贷款的环境影响评价指标的过程。三是贷款环境影响评价标准,主要讨论银行贷款环境影响的基准与标准。四是银行贷款环境影响评价结果,主要讨论基于环境影响评价方法对银行贷款企业的环境影响状况进行分析并分级。

3. 银行贷款环境影响绩效评价制度

银行贷款环境影响绩效评价是指对银行在贷款期间内企业生态环境的状况进行的评价。在这里分为两种评价，一是基于绿色信贷行为目标的银行贷款环境运行绩效评价，主要是针对在银行贷款期间绿色信贷设立目标值与实际值进行比较分析；二是基于企业环境行为实际行为的评价，分析其在贷款期间，企业的环境行为与国家规定的比较分析。银行贷款环境运行绩效评价在绿色银行评级过程中居于中间环节，但又是一个基础环节，绩效评价的效果直接影响该银行的绿色评级。

4. 银行贷款环境影响整体绩效评价制度

银行贷款环境运行整体绩效评价是对银行贷款环境影响的整体绩效状况的分析，整体是指银行每一笔银行贷款的汇总。整体分析反映银行贷款整体的环境绩效状况，包括绿色信贷政策执行状况评价，重环境污染企业环境运行贷款状况评价，整体环境运行绩效评价，分别从绿色信贷政策的执行，重污染企业环境影响和贷款环境影响结构三个方面进行银行贷款与所在区域生态环境的状况进行的绩效评价。银行贷款环境运行整体评价对绿色银行评级具有直接性的影响，原则上讲银行贷款环境影响整体绩效评价的结果就是绿色银行评级的结果，只是缺少级别的划分。

5. 绿色银行评级制度研究

绿色银行评级制度的设计要探索五个问题，一是绿色银行评价制度的价值分析，探索绿色银行评级制度对人类社会所带来的影响；二是绿色银行评级制度的本质或属性是什么，即绿色银行评级的功能探索，进而对绿色银行评级制度的建设提出模式与发展方向的建议；三是对绿色银行评级制度的分类进行讨论，主要利用社会效益与企业效益比较分析的方法，论证绿色银行评级制度的划分；四是绿色银行评级制度内容，主要论述绿色银行评级主体、内容、步骤和范围；五是论证绿色银行评级制度的绩效分析。

6. 绿色银行评级相关配套制度的研究

绿色银行评级是主线,但需要技术保障制度、信息公开制度、社会参与制度等一系列制度的配合和协调。绿色银行评级相关制度的建设研究为绿色银行评级的公正、公平、全面和秩序提供基本保障,为绿色银行评级的精准、效率和公正打下基础。

绿色银行评级制度的建设是一项系统性工程。从评级过程的业务纵向联系看,银行信贷行为与绿色银行评级是一个逻辑的递进关系。从评级过程的工作配合看,绿色银行评级需要相关配套制度的配合与协调。绿色银行评级制度是一套完整的体系,是一个以银行信贷行为对生态环境影响程度的测评体系。

绿色银行评级制度是生态文明制度建设在银行领域的延伸,绿色银行评级制度建设的效果如何直接对生态环境维护和改善,进而影响人类的生存与发展。当前绿色银行制度建设处于初期阶段,绿色银行评级制度的建设是核心和关键环节,绿色银行评级制度至关重要。

二、绿色银行评级制度的研究对象

绿色银行评级制度研究对象包括绿色信贷运动过程、基于生态环境利益的金融决策、基于生态社会利益的绿色银行评级制度体系三个方面的内容。其中基于生态环境利益的金融决策研究是本书的核心内容,目的是使银行信贷行为与生态环境系统之间达到最优化的配置效果。

(一)绿色信贷运动过程的研究

信贷运动使得银行系统与生态环境系统产生内在的影响关系,这种影响的关系,可能是正向的关系,也可能是负向的影响关系,正向的环境影响关系可以促进生态环境的维护与改善,进而推动生态系统的平衡发展。负向的环境影响关系可能导致生态环境遭到破坏性的损失,进而导致生态系统失去平衡,环境遭到污染,甚至直接威胁到人类的生存。

绿色信贷的运动是指银行信贷资金的运动是在符合生态环境运动规律基础上的运动,这种信贷资金的运动是一种环境友好型的资金运动,这种运动的结果是不断推进生态环境状况的改善,维护生态环境系统的平衡关系,扩大环境容量空间。

银行信贷资金的运动与生态环境系统的联系具有阶段性、多样性、复杂性、多层次性和累计性等特点。伴随银行信贷资金的往返运动,银行信贷资金对生态环境的变化起到引导、控制、管理的作用。如何有效利用银行信贷行为与生态环境之间的运动规律性,形成新的资金与生态环境之间的友好循环,是绿色信贷资金运动规律的表现,是我们绿色银行评级制度研究的基础。

(二)基于生态环境利益的银行信贷决策研究

信贷决策是一个资金运动的优化过程,所谓优化,是指银行信贷资金的运动符合经济规律,符合银行风险管理的需要。即对银行系统与实体经济和社会生活系统关系的处理,是基于经济交换关系的往来关系,经济利益是银行贷款决策的核心决策选择点,银行信贷的决策是基于银行风险最小化,经济利益最大化的选择过程。

基于自然环境利益的银行信贷决策是指银行信贷行为是基于自然利用最大化和对周边的生态环境影响最小化的决策过程,环境影响包括水影响的最小化、大气影响的最小化、水环境运行最小化、土壤环境运行最小化及综合的生态环境系统运行最小化。资源利用最大化包括各种资源的利用最大化过程,如能源利用最大化,原材料无毒化,自然资源利用最大化。

在混合绿色银行制的条件下,基于自然环境利益的决策过程还包括银行经济利益与自然环境利益的比较分析的过程。在经济利益和自然环境利益的选择前,银行基于企业的属性的决策过程是一个利益的平衡过程。选定生态环境运动规律下的银行信贷行为决策的递进原则,同样是银行信贷制度必须进行深入研究的具体内容。

(三)绿色银行评级制度体系的研究

绿色银行评级制度的研究对象包括绿色银行评级制度设计的影响因素、绿色银行评级制度的决策过程、绿色银行评级制度的属性研究、绿色银行评级制度链的研究和绿色银行评级制度的位阶排序研究。这些研究共同构成绿色银行评级制度的研究对象。

绿色银行评级制度是由一系列因素共同挤压的结果,这些因素包括直接因素和间接因素,直接因素包括在一段时间内的环境政策、环境制度、环境状况、银行环境管理状况、银行贷款环境运行评价等。间接因素包括宏观的生态环境状况、经济发展模式、政治生态文明、社会技术发展、人类环境文化状况等。

绿色银行评级制度是由一系列具有关联性的银行信贷行为评价链和系统关系元素组成,该评价链和系统元素具有几个特点。

1. 不可缺一性,绿色银行评级行为是由一系列具有内在联系的评价链构成,每一个元素都是不可或缺的,是链的组成之一,缺少任何一个元素,该链都不能成立;

2. 该链是递进的关系链,即元素之间是一个逐步递进的关系,关系不可跨越,只能走完上一环,方能进入下一环;

3. 上一环的评价结果是下一环评价行为的开始,是上一个环节的评价结果构成下一个环节评价的基本要素。

银行贷款行为与生态环境系统的影响关系作为研究对象是研究分析绿色银行评级制度研究的起点,银行贷款环境影响评价制度、绩效评价制度、整体评价制度是绿色银行评级制度的核心环节,绿色银行评级是以上制度共同运行的结果。

三、绿色银行评级制度的研究方法

绿色银行评级制度的设计是建立在描述性、逻辑性、评价性和规范性上的应用科学,是一个跨学科、跨行业、跨领域知识的组合,不仅仅涉及金融、经济、管理、制度学等学科理论,还涉及生态学、环境学、法学、哲学、社会学、工业管理、公共管理理论及系统分析和应用数学等许多分支学科的知识。

绿色银行评级制度必须用科学的方法加以研究,依照认识客观事物的一般规律,从生态环境运行的基本规律,从银行信贷资金与自然生态系统现象的普遍联系中,概括和归纳出绿色银行的内涵,绿色银行评级制度的方向、指标、标准与程序等内容。研究方法主要有四种,即系统研究方法、规范研究方法、经验研究方法和实证研究方法。

（一）系统分析方法

根据生态、经济、社会、金融综合系统理论,人类社会的运转是由生态系统、经济系统、社会系统和金融系统四大系统共同运行而成,在系统之间存在着相互作用、相互影响、相互制约关系,在系统的内部又是由各子系统和元素构成。银行系统只是金融系统中的一个子系统,但银行系统的运行首先就涉及生态系统、经济系统和社会系统的运行,涉及相互影响关系的分析。所以系统分析是研究绿色银行评级制度建设的首要分析方法。在运用系统分析法对绿色银行评级制度建设进行分析时,应着重以下几点:

1. 要从系统的整体特征出发。绿色银行评级制度的分析应将生态、经济、社会与金融综合系统的基本特征作为其分析的逻辑起点,因为银行系统只是金融系统中的一个子系统,绿色银行的运行首先是服从综合系统的运行规律与法则。银行信贷行为与生态环境状况关系的分析是以生态环境规律、绿色经济规律、绿色社会规律为基本约束,所以研究绿色银行评级制度要从综合系统、综合系统制度建设开始。

2. 要深入研究系统结构。由于绿色银行系统内部结构包含诸多要素,其关系非常的复杂,且要素的性质不同,不同要素对系统的关系也不同,它们在系统内的价值与作用也不同。科学的认识绿色银行系统,必须建立在对系统和要素科学的分析基础上,我们对要素的运用才能得出科学的结论。

3. 在实践中运用系统分析方法。绿色银行评级制度研究是建立在生态环境的演变状况和社会实践基础上的研究,其特点是实践性,不仅仅其评级过程的许多信息来源于生态环境系统的运行信息,其评价指标的设计、评价标准设计、评价过程的设计等都来源于环境保护的社会实践。其目的也是为人类的生态环境改善与维护服务,所以实践构成我们对绿色银行评级制度研究的基础,只有把系统分析与环境保护的实践进行紧密的结合,绿色银行评级制度的研究才能落地,才能有一个坚实的基础。

（二）规范分析方法

基于经济角度的规范分析是指以一定的价值判断为基础，提出某些分析处理经济问题的标准，并以此作为处理经济问题和制定经济政策的依据，探讨如何才能符合这些标准的分析和研究方法。它要回答的是"应该是什么"的问题。

银行是一个经营金融资产的企业，经济价值是其运行判断的基本依据，即能否产生货币的增值构成商业银行价值判断的基础。这里包括对贷款对象信用行为评价、运行行为判断、管理行为的判断等，目的只有一个，就是货币的增值。

绿色银行的实质是基于银行的信贷行为对生态环境影响状况而对其进行的绿色价值的判断。这个判断的过程包括绿色银行价值的设定，绿色银行价值标准的设定，绿色银行评级制度标准的设定等行为的组合。所以，规范分析同样是绿色银行评级制度研究的基本方法，而且是核心的方法，这个方法贯穿绿色银行评级制度研究的全过程。具体在绿色银行评级制度规范分析的过程中应重点注意以下几个问题。

1. 绿色银行的内涵价值分析

这是指绿色银行是什么的分析，或者说绿色银行的价值是什么。内涵的分析构成绿色银行评级制度研究的基础与起点，整个评级系统与评价制度的设计都是建立在对绿色银行内涵价值分析的基础上展开，是对银行绿色战略、绿色行为的结果性评价，目的是反映银行信贷行为对生态环境影响的真实的状况，反映银行系统对生态环境改善的促进程度。

2. 绿色银行评价价值链的分析

绿色银行评级制度的建设是由一系列的价值链构成，链与链之间是一个递进的依存关系。没有这个绿色价值链的存在，绿色银行评级制度的建设将失去方向与目标，失去其发展的动力基础。在研究中一定要注意绿色价值的分析，绿色价值链的衔接，用系列的绿色价值评价，论证绿色银行评级，论证绿色银行评级制度的建设。

3. 绿色银行标准的建设

绿色银行标准的建设是整个绿色银行评级制度设计的核心,绿色银行评级标准既是绿色银行评级的核心,又是绿色银行评级制度的核心。说它是绿色银行评级的核心,是因为绿色银行的评价必须以一个价值标准为基础,没有这个价值的标准,评价就失去衡量的尺度,没有尺度的衡量,是无效的衡量。说它是绿色银行评级制度的核心,是因为绿色银行评级制度的建设也是以绿色标准制度为核心展开,绿色银行评级标准制度把绿色银行评级的其它制度串在一起,共同构成绿色银行评级制度。

(三)实证分析方法

1. 生态危机与金融关系的验证

如果我们反推生态环境危机现象的出现,我们会得出一个生态环境危机的因果线。

图 0-2   生态环境危机因果线

生态环境危机的成因是不文明的生产、生活方式,是由于黑色工业经济模式导致生态失去平衡、环境遭到污染与破坏。而黑色的工业发展方式又是由黑色的资本结合方式构成,黑色资本是指那些不顾生态环境利益,完全以企业经济利益作为衡量资本投入的资本。因为只有较少生态环境的治理与维护,企业的利益方能实现无条件的追求,实现企业自身利益的最大化。所以,生态环境危机的根源是黑色资本的追求。这里可以从中国近二十年产业发展走势与环境污染状况走势的关系得以验证。

2. 绿色银行评级中的实证分析

绿色银行评级制度的设计过程是一个生态环境状况与制度的实证分析过程。首先是绿色银行制度的设计来源于生态环境管理制度的设计,生态环境管理制度的设计直接影响绿色银行制度的设计,如环境法对环境责任的设计,环境责任如果包含银行信贷责任的设计,银行的信贷行为应对企业的环境污染责任承担连带责任,银行的环境风险将大幅度的上升,结果是银行整体经营将受到较大的影响。其次是绿色银行评级基准的设立,完全来源于人类环境的实践,是人类环境实践的总结。

3. 绿色银行评级制度的结果需要验证

绿色银行评级制度设立的目的是有效地维护绿色金融的秩序,有效地改善生态环境的状况,而无论是金融秩序的稳定,还是生态环境状况都需要进行实际的分析与验证,需要事实描述、解释或说明已观察到的生态环境的状态,实证分析研究贯穿绿色银行评级制度研究的全过程,是绿色银行评级制度研究的基本方法之一。

(四)经验论证的方法

经验论证的方法是指主要以经验知识为依据和手段而分析认识事物的一种科学分析方法。经验论证的方法是人类社会产生最为基本的方法,人类恰恰是在经验的不断总结与验证的思维下,不断取得新的发明与创造,助推人类的快速发展。

在绿色银行评级制度的设计中,经验论证较为困难,主要有四个原因。

一是世界各国的生态经济状况不同,如以西方世界为首的发达国家,它们的经济发展已进入较高的层面,产业结构主要以高端的产业为主,而高端产业主要是以环境不污染,或环境污染较少的产业,像软件行业。而西方在近三十年的环境污染治理已走上较为正常的轨道,环境污染问题已不是西方发展的主要问题。

二是我们可以借鉴的经验大部分是 20—30 年前西方的做法,由于经济制度不同,经济体制不同,导致西方的做法在我国的借鉴性下降,如何的借鉴,需要进行深入的研究。

三是西方是以责任体系入手,以金融的环境责任作为环境污染纠正的动力机制。我们是以金融的支持为方向,认为金融支持是绿色金融的发展之路。我们对金融环境责任的设计较少,缺乏对金融责任体系的建设经验。

　　四是绿色银行评级的具体经验较少,在 2010 年左右,我们在绿色信贷政策制度实施的效果评价方面进行较多的工作,如河北省出台"河北省绿色信贷政策执行实施考核办法",但鉴于当时的各种原因,此部分未能得到坚持,更未在全国得到推广。绿色银行评级实质上在中国并未得到真正的开展。

　　本书的研究虽然可借鉴的经验有限,但我们可以从企业的环境绩效评价设计中得到启示,因为企业的环境行为评价自 20 世纪在世界各国得到推广。我国的清洁生产评价纳入到法律的层面,以环境保护部门为评价主体的企业环境信用评价意在全国展开。这都为绿色银行评级制度的研究提供经验的借鉴。

第一章　绿色发展

　　绿色发展是人类基于生存与发展危机的选择,绿色发展是人类在发展方向上进行的选择。绿色发展包含生态、经济、社会、金融、文化、政治等多方面的内容。绿色银行是绿色发展在金融领域的一个子系统,其价值认定、目标选择、工作方式与工作方法等应与绿色发展的理念与制度保持一致,其系统和子系统的协同效力方能得到最大的发挥。

　　绿色发展是由理念、制度和行动构成的完整体系,它通过科学理念指引制度构建,通过制度规范和引导行动。制度构成绿色发展的核心与关键要素,是绿色发展的基本保障。研究绿色银行评级制度,首先应研究绿色发展理念与绿色制度的构成。绿色银行评级制度是绿色发展理念与绿色发展制度在金融领域的延伸。

第一节　人与自然

　　银行行为的核心目标是为人类的生存与发展服务,从功能的角度就是为人类社会经济的发展提供连接纽带、价值发现、资源配置、风险管理和银行服务。所以,研究绿色银行与绿色银行评级制度,首先应明确发展绿色银行和建立绿色银行评级制度的根本目的和基本目标是什么,只有在方向明确的条件下,方能达到建设绿色银行评级制度的目的与目标。

一、人类与自然关系

(一)人类与自然

人类应承认是自然界的产物。马克思指出,人本身是自然界的产物,是在他们的环境中并且和这个环境一起发展起来的。人类只有在一定的自然环境中才能生存,即人类始终依存于自然。人类与自然之间存在着一体性的关系,人类的生存与发展取决于两点,一是自然界的状况,自然界必须始终保持与人类生存所需要的内容,否则人类则无法生存;二是人类必须始终同自然之间保持着物质、能量和信息交流,物质、能量与信息交流的状况,同样决定人类的生存与发展。自然界是人类赖以生存的物质前提和物质基础,人类必须依靠自然界才可以生存。人类发展必须认识和正确运用自然规律。

人类的生存与发展与自然界之间存在不可分割的内在联系,这种联系又是客观的普遍的,遵从其内在规律的。唯物辩证法认为,世界是一个相互联系的统一整体。事物的联系具有普遍性,任何事物内部的各个部分、要素是相互联系,这种相互作用、相互影响的联系构成事物的发展。所以人类与自然的联系是客观存在的,是不以人类的意志为转移的,不管人类承认与否这种关系都是存在的。如何处理人与自然的关系构成人类生存与发展的首要要务,是人类社会所应思索与实践的第一问题。

(二)人与自然关系

人类与自然之间的物质、能量和信息交流需要,决定人类与自然之间存在依存、影响、遵从、运动四种关系。这四种关系使得人类社会在处理人类与自然之间的关系时,既对立,又统一,对立是指人类社会的无限制发展与生态环境约束之间是一种矛盾的现象;统一是指人类社会可以通过与生态环境的友好相处,相得益彰,共同发展。

依存关系是指人类生存与发展依靠完全依赖自然界的赋予。人类一刻也离不开大自然的恩赐,大自然供给人类社会生存与发展的所有必要的要素。既满足人类社会基本物理性的生存要素,又满足人类社会发展的需求要素,同时还满足人类舒适性情感的基本需求。自然状况决定人类社会的生存与发展状况。

影响关系是指人类的数量、生产方式和消费方式对自然界的平衡状态所产生的扰动与干扰。平衡是自然界的基本规律,平衡的维持取决于各要素之间原有的状态。人类的数量、生产方式和消费方式每一个要素的变动都对自然界产生扰动与干扰,如生产尾气的排放改变大气的构成,人口的增加要求更多的能源供给等。既要维持自然界的平衡,又要满足人类社会生存与发展的需要,构成人类社会发展的首要问题。

遵从关系是指人类社会在平衡自身与生态的关系时所采用的基本态度与方法。人在大自然面前只有适应,必须要尊重自然、顺应自然、保护自然,尊重自然和顺应自然就是尊重自然规律,顺应自然规律。把人类的生产、消费活动控制在自然界容许的范畴之内。保护自然就是人类要主导的维护自然选择,对一切可能产生的干扰因素,进行有效的控制与改善。在利用自然、改造自然的同时,要学会与自然和谐相处。

(三)人与自然关系的目标

人与自然关系的目标是指在人类与自然和平相处的过程中,自然为人类所提供的各种功能价值,以及自然满足人类生存与发展的各种需要与程度。我们把人与自然的关系目标分为三类,一是维持生存功能的满足;二是维持发展需要的满足;三是维持人类情感与舒适性需要的满足。

1. 为人类的生存提供基本资源条件。生理性需求是人类最基本的需求。马斯洛认为,只有这些最基本的需要满足到维持生存所必需的程度后,其他的需要才能成为需求。基本需求包括人类对空气需求、水的需求、食物需求和适于生存环境等需求,这些是人类最低限度的需求,其中任何一项得不到满足,人类个体的生理机能就无法正常运转。换而言之,人类的生命就会处于受到威胁状态。在这个意义上说,生理需要构成推动人们行动最首要的动力,人类与自然关系的协调其最基本的目标是保证人类的基本生存不能受到威胁。

2. 为人类的发展提供基本资源条件。从经济学的角度,人类的发展是指人类创造出更多的产品,以满足人类社会日益增长的物质需要。物质产品生产是一个物质的转换过程,其源头来源于自然界给生产提供的各种基本资源,如,铁矿石为人类制造钢铁类的产品提供基础产品,石油的生产为人类提供基本能源和各种衍生品。自然资源构成人类经济活动和社会活动的基础,在保护好生态环境的基础上,有效地利用资源、节约资源构成人类社会发展的基础环节。

3. 人类情感与舒适性需要的满足。需求理论认为自然生理需求或生存需求是人类基本需求,在基本需求得到满足的基础上,人类将追求安全需求、情感需求、舒适性需求。安全需求、情感需求、舒适性需求属于人类高层次的社会生活需求。满足人的高层次需求是人类社会发展到一定阶段的必然产物,是人类社会发展的标志。

二、人类与自然关系的危机

(一)生态环境危机

生态环境被严重破坏,使人类的生存与发展受到严重威胁。生态学家指出:全球十大环境问题(酸雨污染、温室效应、臭氧层破坏、土地沙漠化、森林面积减少、物种灭绝、水资源危机、海洋污染、危险性废物越境转移、城市大气污染)已直接威胁着全人类的生存和文明的持续发展,正残酷地撕毁人类关于未来的每一个美好愿望和梦想,这一影响不仅会殃及一代、两代人,而且将影响几代、甚至几十代人的生存和发展。

1. 生态系统被破坏

中国当前的环境污染和生态平衡遭到破坏的情况也已相当严重。

据统计,2014 年,我国森林面积 1.7 亿公顷,人均森林面积 0.12 公顷,森林覆盖率 18.21%,居世界第 130 位,西北五省(自治区)森林覆盖率仅为 5.86%。草地退化、沙化和碱化的面积达 1.35 亿公顷;全国水土流失面积达 367 万平方公里,约占国土面积的 38%,荒漠化土地面积已达 262 万平方公里,并且每年还以 2460 平方公里的速度扩展;全国有 79 个城市缺水,有 2340 万人口,1300 万头牲畜发生临时性饮水困难。生物多样性锐减,野生动植物丰富区面积不断减少,乱捕滥猎和乱挖滥采现象屡禁不止。生态环境恶化,严重影响我国经济社会的协调发展和国家生态环境安全。

2. 环境污染极其严重

据统计,2012 年,全国二氧化硫排放量 2254.9 万吨,比 2000 年增长了 15%。在全国七大水系中,根据 413 个水质监测断面记录,只有 41.6%的断面满足国家地表水三类标准,比 2000 年下降 16.1%,长江、珠江的水质较好,海河、黄河、淮河、辽河、松花江的水质较差,各大淡水湖泊和城市湖泊均受到不同程度的污染。城市空气质量 41.4%达到二级标准,比 2000 年的 63.5%下降了 22.1%,酸雨污染问题严重,城市噪声扰民较为普遍,7.3%的城市处于严重或中度污染水平,重大污染事故时有发生。我国进入了一个环境污染事故的高发期。

3. 生态危机的主要特征

生态危机的特征表现为全球化、综合化、高技术化、极限化、代际化和持久化明显地表现出来。全球化,温室效应、臭氧层破坏、酸雨等,其影响范围包括陆地表面、低层大气空间、高空、海洋和所有国家和地区,都将造成毁灭性灾害;综合化,当前的环境危机包括人类生存环境的各个方面,如森林退化,草地退化,沙漠扩张,土壤侵蚀,城市拥堵等;代际化,环境破坏从第一代环境问题扩展到第二代环境问题,从宏观损害扩展到微观损害;极限化,当前人类生存的环境已达到地球支持生命能力的极限。

环境是人类生存和发展的基本前提。环境为我们人类生存和发展提供了必需的资源和条件。环境问题严重影响了人们的生产和生活。生态危机已直接威胁到人类社会的生存与发展,成为当前人类社会历史进程中的主要问题与瓶颈。面对生态危机,人类需要重新思考人类与自然的关系,只有与自然保持和谐,人类社会方能实现可持续发展。

(二)生态环境危机威胁人类生存与发展

20 世纪下半叶,世界人口剧增,资源和能源日趋减少与濒临枯竭,大量排放的工农污染物和生活废弃物使生态环境迅速恶化。人类进入生态危机阶段。生态危机指生态环境被严重破坏,人类的生存与发展受到威胁的现象,是生态失衡发展的结果,主要是由人类盲目和过度的生产活动引起。一旦形成生态危机,几年、几十年、甚至上百年都很难恢复到原状。生态危机仅靠技术上的修修补补是无济于事的,要保护生态环境,解决生态问题必须要全员参与,不能仅仅局限于每一个方面或每一个系统的改变,需要政治、经济、法律、生活方式等全方位的采取措施。

生态环境危机表现为两个方面,一是环境资源的过度使用;二是环境资源的供给不足。环境资源的过度使用主要是指人类的各种开发、利用环境资源的行为超过了自然界的产出、供给能力,通常包括环境污染和生态破坏两个方面。例如,人类生活和生产中产生大量重金属废水,造成河流污染,威胁人类生存。环境污染属于过度投入性损害,也就是说人类向环境排入污染物超过了环境吸收污染物的能力。生态破坏是过度的提取破坏,即人类需要来自自然的能量,资源超过自然供应能力。例如,过度开采矿产资源、滥砍、滥伐、滥牧等。

环境资源既需要克制人类的过度开发利用,同时还需要人类对环境污染的积极治理、资源更新以及生态恢复。环境资源的供给不足主要是指人们对于环境污染、生态破坏缺乏有效的治理。通过人为的积极作用,通过环境资源的再生产,改善自然供给不足的现象,增加环境资源的供给,正向推进环境资源与人类的和谐发展。

三、生态危机成因分析

生态危机主要是由人类过度的生产活动所引起,是生态失调的恶性发展结果,在较长时期内难以恢复。粗放的工业生产方式、非绿色的生活方式和非绿色的投融资模式是生态危机产生的根源。

(一)以人类为中心的环境文化

"文化"是在社会实践行为过程中,特定的人类共同体主观意识的状况和水平的群体性反映样态。环境文化是人们在社会实践过程中,对自然的理解、对人与自然环境关系的认知状况和水平的群体性反映样态。环境文化决定人类对生态环境的态度、行为与结果。以人类为中心的环境文化是生态危机产生的思想根源。

"人类中心说"认为人类在大自然中处于主宰和中心的地位,人类是大自然中唯一具有理性思维和价值判断的生命形式,把人类的利益作为价值原点和道德评价的依据,具有内在价值和评判准则。大自然及其它存在物本身并不具备内在价值,只有当对人类有用时才具有价值,因而只有工具的价值。"人类中心说"强调了人的主体价值观点,对人类开发和利用自然、发展物质生产起了重要的促进作用。但同时由于这一观点忽视了人类活动对自然环境的干扰和破坏,忽视自然对人类生存的核心作用,导致了生态危机的出现。

(二)粗放的工业生产方式

高投入、高消耗、高排放,向自然界无所顾忌的索取和各种废弃物毫无节制的排放的粗放式工业发展方式,是生态危机的根源。2014年我国工业主要污染物二氧化硫、氮氧化物排放量占全国排放量的很大比重;能源消费总量达42.6亿吨标准煤,其中煤炭消费量约占全球一半。原油进口3.1亿吨,占国内消费量的59%;铁矿石进口9.33亿吨,占国际贸易量的69%。可见,黑色的工业发展是人类生态危机的主要根源,人类社会生态环境的改变,首先是工业发展方式乃至经济发展方式的改变。

(三)非绿色的生活方式

非绿色生活方式是指人类在日常生活过程中,无节制的排放各种污染物,无限制的使用自然资源的生活方式。例如,生活污水是来自机关、学校、家庭、商业和城市公用设施及城市径流的污水。城市污水渐渐腐化使溶解氧含量减少,发生厌氧降解反应,形成硫化氢、硫醇、吲哚和粪臭素,产生城市黑臭水体。2015年,我国工业废水排放量199.5亿吨、城镇生活污水排放量535.2亿吨,废水中化学需氧量排放量2223.5万吨,其中,工业源化学需氧量排放量为293.5万吨、农业源化学需氧量排放量为1068.6万吨、城镇生活化学需氧量排放量为846.9万吨。废水中氨氮排放量229.9万吨。其中,工业源氨氮排放量为21.7万吨、农业源氨氮排放量为72.6万吨、城镇生活氨氮排放量为134.1万吨。因此,我们必须加快推动绿色化生活方式,实现生活方式和消费模式向勤俭节约、绿色低碳、文明健康的方向转变。

实践证明,让绿色化成为新型生活方式,不仅需要我们在衣、食、住、行等方面自觉做出绿色选择,更需要在改变消费理念、制定政策制度、完善保障措施等多方面协调推进,进而建立起政府引导、市场响应、公众参与、协调联动的绿色运行保障长效机制。

(四)非绿色的投融资模式

金融已成为社会经济发展的核心,金融行为是生产行为的前提与"发动机",生产行为是金融资本与工业资本结合的产物。同理,生产过程中的非环保化,生产所产生污染物的排放及高能耗、低利用的现象来源于金融资本的非环保化行为。金融行为与生态危机之间具有紧密型的联系,金融非环保行为是人类生态危机的制造者之一。人类生态环境保护首先是金融行为的绿色化构成,只有金融行为的绿色化,才能引导和控制非环保行为,支持和鼓励环保行为,实现金融行为与经济转型和生态环境改善的一致性发展。

从图1-1可以看出,该行业废水排放量与贷款总额存在正相关关系,从2003—2010年始终保持稳定增长。其中,2004—2008年水污染排放量趋势相对稳定,因其受到《国民经济和社会发展第十一个五年规划纲要》《全国城镇污水处理及再生利用设施建设"十一五"规划》等政策法规影响,得到控制,上升趋势相对平缓。

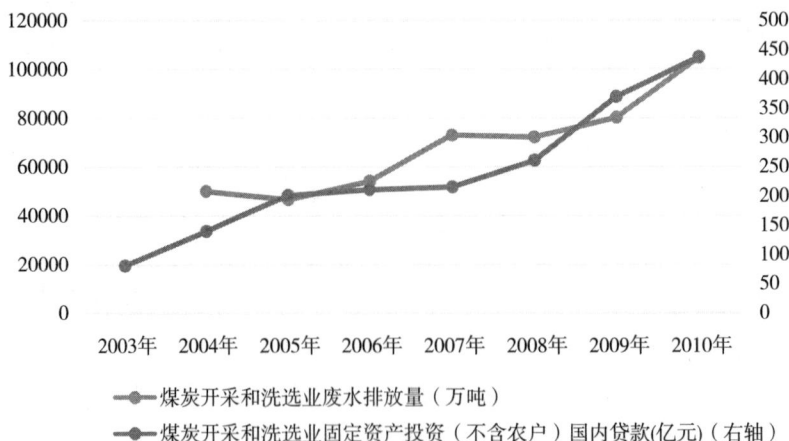

—— 煤炭开采和洗选业废水排放量(万吨)
—— 煤炭开采和洗选业固定资产投资(不含农户)国内贷款(亿元)(右轴)

图1-1 煤炭开采和洗选业废水排放及国内贷款趋势对比

　　环境污染的根本原因在于对生产和生活方式与人口、资源和环境等因素之间的和谐性认识不足,对生产方式与生态环境之间的内在关系认识不清。人类社会要避免生态危机的威胁,必须改变现有的生产方式和生活方式。以人与自然和谐为基本价值取向,以绿色、低碳、循环为主要方式,以绿色制度建设为基本抓手的新方式成为人类社会可持续发展的必然性选择。

第二节　绿色发展——人类的选择

　　绿色发展是人类针对生存与发展问题而做出经济和社会发展方式的转型,是人类为解决生存问题而提出的最新解决方式与方法。从现实角度看,这是人类的一种必然性选择,是适应外界条件变化进行的自我救赎,是一种发展方式的反思,是一种发展思想的审视,是对未来生活质量的遐想。

一、人类发展观的演进

　　思想决定行为,行为受思想掌控。面对生态危机,人类面临如何发展,怎样发展成为关键性、全面性、持续性的艰难选择。这既是一个观念问题,也是一个方法论的问题。因为,造成生态失衡的原因,源于我们人类的发展观和人类与自然界相处的方法。

(一)人类发展观

　　唯物辩证法认为无论是自然界、人类社会还是人的思维都是在不断地运动、变化和发展的,事物的发展具有普遍性和客观性。发展的实质就是事物的前进、上升,是新事物代替旧事物。因此,必须坚持以发展的观点看问题,即发展观。

　　发展是人类社会的核心内容之一,人类未来的方向取决对发展观的认识。发展的观点是唯物辩证法的一个基本观点。该观点认为,一切事物都处在不断变化的运动发展之中,整个世界是一个无限变化和永恒发展的物质世界,发展的实质是新事物代替旧事物的过程。人类社会的发展观经历从经济视野看发展,到社会视野看发展,到人的视野看发展的三个不同内涵的过程。也经历从单纯追求数量增长的发展模式到追求社会整体发展,再到追求人的全面发展的模式转换,发展成为人类社会主要内容。

要坚持发展的观点。要把事物如实地看成是一个变化发展的过程。人类在不同阶段的核心与目标是不一样的。要明确人类在发展的过程中所处的阶段和地位。这与人类对自然的认知水平和科学技术水平有很大的关系,认知水平和科学技术水平决定人类世界观与方法论,决定人类对自然生态的态度与关系处理的方法。要坚持与时俱进,培养创新精神,促进新事物的成长,使自己的思想符合变化了的客观实际。

(二)人类发展观的演进

在各个时期,经济社会发展程度不同,人类对自然的认识不同,在处理与自然的关系时也采取了不同的态度。到目前为止,人类与自然界相处的观念与方法主要经历依存、开发、掠夺、和谐四个阶段。

1. 依存阶段的世界观与方法。这个阶段人类生产力水平极其低下,人类对大自然的许多现象无法理解和认识,人与自然是一种崇拜与依赖的关系,人类在大自然面前表现为无条件的崇拜,人依附于自然。人类一方面通过简单的生产工具从大自然获得所需的一切,另一方面又要承受自然界对人类构成的威胁。在此期间,人类被动地适应自然,与自然的关系处于一种原始的依存状态。

2. 可控阶段的世界观与方法。可控阶段是指人类与自然的关系还处于相对的可以控制的发展阶段。整体而言,虽然此时人类生产力水平在不断的提升,但以青铜器、铁器的使用为主,人类渴望开发自然、改变自然,但由于生产力所限,人类开发利用自然的能力有限,人类对自然的破坏力相对较少,人类与自然的关系还处于相对平衡的状态。但人类与自然相处的观念已经从依存和崇拜开始改变,人类的中心观在不断形成,对自然界的索取在不断深化,人类与自然的矛盾初步显现。

3. 掠夺与破坏阶段的世界观与方法。唯物辩证法认为事物总是有矛盾的两个方面,人类与自然关系的发展和现状恰恰是对这一理论的验证。科学技术的迅猛发展和工业生产规模化,人类改造自然和抗衡自然的能力迅速增加,好处是带给人类物质财富迅速增加,人类物质的需求得到极大的满足。但生产快速发展的同时,是生产攫取自然资源的快速增加和排放物的快速增长,人口无节制的增长,资源无节制的索取,污染物无节制的排放,人类需要和发展可供资源发生短缺,生态失去平衡,环境被破坏。人与环境关系的矛盾开始日益激化起来,人们在获得更多的自由和主导性的同时,招致大自然对人类的报复与惩罚,带来了严重的生态危机。

究其形成的原因,人类中心观促成经济发展粗放模式的出现。人类中心观认为,所有人类活动都是为了满足自己的生存和发展的需要,如果无法实现这一目标活动就是没有任何意义的,因此一切应当以人类的利益为出发点和归宿。关于人与自然的价值,只有拥有意识的人类才是主体,自然是客体。价值评价的尺度必须掌握和始终掌握在人类的手中,任何时候说到"价值"都是指"对于人的意义"。之所以出现掠夺与破坏生态的现象,我们认为是由这一阶段的世界观和处理人与生态关系的方法所造成的。思想是行为的指南,行为是思想的实施。人类中心的世界观构成人类对待生态环境的态度,生态环境危机是人类对待自然的世界观和方法叠加形成的。

4."天人合一"的和谐发展观与方法。工业文明的直接后果是环境成为人类社会发展的阻碍,直至威胁人类的生存与发展。当这种直线式、掠夺式的大工业生产成为人类深度发展的瓶颈、阻碍和威胁时,调整人类社会发展方式和发展观,成为人类社会发展的主要问题。

和谐是中国文化的本质性阐述,"天人合一"的思想是其核心的要义。该概念最早是由庄子阐述,后被汉代儒家思想家董仲舒发展。该观点认为,宇宙自然是大天地,人则是一个小天地。人和自然在本质上是相通的,故一切人事均应顺乎自然规律,达到人与自然的和谐。

和谐观点的核心认为,和谐是对立事物之间在一定的条件下、具体、动态、相对、辩证的统一,是不同事物之间相同相成、相辅相成、相反相成、互助合作、互利互惠、互促互补、共同发展的关系。广义上的和谐社会主要是指,社会同一切与自身相关的事情保持着一种协调的状态,包括社会与自然环境、经济、政治、文化之间的协调,站在人与自然关系的角度,狭义上的和谐主要是指人与自然关系的协调,单指某一个领域与自然关系的处理方式与方法。和谐社会意味着维持和谐的国家,包括与社会和自然环境,经济、政治和文化的和谐。狭义上的和谐是指人与自然关系的调整,主要是从人与自然的关系来看,是指处理某一领域与自然之间关系的方式和方法。

世界环境与发展委员会在《我们共同的未来》报告中提出了可持续发展战略,"可持续发展是在满足当代人需要的同时,不损害人类后代满足其自身需要的能力"。人类强调的是可持续发展,人与自然的关系进入了一个新的境界——人与自然和谐相处阶段。

二、绿色发展方式选择

把绿色发展作为人类社会发展的基本思想与观念,把绿色发展注入到人类行为的各个环节和全过程,把和谐作为绿色发展的衡量标准,是绿色发展观与和谐发展论在人类发展中的实践与应用。

(一)绿色发展方式的实践

时间进入 21 世纪,伴随人类生产能力的成倍提升,人类所面临的主要矛盾开始转化,从人类发展的生活物资的短缺矛盾,转化为人类生存环境失衡的矛盾。应该说后一个矛盾比前一个矛盾对人类的生存影响更大,更艰巨,更复杂,生态的破坏是不可逆的,生态环境的失衡所带来的是人类的毁灭与灭绝。

面对日益恶化的自然环境和生态破坏,人类在寻找一条与自然和谐相处的发展之道。而这首先是人类与自然相处观的改变,及其绿色发展观下的人类发展方式的改变甚至是革命。1987 年,世界环境和发展委员会发表《我们共同的未来》,强调通过开发和有效利用新资源,提高现有资源利用效率,同时减少污染排放;1989 年,英国环境经济学家皮尔斯等人在《绿色经济蓝图》中首先提出了绿色经济的概念,强调通过对资源环境产品和服务的适当估价,实现经济发展和环境保护的统一。2008 年 10 月,联合国环境规划署为解决银行危机提出了绿色经济和绿色新政倡议,宣布"绿色化"

是经济增长的动力,呼吁各国为迎接可持续发展面临的各种挑战,要大力发展绿色经济,实现经济发展与生态的平衡,实现经济增长模式转型。①

《我们共同的未来》中将可持续发展定义为:"能满足当代人的需要,又不对后代人满足其需要的能力构成危害的发展。"绿色发展的根本目的是为实现人类社会的可持续发展,要实现可持续发展,首要的是保护好人类赖以生存的大气、淡水、海洋、土地和森林等自然资源和环境,绿色发展是可持续发展的基本条件。

2015年美国、中国等194个缔约国签署《巴黎协定》,发达国家继续带头减排,并加强对发展中国家的资金技术和能力建设,支持帮助减缓和应对气候变化。2017年5月31日,美国总统特朗普提出退出《巴黎协定》。

2016年,G20杭州峰会上,中国向其他G20成员发出倡议,推动《巴黎协定》获得普遍接受和早日生效。此外,绿色银行研究小组提交了《二十国集团绿色银行综合报告》,因此,G20《公报》指出,为支持在环境可持续前提下的全球发展,有必要扩大绿色投融资。

(二)绿色发展内涵的讨论

马克思认为:"动物只是按照它所属的那个种的尺度和需要来建造,而人却懂得按照任何一个种的尺度来进行生产,并且懂得怎样处处都把内在的尺度运用到对象上去。"发展是科学的发展,是人类能够认识对象的本性和规律的发展,同时又能认识、掌握自身的本性和规律的发展。

法国著名经济学家弗朗索瓦·佩鲁在《新发展观》中提出新的发展观的观点,认为应建立以社会和人的发展为中心的发展观和体系,把人的发展看作是发展的根本主题、目标、前提、核心和坚实的基石。他认为经济只是一个手段,是一种方法。任何发展战略的出发点应该是社会和人的需要,其次才是发展的层次不同。

绿色发展方式的内涵,可以从四个方面进行讨论,一是绿色发展约束条件的讨论;二是绿色发展基本目标的讨论;三是绿色发展范围的讨论;四是

---

①　张梅:《绿色发展:全球态势与中国的出路》,《国际问题研究》2013年第5期。

绿色发展结果的讨论。四个内涵的解析,可以明确在新时代下,人类社会应该如何发展,怎样发展,结果如何。为人类未来发展提供一个清晰的路线图。

1. 绿色发展理念。必须树立尊重自然、顺应自然、保护自然的绿色理念。尊重自然是我们要树立与自然平等的思想,自然生态是我们人类生活与发展的基础,尊重自然就是尊重我们自己。顺应自然就是要尊重自然规律,遵守自然规律,要做到保护环境、维护环境和改善环境,为人类拓宽生存与发展的空间。

2. 绿色发展是限定条件的发展。绿色发展同样是发展,但与发展观的区别是绿色发展是有条件的发展,这个条件就是绿色发展必须以生态环境运行规律为发展的基本约束条件。绿色发展是建立在生态环境容量和资源承载力的约束条件下的发展,生态环境容量和资源承载力成为能否发展,如何发展的基本约束条件,成为国家和地方在制度制定、规划设计、政策设计时的约束条件,成为企业行为、银行行为、国民行为的基本衡量标准。

3. 为人类服务是绿色发展基本目标。绿色发展的基本目标与人类与自然关系协调的目标是一致的。绿色发展的目的,一是为人类的基本生存提供最基本的生态环境和资源,保证人类的基本生存需要,这也是人类社会对于生态环境提出的最低条件;二是要满足人类社会的发展需要,发展是人类社会的基本诉求之一,发展是永恒的,人类社会的存在取决于发展的速度与质量。所以我们的目的不仅仅局限于满足人类生存需要,还要满足人类社会的发展需要;三是要满足人类社会不断提升的情感需要和愉悦性需要,这是人类社会发展的必然,也是我们改善生态的根本目的,是人类社会与生态环境可持续发展的基本保障。

4. 绿色发展方式与方法的选择。习近平总书记指出,必须坚持节约优先、保护优先、自然恢复为主的方针,形成节约资源和保护环境的空间格局、产业结构、生产方式、生活方式,还自然以宁静、和谐、美丽。绿色发展包括经济发展方式的绿色化、社会生活方式的绿色化、社会文化的绿色化、建设创新绿色化和银行活动的绿色化。要用绿色理念统领一切行为,用和谐和系统方法处理行为与生态环境的关系,在行为中加入绿色效益的评价与评级,用持续的绿色化发展为人类生存与发展奠定良好的基础。

5.把绿色发展观和方法论注入各方面和全过程。把绿色发展观和方法论注入到人类社会行为中的各方面和全过程是绿色发展的基本要求。这是一个全方位的落实,从宏观上讲,绿色发展观和方法论包含人类的生产行为、生活行为和生态行为之中;从横向讲,就是绿色发展观和方法论要注入到各个行业的发展与行为之中;从纵向上看,就是将绿色发展观和方法论要注入到生产、生活、生态行为的全过程之中,在每一个环节,都要体现绿色要求,和谐要求。实现全方位、全过程的绿色化和生态化。

6.绿色化与生态和谐是绿色发展的结果。习近平总书记指出,我们要建设的现代化是人与自然和谐共生的现代化,既要创造更多物质财富和精神财富以满足人民日益增长的美好生活需要,也要提供更多优质生态产品以满足人民日益增长的优美生态环境需要。无论是绿色观的引导,还是用绿色方法协调处理行为与生态环境的关系,其最终目的是一个绿色化的结果,即生态环境的不断改善和维护,这是绿色发展的根本目标与目的。真实践行的绿色化才是人类所需要的。

第三节　绿色制度建构

绿色发展是理念、制度和行动的综合理念构成发展的灵魂,制度是理念的落实,执行是制度的保证。绿色发展通过绿色制度规则的确立,规范、控制与引导人类的社会经济行动,构成一个完整的绿色发展体系。绿色发展制度的构建是绿色发展体系建设的核心构成。

一、中国环境保护制度的发展

(一)环境保护制度的发展

从 1949 年到 1972 年的 24 年里,中国的环境保护制度建设基本处于空白的阶段。其主要原因是,环境保护意识差,没有意识到环境问题与社会经济发展的重要性关系。伴随我国人口的不断增长和经济的不断发展,环境问题逐渐成为社会经济发展的瓶颈与阻碍,甚至直接威胁到人类的生存。随着环境问题的凸显,如何利用制度对生态环境形成有效的控制,成为国家经济社会发展的重要部分。中国的环境保护制度建设大致可以分为5个阶段:

第一阶段:环境保护工作方针建立。1973年国务院召开第一次全国环境保护会议,提出了"全面规划、合理布局,综合利用、化害为利,依靠群众、大家动手,保护环境、造福人民"的32字环保工作方针。

第二阶段:环境保护制度建设初级阶段。1983年第二次全国环境保护会议,把保护环境确立为基本国策。1984年,国务院作出《关于环境保护工作的决定》,环境保护开始纳入国民经济和社会发展计划。1989年国务院召开第三次全国环境保护会议,提出要积极推行环境保护目标责任制度、城市环境综合整治定量考核制度、排放污染物许可证制度、污染集中控制制度、限期治理制度、环境影响评价制度、"三同时"制度、排污收费制度等8项环境管理制度。

第三阶段:环境保护走向法制化阶段。1989年正式实施《环境保护法》,以法律为基础的中国的环境法规体系初步建立,为开展环境治理奠定了法治基础。

第四阶段:逐步发展阶段。1992年,党中央、国务院发布《中国关于环境与发展问题的十大对策》,把实施可持续发展确立为国家战略。1994年,政府出台《中国21世纪议程》。1996年,国务院发布《关于环境保护若干问题的决定》。2002年、2006年和2011年国务院先后召开第五次全国环境保护会议、第六次全国环保大会、第七次全国环保大会,作出一系列新的环境重大决策部署。

第五阶段:绿色制度建设阶段。党的十八大将绿色建设纳入中国特色社会主义事业总体布局,把绿色建设放在突出地位,要求融入经济建设、政治建设、文化建设、社会建设各方面和全过程,努力建设美丽中国,走向社会主义绿色新时代。提出要建立系统完整的绿色制度体系,实行最严格的损害赔偿制度、责任追究制度、源头保护制度、完善环境治理和生态修复制度等。

(二)传统的八项制度

经过20多年的发展,在"预防为主、防治结合"原则的指导下,在《中华人民共和国环境保护法》下,我国的环境保护制度已基本形成了一个完整的体系。

1. 环境保护目标责任制度

环境保护目标责任制度,是以签定责任书的形式,实施各级地方人民政府和污染单位环境质量管理体系。这一制度明确了一个区域、一个部门及至一个单位环境保护的主要责任者和责任范围,采用有针对性的定量和制度管理方法,把贯彻执行环境保护基本国策细化作为各级政府、企业和环境保护部门的行为规范,促进环境保护活动的全面和详细发展,是责、权、利、义的有机结合,从而使环境质量改善的既定环境目标得以实现。[1]

2. 城市环境综合定量考核制度

城市环境综合定量考核,是我国在总结近年来开展城市环境综合整治实践经验的基础上形成的一项重要制度,它是通过定量考核对城市政府在推行城市环境综合整治中的活动予以管理和调整的一项环境监督管理制度。通过定量化分析,我们可以把环境保护的责任进一步落实到每一个机构,每一个人,保证环境保护责任的具体落实。

3. 污染集中控制制度

污染集中控制是在一个特定的范围内,为保护环境所建立的集中治理设施和所采用的管理措施,是强化环境管理的一项重要手段。污染集中控制,应以改善区域环境质量为目的,依据污染防治规划,按照污染物的性质、种类和所处的地理位置,以集中治理为主,用最小的代价取得最佳效果。污染集中控制制度是基于成本与控制效益之间的分析而进行的制度设计,它

---

[1]　赵卓:《中国环境规制的"三维"分析》,《学术交流》2013年第8期。

进一步保证环境保护制度的可实施性,容易取得政府、企业、社会的各方认可。

4. 限期治理制度

限期治理制度是指对污染危害严重,群众反映强烈的污染区域采取的限定治理时间、治理内容及治理效果的强制性行政措施。限期治理制度对保障生态安全,保障人类利益具有十分重要的意义。通过限期手段,一是保证生态环境状况得到及时的修复,避免环境污染状况的扩大与蔓延;二是限期治理制度的实施,及时解除对人民生产与发展的威胁,人民及时进入平稳的生活状态,保证社会的和谐稳定。

5. 排污收费制度

排污收费制度是依据《中华人民共和国环境保护法》中"谁污染,谁治理"的原则而制定。排污收费制度是指所有向环境排放污染物的单位以及个体生产者和经营者根据国内法规和标准支付一定费用的制度。1982 年,我国开始全面推行排污收费制度,到目前为止全国(除台湾省外)各地普遍开展了征收排污费工作。① 目前,我国征收排污的项目有污水、废气、固废、噪声、放射性废物共五大类 113 项(此项制度已被 2017 年公布的《中华人民共和国环境保护税法》所取代)。

6. 环境影响评价制度

环境影响评价制度是以实施预防原则为主的防止新污染、保护生态环境的一项重要的法律制度。环境影响评价又称环境质量预断评价,是指对可能影响环境的规划、重大工程建设或其他开发建设活动,事先进行调查,预测和评估而制定的最佳方案。环境运行评价制度是环境保护制度体系中的核心,通过环境影响评价制度的建设,实现源头控制治理体系的建设。

7. "三同时"制度

"三同时"制度是新建、改建、扩建项目、技术改造项目以及区域性开发建设项目的污染防治设施必须与主体工程同时设计、同时施工、同时投产的

---

① 王力兴:《浅谈环境管理的基本制度》,2007 年辽宁省环境科学学会学术年会论文。

制度。"三同时"制度的建设是基于环境设施与生产设施同步进行,同步效应的管理设计理论而设计的环境保护制度。目的是保证企业的生产排污行为与企业环境保护行为的同步性,这也是基于中国环境保护过程中的主要问题而设计,在具体的实施过程中取得较好的效果。

8. 排污申报登记与排污许可证制度

排污申报登记制度,是指所有向环境排放污染物的单位,必须按规定程序向主管部门申报登记所拥有的排污设施、污染物处理设施及正常作业情况下排污的数量、种类和浓度的一项特殊的行政管理制度。排污申报登记是实行排污许可证制度的基础。排污许可证制度旨在以污染总量控制为基础,以改善环境质量为目标,规定排污单位允许排放污染物的数量、类型、方式、浓度等的一项新的环境管理制度。我国目前推行的是水污染物排放许可证制度。[①]

二、绿色制度建设的目的与原则

绿色发展必须要有科学的、符合客观规律的绿色制度基础。只有建立起公平、公开的规则,才能保证充分调动参与主体积极性和创造性,实现绿色发展的目的。

(一)绿色发展制度建设的目的

绿色发展制度指要求大家共同遵守的,有关绿色发展的办事规程或行动准则,也指绿色发展的规则或运作模式。目的是通过规范个体行动的,完成绿色发展目标的一种社会结构。绿色发展制度是在环境威胁、经济发展方式转型、社会生活方式转型时所形成的一系列法令、礼俗、规范或一定的规格。

绿色发展制度的建设目的有三方面,一是保证绿色发展目标的实现;二是保证绿色发展的秩序;三是保证绿色发展的公平、公正性。公平与公正是

---

① 李恒全:《"潜渎职":选择性的制度化——对 L 县环保部门不合职责制度履职案例的分析研究》,华中科技大学 2016 年博士学位论文。

绿色发展的基本保障,绿色制度的设计只有保证公平与公正性,才能把绿色发展的根本意图得到贯穿与执行。绿色发展需要一个良好的秩序环境,良好的秩序可以是实现生态环境系统、经济发展系统和社会系统运转的基本保障,没有秩序的绿色发展只能是无序发展,其最终结果是不可能的发展。只有制度方能保证绿色发展目标的真正实现。

(二)绿色发展制度建设的原则

绿色发展战略是基本国策,是由国家制定,具有全局性、长期性、决定性影响的重大决策与基本政策。与经济、社会和金融发展领域制度建设相比,在绿色发展制度的设计中具有优先性。坚持节约资源和保护环境是我国的基本国策,在绿色发展制度的设计与执行的过程中,必须坚持生态优先、节约优先、保护优先的原则。

1.生态优先原则。生态优先原则是指在处理经济增长与生态环境保护的关系上,确立生态环境保护优先的法律地位,作为指导生态社会关系的法律准则。这一原则的机理是生态环境资源是人类社会生存与发展的基础系统,且根据生态平衡的原理,生态环境的不可逆性所作出的。生态原则的提出为协调生态与经济、生态与社会、生态与金融的关系提供一个基本的准则,这一准则就是在两者关系的协调中,生态的利益必须优先考核。

2.节约优先的原则。节约优先就是在资源上,把节约放在首位,着力推进资源节约集约利用,提高资源利用率和生产率,降低单位产出资源消耗,杜绝资源浪费。其原理是因为,人类赖以生存的许多资源如煤炭、石油、天然气、矿石等都是不可再生的,不节约使用和有效保护,就会很快枯竭;即便是可再生资源如生物资源等,不合理使用和有效保护,也会导致消亡。因此,为了实现经济和社会的可持续发展,必须十分珍惜和节约资源。切实把节约放在优先位置,加大资源节约力度,实现资源永续利用。

3.保护优先的原则。保护优先,就是在环境上把保护放在首位,核心是经济社会发展应当优先考量生态环境的承载能力,在环境保护优先的前提下发展经济。目前我国环境污染问题突出,环境状况总体恶化趋势尚未得到根本扭转,环境对经济发展和民生改善的制约作用强化。优先原则是对当前生态环境威胁与人类的生存与发展的分析中得出的原则。

三、绿色制度体系建设

绿色发展制度首先是一个体系,包括源头预防、过程控制和事后管理三个方面,是一个完整的管理制度链体系;其次绿色发展制度体系内各子制度之间,是一个相互影响和相互作用的关系,缺少任何一个环节的制度建设,整体的效能就可能降低;最后绿色发展制度的建设与经济建设、政治建设、文化建设和社会建设的各项制度相互衔接。

绿色发展制度的建设是一项全局性、系统性、长期性工作,也是一项长期的战略任务。绿色发展制度体系包括绿色决策制度、绿色评价制度、绿色管理制度、绿色考核制度和绿色责任追究制度。其中绿色管理制度是核心制度。

(一)绿色决策制度

绿色建设是一个系统化的项目,需要从全球视角考虑并在顶层设计和整体部署方面通盘考虑。绿色决策包括绿色发展综合决策制度、绿色发展部门决策制度、绿色发展企业决策、绿色发展金融机构决策制度等。各制度要针对绿色建设的关键问题和突出问题,加强顶层设计和整体部署,所有利益相关方将共同努力创造协同效应,协调解决跨部门跨地区的主要问题,把绿色建设要求全面贯穿和深刻融入经济建设、政治建设、文化建设、社会建设各方面和全过程。

1. 绿色发展的组织管理

专设绿色发展组织机构,统筹协调解决绿色发展过程中的重大问题,切实落实绿色发展。全面构建政府统一领导、环保部门统筹负责、多部门协调分工的绿色发展工作机制,审议重大经济、社会发展政策及规划的环境影响评价,讨论配套的环境政策、可持续发展和环境保护原则等。制定绿色发展战略与规划,明确绿色发展的时间表和路线图,高标准、高质量实现绿色发展。

2. 环境管理联动制度

环境管理的特征就是跨部门、跨行业、跨学科和跨领域,针对环境管理的特殊性,要建立环境管理的联动机制,做到环境管理的全面统筹,全力配合,信息全面流动,力争取得最大环境效益。环境管理联动包括信息联动、政策联动、考核联动、部门联动、手段联动、措施联动、奖罚联动、社会联动和补偿联动等制度的建设。

(二)绿色评价制度

评价是建设绿色发展体系的非常重要的环节,直接决定绿色发展的范围与空间,决定绿色发展的可持续性。要按照绿色发展目标体系的要求,把资源消耗、环境损害、生态效益纳入经济社会发展评价体系。

1. 自然资源资产产权制度

这是绿色发展制度体系中的基础性制度。为其它环境管理与变化的制度奠定基础。目的是通过对产权的管理,提高自然资源的管理效率与质量。通过对水流、森林、山岭、草原、荒地、滩涂等自然生态空间进行统一确权登记,摸清各类自然资源资产的所有权、监督权的具体内容和形式主体,梳理各部门在自然资源资产管理方面的职能职责,进而为形成归属清晰、权责明确、监管有效的自然资源资产产权制度打下基础。

2. 国家自然资源使用制度

根据自然资源的属性与状况,对自然资源的使用进行严格的管理是未来人类绿色发展的方向选择。随着自然资源越来越短缺和生态环境遭到破坏,自然资源的资产属性越来越明显,市场价值不断攀升,自然资源和生态空间的未来价值、对人类的生存与发展的意义越来越重大。健全国家自然资源资产管理制度,对各类自然资源资产的数量、范围、用途进行统一监管,实现权利、义务、责任相统一,是绿色发展的重要内容之一。

3. 绿色发展统计制度

要根据绿色发展目标的要求,探索和建立促进绿色低碳循环发展的国民经济核算体系,探索反映自然资源生态环境价值的资源环境统计体系。探索编制自然资源资产负债表,开展自然资源资产负债表基础理论和核算方法的研究,制定自然资源资产负债表编制的总体框架。

4. 绿色资源发展评价制度

要开展三个层次的绿色发展评价制度,一是宏观层面的综合评价制度,具体包括开展政策环评、战略环评、规划环评等;二是要建立行业层面的绿色发展评价制度,针对各行业的发展状况,建立行业绿色发展评价体系,保证各行业层面的发展与生态环境容量的平衡;三是企业层面的绿色发展评价制度。企业包括各种工业企业和金融机构,特别是金融机构要建立金融机构融资的环境影响评价制度,从源头对企业环境行为进行有效的控制。

(三)绿色管理制度

绿色管理是对自然资源的利用和环境污染行为进行控制的手段,绿色管理效力的发挥,取决于绿色发展制度设计的状况与效果。绿色管理制度是整个绿色发展制度设计的核心部分。

1. 空间规划制度

在欧洲的空间规划系统中,概述了空间规划的定义:空间规划主要由公共部门使用的影响未来活动空间分布的方法,它的目的是创造一个更合理的土地利用和功能关系的领土组织,满足保护环境和发展两个需求,实现社会经济发展的总体目标。① 法律确定原则,规划划定界限。法律只能确定哪种自然空间必须实行用途管制,哪类国土空间必须限制开发或禁止开发,但具体边界必须通过空间规划来划定和落实。建立空间规划体系,划定生产、生活、生态空间开发管制界限,落实用途管制。健全能源、水、土地节约集约使用制度,是绿色发展的源头治理与基础性工作。

2. 生态红线管控制度

2017 年《生态保护红线划定技术指南》对生态保护红线的定义:在生态空间中具有特殊重要生态功能的区域,必须严格保护,是国家生态系统安全和维护的生命线,包括具有重要水源涵养、生物多样性维护、水土保持、防风

---

① 杨亮:《基于土地综合评价的村镇空间规划整合研究》,中国人民大学 2011 年博士学位论文。

固沙、海岸生态稳定等功能的生态功能重要区域,以及水土流失、土地沙化、石漠化、盐渍化等生态环境敏感脆弱区域。

实施严格的空间边界保护和控制,有利于国家和地区的生态安全和经济社会可持续发展,保障人民群众健康,促进人口、资源、环境相均衡,经济、社会、生态效益相统一,具有重要意义。应在生态保护红线的框架下,加快推动构建生态功能保障基线、环境质量安全底线和自然资源利用上线三大制度体系的建设。

3. 污染物排放监督制度

污染物排放管理重点发展两项制度。一是污染物排放许可证制度,从总量上对污染物排放进行控制,规范污染物排放行为,禁止无证排污和超标准、超总量排污;二是污染物排放统一监督管理制度,对污染物进行综合管理,实现要素综合、职能综合和手段综合,实现污染治理的全防全控;三是完善环境标准体系,实施更加严格的排放标准和环境质量标准。

4. 生态补偿制度

生态补偿是以经济手段为主调节相关者利益关系的一种制度安排。根据我国生态环境及经济、人文、社会发展等特点,要建立生态补偿性转移支付主导、生态保护性转移支付主导、区域引导性转移支付主导、政策性补助制度等的生态功能区财政转移支付制度。根据生态系统服务价值、生态保护成本、发展机会成本,运用政府和市场手段,促进人与自然和谐发展,调节生态保护利益相关者之间利益关系。

(四)绿色考核制度

要将反映绿色建设水平和环境保护成效的指标纳入地方政府、行业管理机构和各种企业的领导与负责人环境绩效考核评价体系之中。大幅提高生态环境指标考核权重。在限制开发区域和禁止开发区域,主要考核生态环保指标。要建设以绿色指标为主的政绩考核,将其纳入地方人民政府绩效考核。对考核优良的相关部门进行表彰奖励,对未通过评估的部门实施问责,考核结果作为领导干部综合考核评价的重要内容和干部选拔任用的重要依据。严格领导干部责任追究,对领导干部实行自然资源资产离任审计。

（五）生态损害追究制度

生态损害追究制度在整个绿色发展管理制度链条中处于末段管理的制度，但又是最重要的管理制度。因为该管理制度处于绿色发展管理制度链的末端，如果不设计或设计得不合理，将导致整个管理链条的失效。同时该制度又具有监督、检查的性质，该制度是对前面所有制度设计的合理性的检验，对执行的真实状况进行检查。

生态损害追究制度根据追责的对象不同可以分为政府追责、企业追责和个人追责。政府追责是指对政府的环境保护各个方面的行为进行责任的追究。因为政府是生态环境保护的代理人，公众把环境保护的责任以代理方式交给政府，政府的追责就成为必须的条件。企业追责是指对所有参与环境资源利用和污染物排放的企业进行责任追究制度的建设，通过严格的环境保护责任追究制度的设计与执行，严格企业环境责任，用强制、协商、自愿参与等方式，压制企业必须把环境保护作为核心的任务之一。个人追责是根本的保证，如果不把环境的追责落实到每一个人的头上，环境保护责任就不能真实地到位。

在具体的工作中，首先，责任的追究要注意与现行法律法规及相关规定的衔接，并结合主体功能区、生态红线、生态补偿、自然资产负债表、生态环境监测核算等相关制度进行综合实施。建立生态环境损害责任终身追究制。对造成生态环境损害的责任者严格实行赔偿制度，依法追究刑事责任。

其次，对各级政府的主要领导干部、企业的主要负责人和金融机构的负责人建立环境行为离任审计最低，对造成重大生态环境损害的行为追究民事、行政或刑事责任。震慑企业违法排污行为，完善生态环境损害赔偿制度。

再者，要建立生态环境损失赔偿最低。生态环境的破坏应包括在补偿范围内。建立环境损害鉴定评估机制，合理识别和衡量生态环境破坏程度，有效保护公众环境权益，大力履行环境保护责任。

最后，建立一套有效的问责激励制度。这是最重要的环节，没有奖励，无法调动每一个人的环境保护参与的经济性。没有处罚就不能对那些环境违法行为产生震慑的作用,无法形成生态环境管理的正循环,实现环境保护的目标。要让保护生态环境成为每一个责任人的刚性约束,并通过建立生态环境损害责任终身追究制度,调动所有人参与实体环境保护的积极性。

(六)社会参与制度

绿色发展的社会参与制度的设计源于绿色发展的公共产品的属性,绿色发展的结果是扩大生态环境的空间,提高生态环境的容量,为人类的可持续生存与发展奠定良好的生态环境基础。党的十八大报告明确指出,"保障人民知情权、参与权、表达权、监督权,是权力正确运行的重要保证"。2015年实施的《环境保护法》在总则中明确规定了"公众参与"原则,并对"信息公开和公众参与"进行专章规定。绿色发展制度建设要充分发挥群众和社会组织的参与作用,把群众和社会组织纳入绿色发展的全过程。

一是要强化环境信息公开,保障公众的环境知情、参与权和监督权。扩大环境信息公开范围,保障公众的环境知情权、参与权和监督权。及时公开涉及民生、社会关注度高的环境质量监测、建设项目环评、企业污染物排放等信息,主动向社会通报环境状况和突发环境事件。

二是要健全听证制度,对涉及群众利益的重大规划、决策和建设要真实地听取群众意见,落实社会公众的意见。把社会公众的意见在各种环境影响报告中体现。当然也应体现在环境行为之中。

三是要鼓励公众检举揭发环境违法行为。开展环保公益活动,培育和引导环保社会组织健康有序发展。建立政府与部门、政府与企业、政府与社会的环境保护协作,完善政府、企业和社团组织的环境保护参与互动机制。

第二章　绿色金融规则与制度

绿色金融发展制度体系是绿色发展制度体系的重要构成。绿色金融发展制度体系在思想、原则、规则与内容、运行的组织与机构等方面应与绿色发展制度体系保持一致。原则上讲，绿色发展制度与绿色金融制度是一个上下位的关系，具有继承、延续与深度发展的关系。同时针对绿色金融运动规律，绿色金融制度应具备自己的特殊性。

第一节　金融与规则

金融是指资金的配置过程，规则构成金融风险防范和金融稳定运行的基础。金融就是由一系列的规则或制度所构成，规则的制定与执行决定金融规则的演变与发展。金融是在不断适应人类规则的过程中达到不断地发展与提升。

一、金融机构是规则的产物

金融是信用发展的产物，信用构成金融运行的基础。金融机构是金融运行的载体，是金融产品设计、生产、销售和回笼的组织。金融机构本身就是规则的产物的理由有三：

1.金融机构的组建本身就是规则的产物。如，资本之间的合作，股东是一个个个体，每一个个体都有自己的利益诉求，但在银行的组建问题上，它们都必须认可一个规则，即股本需要规则，因为银行建立所需资本是一个较大的数额,单个个体难以一次性筹集如此巨大的数额资本,需要通过股份的方式共同地筹集资金。所以,金融机构的成立本身就是规则的产物。

2. 金融运行就是规则的结果。传统金融运行的最基本规则是风险最小化和收益最大化。在这个核心规则的约束下,又有细化的各种规则组成。总之,金融运行就是规则的运行,金融的收益就是金融规制运行的收益,金融风险的控制就是金融风险控制规制的控制。

3. 金融的发展就是规则的发展。金融是人类发明的产物,是一个虚拟化的市场,所以其本身就是由各种规则予以保证的行为。面对人类需求的不断变化,金融的游戏规则也在不断地演变,演变的目的是为人类提供更多的金融服务,而这种服务正是由不同的规则所组成。

二、金融产生于规则的创新

金融的产生本身就是人类社会发展过程中规则变化的结果。货币产生于人类产品交换的不便,物与物的交换降低交换的效率与质量,约束人类社会生产的积极性和创造性。货币的产生为人类社会的产品交换提供高效、便捷的流通工具,推进人类社会商品经济的快速发展。银行的产生也源于人类之间游戏规则的确立,是银行与人们之间达成基于货币保管与返还的规则下产生的,时间、利息是其基本的游戏规则,在这个规则下形成银行机构的运转与效益(银行机构本身就是规则的产物)。证券市场、保险市场、租赁市场同样是规则的产物,规则是其生命的源泉。

三、金融的发展取决规则的创新

每一个金融产品都是规则创新的结果,这个产品的生命力取决社会大众的认可程度。所以从这个角度看,创新规则是金融机构发展的首要要素,每一次的创新都是金融机构通过对内部各种资源组合方式的改变,即游戏规则的改变,获得新的生命力,获得社会大众的认可与购买。

这种规则的改变不仅仅局限于微观行为的改变,宏观金融行为规则的改变同样是一个国家金融不断发展的生命力。这种规则的改变源于金融环

境规制的变化。如当生态环境成为人类社会发展的主要矛盾时,生态环境
保护制度和生态优先的规则成为社会发展的主流规则,金融的游戏规则也
必须发生改变。要求金融资源的配置必须与生态环境的变化挂钩,金融行
为的规则由金融改变为绿色金融,其核心的内容就是金融行为与生态环境
行为之间关系处理规则的改变。

第二节　绿色金融规则

规则是绿色金融发展制度体系构建的核心环节,目的是用来约束与激
励金融人与生态环境之间的关系,通过金融与生态环境关系的改善与维护,
提升人类生存与发展的空间,实现人类的可持续发展。绿色金融的规则围
绕绿色发展的理念展开,主要包括以下几点:

一、绿色金融的优先规则

这是一个在金融的工作实践中最为困扰的问题。传统金融理论把金融
作为一个企业,而企业的基本理论是经济人理论或企业价值理论,经济人理
论认为企业是以经济增值为核心目标的组织,追求利润是企业的基本任务。
企业价值理论认为企业的目标是为股东服务,是股东谋取利益的手段与工
具。根据这一理论金融机构最大的任务就是在风险最小化的过程中,谋取
最大的经济利益。在这一规则下,金融机构在资金的运作过程中,只考虑经
济因素,而不考虑生态环境因素,把生态环境因素屏弃在决策之外。

在绿色发展理念下,金融的发展不仅仅是要谋取金融机构的经济利益,
而且要满足人类社会的生态环境利益诉求。当两个利益在短期内产生矛盾
时,金融机构面临选择的问题。如何选择是金融机构的一道必选题。在
绿色发展理念下,生态优先、环境优先已成为人类经济发展的前置选择,
以人类社会利益的优先成为社会发展的优先选择。金融机构首先应建立
优先选择规则,把优先选择规则注入到金融机构工作的每一个环节和流

程之中。这是绿色金融制度建设的首要应确立的问题。可惜截止到今天,经济利益和生态利益的排位是,更多的金融机构是将经济利益作为优先利益进行决策,这与绿色发展观是相违的,是不符合现代社会发展要求的。

二、绿色金融的责任规则

责任在现代汉语里一般理解为分内应做的事或使人承担某种职务或职责,也指没有做好分内的事或没有履行职责所应承担的后果。绿色金融的发展首先是一个责任的问题,责任问题不建立,绿色金融的发展就是一句空话,绿色金融发展将失去基本的动力。因为绿色金融的责任体系是无法通过金融机构自发的方式实现,因为金融机构就是基于货币增值利益而建立起来的金融组织,这种规则的核心是经济利益,失去经济利益,金融机构也就不能称之为企业。所以,将希望寄托在金融机构自发的承担社会生态责任,是不现实的。

绿色金融的责任规则制度是指金融机构在资金的运作过程中,将环境资源的开发、利用、保护和管理责任,融入到金融机构的各个部门,明确其应当履行的环境法律、道德义务及违反义务所应当承担的不利的法律、道德后果。其基本的依据为:所有单位和个人都生活在自然环境中,都有义务保护环境;造成环境问题的人应当承担环境法律义务;政府主管环境事务应当履行职责;当环境责任主体不履行环境保护的义务或职责时,应承担法律上的不利后果,如环境民事责任、环境行政责任以及环境刑事责任等。

三、绿色金融运行规则

绿色金融运行规则是指金融机构在资金运作过程中对金融机构资金运行与生态环境关系处理的规则,这个规则直接决定金融行为的绿色化程度,决定金融资金运行与生态环境关系的友好程度,是绿色金融规则中的核心规则。

（一）绿色金融市场规则

绿色金融市场规则是指对绿色金融发展方向和支持目标的选择规则。这个规则与市场规则是一个相互补充的关系，因为绿色金融支持的对象一定是市场发展良好，环境污染低的企业，是一个二者结合的选择。这个规则是长远市场与环境市场的有机结合，是经济利益与生态环境利益的结合，是一个可持续发展的市场选择。

（二）绿色金融的准入（发行）规则

准入规则是绿色金融理念与思想的具体实施，是绿色金融业务制度体系中的基础规则。绿色金融准入规则要做到三个方面，一是与国家各项生态环境保护规则的衔接，是在国家生态环境保护规则下的规则，存在上下位的关系；二是要与国家绿色经济发展制度与政策的衔接，要符合国家绿色经济、循环经济、低碳经济的各种规章的约束；三是要与国际的游戏规则衔接，成为国际绿色规则的执行者。

（三）绿色金融决策规则

决策规则包括审批规则、标准规则、授信规则、价格规则、增信规则、跟踪规则等。绿色决策规则是绿色金融制度规则的核心规则，在整个绿色金融发展制度体系中居于核心的位置，是国家生态环境保护制度落实的关键环节，同时也是金融机构绿色化程度的决定性环节。执行力是其发展状况的关键，要把绿色金融的责任严格落实到每一个环节之中，明确奖惩是其内容的要在。

（四）绿色绩效评价规则

绩效评价既是对绿色金融行为的总结，又是对绿色金融行为的反思。评价必须是在规则引导下进行。绿色金融绩效评价的规则具有其特殊性，这是因为绿色金融的公共产品属性，绿色金融绩效评价规则必须在一定范围内进行。如银行业的绿色信贷绩效评价，首先是规则在统一，包括从准入政策统一、运行规则统一和绩效规则的统一等全过程的统一，方能实现其评价具有可比较、可激励的作用。

第三节 绿色金融制度的构建

面对金融行为绿色化的要求,制度设计成为金融机构走向绿色化的首要问题。因为绿色化是对传统游戏规则的改变,是对金融机构运行目的的变革。这个变革又具有革命的要求。所以,金融机构的绿色化首先是金融制度的绿色化,金融制度绿色化构成金融绿色化的核心内容,是金融绿色化首要解决的问题。

从理性结构主义的角度来看,社会系统由社会系统微观结构的四个部分组成。首先是制度观念,其次是特定制度的规则和内容,再次是保证制度得以运行的组织与机构,最后是与制度相伴的各种物资设备,用以实施和确认制度的运行状况。绿色金融发展制度的建构也需要从思想体系、规则体系、组织体系和支持体系等方面进行建设。[①]

一、绿色金融发展思想制度体系的建设

思想是行动的指引,行动受思想的支配。人类绿色观念是金融发展的思想指引,在绿色金融发展制度体系的建构中起到核心与灵魂的作用,具体体现在以下几个方面。

(一)绿色发展观是绿色金融发展制度建设的核心与灵魂

金融是生态、经济和社会体系的重要构成,在整个生态、经济和社会综合体系中处于配置、调控和监督的位置。但这并不意味着金融的发展可以游离于绿色发展观之外,绿色发展观在综合系统的协同发展中居于统帅、领先的位置,是整个系统的思想,是系统的灵魂。金融的发展居于绿色发展观下的发展,金融政策与制度的制定是在绿色发展观下的制定,金融运行是在绿色发展观下的运行,金融的评价是在绿色发展观下的评价。绿色发展的

---

① 张秀萍:《环境保护社会制度构建的理论分析》,山西大学 2007 年博士学位论文。

观念为绿色金融制度的产生与运行提供了价值定位和合理化的论证。

(二)绿色金融发展制度的核心是公平与公正

金融发展的核心是推进人类社会的发展,是推进人类社会整体健康的发展,而非为少数人的发展,非损坏人类社会生存与发展环境的发展。这是金融发展的核心目的与目标。以经济的增值为核心目标的金融体系,在市场价值失灵的情况下,必将是以人类社会生态环境的破坏为代价的体系,是一个不可持续发展的体系。

绿色金融体系是一种社会组织形式,必须以维护社会正义和正义的体制理念为基础,以促进人类的健康发展和自由。根据现实生活的需要,人们通过系统的顺应和转化为人类带来各种利益,同时赋予系统存在的意义。如果一个制度达不到以上目的,就不是一个好的制度,不是一个人类社会发展所需要的制度。

(三)绿色金融发展思想制度是一个体系

绿色发展的思想应贯穿于绿色金融发展的每一个环节、每一个工作的构成。进而形成一个完整的绿色金融发展思想体系,这个体系包括绿色金融文化发展体系、绿色金融市场发展思想体系、绿色金融评价思想体系、绿色金融决策思想体系、绿色金融政策思想体系、绿色金融资产配置思想体系。要把绿色金融思想渗透到绿色发展的所有环节与过程。

绿色金融思想体系的子系统之间是一个相互配合、相互支持、共同发展的关系。绿色金融文化思想体系是基础,决定金融机构从经营层到决策层再到操作层的行为理念,是金融人行动的指引。市场拓展、项目评价、项目决策到项目配置同样需要思想的指引,是在思想指引下的金融行动。

二、绿色金融资金运行与配置制度体系

该系统是绿色金融系统的业务实现的基本系统,主要由两部分构成,一是资金运行系统。是指资金在运行过程中被配置到人类所需要的各个环节、各个领域和各个方面,在运行过程中必须遵循绿色金融运动规律的基本要求,要实现全程化的绿色准入、绿色信用、绿色跟踪和绿色评价,确保在整

个运行过程中的绿色化。二是绿色资金配置系统。绿色资金配置是指金融资金的运动方向与结构符合绿色化的要求,符合国家各项环境保护政策和产业政策的要求。资金是在配置的过程中与绿色经济系统、绿色社会系统和生态环境系统产生相互作用、相互依赖和相互制约正向关系。绿色金融系统的质量与效率,取决于绿色金融业务系统运行的质量与效率,取决于配置过程中绿色要求与内涵。绿色金融运行与配置系统是绿色金融系统的核心系统,是关键环节。

三、绿色金融调控管理制度体系

该系统建设的根源是由于绿色金融系统的运行与配置过程的缺陷性而产生,我们知道金融系统是基于经济利益而产生的运行系统,各金融机构基于经济利益的追求产生动力并维持其运行。绿色发展属于生态环境范畴,生态环境的利益是社会性的利益,其消费具有非排他性的特征。因此,金融机构在绿色发展过程中,并不能因生态环境的改善而得到经济利益,甚至在某种程度上具有反环境的特性。所以,绿色金融监督与管理系统建设与运行目的,就是要纠正与修复绿色金融系统运行过程中可能出现的各种干扰,修正非绿色因素,保持绿色金融系统运行的秩序与稳定。

四、绿色金融运行考核制度体系

绿色金融运动与资金配置是在一个非常复杂的四个系统之间运行,其中既有各自的利益,也有公共的利益,公共利益和私有利益之间又是存在相互矛盾、相互利用的关系。因此,规范化、制度化和责任化、信息化是该复合系统运行的基本保障。责任化是指要建立一个基于绿色金融实现的责任保证机制和制度,以责任为基点,保证绿色金融的各项活动真实、精准和有执行力的落实;制度化是指必须把绿色金融的运行与资金配置过程,纳入制度管理的范畴,以法律、法规和各种规章的方式确保绿色金融系统活动得到严格地执行;绿色金融信息化系统的建设是绿色金融真正落到保障,信息是金融工作的基础,金融工作就是在打通需求者和供给者之间的信息非对称现象,因此,建立一个基于社会共享的信息系统是绿色金融发展的基础性要求。

五、绿色金融标准与技术制度体系

建立绿色金融系统的绿色金融标准制度系统和绿色金融技术制度系统是保证金融行为绿色化的关键与核心环节,建立绿色金融标准制度系统和绿色金融技术制度系统,一方面是生态环境规律的要求,生态系统是指在自然界的一定的空间内,生物与环境构成的统一整体,在这个统一整体中,生物与环境之间相互影响、相互制约,并在一定时期内处于相对稳定的动态平衡状态。这种平衡预示着子系统与子系统之间是一种相对的平衡关系。环境基准与标准反映人类社会生存与发展对生态环境系统所具有的比例关系的基本要求或最低要求,该基准与标准同样构成绿色金融活动的最低标准与要求。因此建设绿色金融标准系统成为绿色金融活动的基础与工作的保证。绿色金融活动同样必须是在可衡量、可计算、可统一的技术与方法的条件下进行,只有这样方能保证绿色金融活动的公平与公正性,保证绿色金融激励和处罚的可衡量和可比较。进而维护绿色金融活动的秩序与稳定。

第三章　绿色银行概述

绿色银行是由银行的基本属性发展而来的,既保留了银行的本质,又创新发展了绿色功能,赋予银行机构新的内涵。由于银行与绿色银行内涵的不同,使得绿色银行具有一个全新的管理模式,包括独立的价值体系、目标体系、识别体系和管理体系。

绿色银行的根本任务就是成为自然生态环境的维护者、支持者和改善者。本章通过对绿色银行本质、功能及管理体系的论证,为绿色银行评级制度的建设树立一个衡量价值标准的体系。

第一节　银行功能

银行是现代经济发展的产物,是社会分工体系不断演变的结果。银行文明与工业文明的并行发展,提高了社会经济发展的速度与质量,满足了人类对物质产品的需求,成为现代社会文明体系的主要构成。

一、银行的概念

现代银行的发展已有近百年的历史,成就了现代工业文明与财富的创造。银行是现代社会的中枢与纽带,银行不仅承担了社会资金融通的作用,还承担社会资源配置的协调与优化的职能。银行已成为社会经济发展的推进器与服务器。

(一)商业银行的定义

站在不同的角度,对商业银行的定义略有不同。但其对商业银行核心内容的解释基本类似,即都是围绕资金的融通及其特性来展开,产生的异议更多的是对融通资金范围的界定。

依照《中华人民共和国商业银行法》和《中华人民共和国公司法》,商业银行定义为:商业银行是指设立的,吸收公众存款、发放贷款,办理结算业务的企业法人。这是政府从金融管理和经营范围法律审核的角度对商业银行进行的解释,指明了商业银行的业务范围和商业银行的组织属性。

站在理论的角度对商业银行的定义就宽泛了许多,涵盖的经营范围更为广泛,产品内容更加丰富,更加符合时代的发展趋势。因为从世界金融发展的角度看,商业银行必将走向综合化、全面化的经营模式,否则将与时代的发展脱节。

商业银行经营管理学对商业银行的定义为:商业银行是一个以营利为目的,以多种金融负债筹集资金,多种金融资产为经营对象,具有信用创造功能的金融机构。该定义包含以下含义。

1. 商业银行的本质是企业

商业银行具有企业的普遍属性,以营利为目的,追逐利润最大化。商业银行同普通的企业一样,必须具备业务经营所需的自有资本,并达到管理部门所规定的最低资本要求;必须照章纳税;实行自主经营、自担风险、自负盈亏、自我约束;以获取利润为经营目的和发展动力。

2. 商业银行是金融企业

商业银行是经营货币的特殊企业,之所以特殊,是因为它不同于一般工商企业,商业银行所经营的产品与普通企业完全不同,商业银行的经营对象是货币、资金,商业银行业务活动的范围不是生产流通领域,而是货币信用领域,商业银行不是直接从事商品生产和流通的企业,而是为从事商品生产和流通的企业提供金融服务的企业,是通过货币资金的营运获取利润的企业。①

3. 银行业务是其核心

银行业务是商业银行业务的核心,其它业务则是在银行业务基础上的

---

① 郭佳祥:《中国对外直接投资与对外贸易关系的协整分析》,《中国外资》2012 年第 4 期。

衍生业务。银行行为包括银行资金的筹集与投放两个方面,通过资金的筹集,商业银行聚集了大量的闲置资金。银行投放满足企业或项目的资金需要,促进了社会生产和再生产完整循环和社会经济的快速发展。

(二)商业银行的功能

商业银行的功能是指商业银行能够满足社会经济发展需求的一种属性。商业银行的功能来源于商品交换的快速发展需要、规模化的工业生产模式需要和人类社会生活交往的需要。伴随社会经济发展金融功能需要的多元化,银行的功能也处在一个不断演化,不断完善的过程,从最初的单一功能逐步走向多功能。具体如下:

1. 支付中介功能。所谓支付中介功能指商业银行的货币经营功能。以商业银行为中心,以资金的转移为基础,客户与企业团体或个人形成经济过程中无始无终的支付链条和债权债务关系。支付中介功能是商业银行的基本功能,提供商业银行支付中介的功能把企业生产生活和社会经济的运行连在一起,构成社会经济的运行系统。

2. 资源配置功能。商业银行作为货币资本的贷出者与借入者的中介人或代表,其实质是通过银行的负债业务(主要由自有资本、存款和借款构成),把社会上的各种闲散资金集中到银行里来,再通过资产业务,把这些货币投向经济各部门来实现资本的融通。资源配置是商业银行最基本、最能反映其经营活动特征的功能。

3. 信用创造功能。商业银行是能够吸收各种存款的银行。在支票流通和转账结算的基础上,商业银行用其所吸收的各种存款发放贷款,贷款又派生为存款,在这种存款不提取现金或不完全提现的基础上,就增加了商业银行的资金来源,最后在整个银行体系中,形成数倍于原始存款的派生存款。商业银行因其信用创造的功能,使得它对整个社会经济活动的影响十分显著,在整个金融体系乃至国民经济中位居特殊且重要的地位。①

---

① 何思睿:《商业银行的转变及其对策建议》,《经济研究导刊》2012年第25期。

4.金融服务功能。主要包括各种代理、信息咨询、融资服务、财务管理、信托等业务。金融服务功能大大拓展了商业银行的业务范围,增加了利润增长点,而且丰富了人们的生活。金融服务已成为当代商业银行的重要功能。

二、银行的作用

(一)经济发展的影响作用

资金是经济发展的基本要素,商业银行通过其功能的发挥可以起到推动经济发展的作用,当然包括正向的推动和负向的推动。当商业银行的银行政策与国家经济发展的趋势性需要一致时,银行行为加速推进经济发展和产业结构的调整。反之,当银行行为与国家经济发展趋势性要求不一致时,将起到破坏性的作用。这取决于国家银行政策和金融机构银行的行为对未来趋势政策的把控程度与质量。

(二)生态环境的影响作用

传统的银行贷款管理是基于对银行自身货币增值利益的管理,银行资金与企业资金在结合过程中对生态环境产生的影响并未纳入商业银行风险管理之中。当企业或项目的运行对生态环境产生破坏性影响时,如果商业银行为博取更多的经济利益,放任企业环境污染行为,将与企业共同构成环境污染的现象,破坏生态系统的平衡,威胁人类的生存。

(三)社会风险影响的作用

金融本身具有高风险性及金融危机的多米诺骨牌效应,金融体系的安全、高效、稳健运行对经济全局的稳定和发展至关重要。[①] 商业银行经营风险具有破坏作用大,破坏作用面积广和破坏影响波动长的特点,而且具有双重的特征,不仅仅是商业银行自身的风险,而且商业银行的风险要波动到企业,直接影响企业的经营与运行。因而对商业银行风险的管控显得特别重要。

---

① 　路春芳:《金融控股集团财务风险传导机理研究》,河南理工大学 2009 年硕士学位论文。

银行是社会分工和协调需要的产物,它适应商品经济发展的需要,是人类基于相互之间经济往来而设定的一种游戏规则和组织形式。其运行的内在动力是相互的利益交换,外在形式的银行机构,没有内在的利益交换,银行就无法运行。

第二节　绿色银行

人类可以创造一个基于经济交换关系的商业银行,同样也可以创造一个基于人类生态环境利益的绿色银行。绿色银行基于银行系统与生态系统的关系而产生。其发展的根本目的是通过对银行绿色信贷资金的运用,维护和改善所在区域的生态环境状况,为人类经济、生态、社会的和谐发展服务。

一、绿色银行

绿色银行是基于人类生存与发展问题而产生的,创建绿色银行的目的就是为人类的生态环境利益服务。绿色银行具有自己特殊的内涵和特殊的作用范围,具有独立的运行规则。绿色化使得银行具有双重的内涵,即绿色内涵与经济内涵。

(一)绿色银行概念

绿色银行是一个组合的概念,是由绿色和银行两部分组合而成。银行概念是基础,代表资金运动与融通。绿色是前置语,代表着自然、生态、环境、节能等的含义。绿色银行反映的是银行资金运动与生态环境运行之间的内在关系,是在传统银行的内涵基础上,赋予其新的内容,但并没有改变银行的基本运动形式。

我们对绿色银行的概念定义为:绿色银行是以维护和改善自然生态状况为(也可以具有双重性,包括经济利益)目标,通过绿色金融负债筹集资金,以绿色金融资产为经营对象,具有信用创造功能的银行机构。与传统银

行概念相比,绿色银行的概念有三个新的内容:

1. 绿色目标。传统商业银行是以追求经济利益为核心的,之所以在一段时间内出让资金,目的是为了创造更多的资金,让出让(一段)资金产生增值。增值构成商业银行经营的唯一目的,是商业银行发展的动力源泉。但绿色银行不同,绿色银行发展的目的是为人类的生态环境利益服务,其资金运营维护与改善了贷款对象周边区域的生态环境状况,产生生态环境利益的增值。

2. 绿色手段。绿色构成了银行筹集与分配资金的主要约束,无论是筹集资金还是分配资金都要进行绿色化的认证,要用绿色的价值标准对资金进行认可。其采用的主要方式有银行资金来源的环境影响评价,银行贷款的环境影响评价,绿色贷款的跟踪管理,绿色信息的收集与管理,绿色贷款的环境绩效评价等。绿色银行具有自己完整的技术管理体系与标准体系。

3. 公共属性。绿色银行运行的特征是产品的公共性,绿色银行所创造出来的产品及其效应具有公共的属性,其产品消费具有非排他性,其所创造的效益,为社会大众共同享受,也正是绿色银行这一特征,我们对绿色银行发展的动力机制、管理机制、市场机制等等都必须进行全新的设计。

(二)绿色银行内涵

1. 服务于生态环境的改善与维护

生态环境是人类存在与发展的基础,人类社会的发展不应以生态环境的破坏为代价,而应以持续推进生态环境改善为基本行为准则。可持续发展已成为人类社会共同发展的基本准则,生态文明已成为我国施政的基本纲领和行动指南。发展绿色银行的目的就是为促进人类与生态的和谐发展。这是发展绿色银行的核心目的,是服务于生态文明的建设,服务于和谐社会的建立,服务于绿色经济的发展,服务于国家货币政策的基本目标。

2. 协同生态、经济共同发展是其基本职责

传统银行信贷行为反映的是银行信贷行为与实体经济行为之间的关系,绿色银行反映的金融信贷行为与实体经济行为和生态环境行为三者之间的关系,从银行信贷行为与实体经济行为的关系演变为金融行为与经济

和生态三者之间的关系。和谐是系统关系的基本要求,协同构成三者之间关系发展的必要方式。绿色银行在协同关系的处理上处于关键与核心的地位,是绿色银行的主要任务之一。

3. 银行信贷运行规律的转变

关系的演变要求不仅仅是关系的变化,更多的是内在运行和发展规律的变化,从遵循经济发展规律,转变为遵守经济发展规律,同时要遵守生态环境规律,而经济发展要求和生态环境变化要求的冲突,会导致金融行为与生态环境行为的冲突,这种改变是一种彻底的、根本性的改变,而不仅仅是银行支持环保、生态产业的银行支持方向的变化。

4. 银行发展与管理模式的转变

内涵的变化必然导致银行工作模式与方法的转变。首当其位的是银行信贷管理与运行模式的变化。这种变化管理模式是在绿色管理理念指导下的建构,包括绿色管理战略、绿色管理政策、绿色管理方法、绿色管理产品、绿色管理模型、绿色管理制度、绿色管理工具、绿色管理程序等绿色管理行为体系。

5. 银行信贷行为与社会沟通方式的变化

要把绿色银行信贷与社会的广泛参与进行有效的结合,这是由环境保护的特性所决定的。环境保护是一项广泛的社会行为,体现了社会各界的利益,没有社会参与的环境保护行为必将是缺乏约束和不完善的。只有社会各界的广泛参与,才能保证绿色银行发展的公平与公正性,并取得社会利益最大化的效果。

二、绿色银行的特征

特征是指事物异于其他事物的特点。绿色银行是生态环境行为与银行信贷行为的组合。绿色银行是银行行为模式的一种转变,资金增值不再是银行唯一的发展目的。它要求银行信贷行为与改善与维护生态环境连接,经济利益与生态利益共存。

1. 社会性特征

社会性是生物作为集体活动中的个体或作为社会的一员而活动时所表现出的有利于集体和社会发展的特性。生态环境保护是基于人类社会的生存与发展所进行的一项工程,其主要收益是人类社会的可持续发展,因而具有社会性的特征。绿色银行行为和我们的生产、生活方式具有紧密的联系。当我们把绿色银行放在人类与生态系统的关系中时,可以代表着人类的金融系统、经济系统与生态系统之间的自然、生命、平衡、和谐、协同之意。社会性是绿色银行行为的主要特征之一。

2. 生态性特征

生态环境特性是指绿色银行的运行是建立在生态环境容量和资源承载量的约束条件下,是一种以效率、和谐、持续为目标的银行增长和社会发展方式。绿色银行的发展方式立足于遵循自然规律、社会规律和生态规律,突破了以往环境保护和经济增长之间对立的矛盾关系,揭示了生态环境与经济、金融增长相互促进、协调发展的关系。

3. 可持续特征

绿色银行是基于协调经济行为与生态系统之间关系的银行行为,绿色银行可以有效协调各系统之间的关系,把符合生态环境要求的金融资源配置到环境友好的产业之中,并推进环境友好产业、企业的发展,所以具有可持续性的发展。

4. 公平性特征

绿色银行行为具有统一的基准与标准,具有统一的绿色银行管理规则与制度。这可以保证绿色银行行为的统一性和标准性。公平意味着社会经济秩序的稳定,可以驱除绿色金融市场上的伪"绿色",这将进一步降低环境信用风险,提高金融机构的经济效益和生态效益,推动社会生态化发展。

5. 全过程特征

从管理的角度看,绿色金融是一种全过程的管理模式,包括环境风险管理过程,也包括金融产品和服务过程,同时具有绿色金融跟踪预警的过程;不仅与微观层面的内容有关,与管理层面和制度层面也紧密相连。清洁生产可以促使企业整体素质的提高,增加企业的经济效益,提高企业的竞争力,减免企业的环境风险,改善职工的生产和生活环境,提高市场占有率。通过实施清洁生产,可使企业实现增产不增污甚至增产减污,为企业提供新的利润空间,促进企业可持续发展

6. 多层次、多属性特征

绿色金融工作同样具有多属性、多层次的特征,涉及有关技术、经济和环境等诸多方面的因素,而且带有随机性和模糊性,其内容包括宏观领域的金融政策管理,同时包括微观领域的环境风险及金融服务管理等,是由环境管理、环境效益、经济效益和社会效益等综合系统构成。

三、绿色银行的分类

按照管理的层次,绿色银行可以分为国家级绿色银行、省级绿色银行乃至市县级绿色银行;按照利益追求的目标,绿色银行可以分为混合制绿色银行和单一制绿色银行;按照从事的业务内容,绿色银行可以分为低碳银行、环保银行、生态银行等。

(一)按利益目标方式的分类

1. 单一制绿色银行

基于绿色银行社会利益的特性,成立专属生态环境保护的绿色银行是当前世界发展的主流趋势。这样可以有效的回避社会利益与机构私人利益的矛盾性,为绿色银行的快速发展铺平道路。

所谓单一制绿色银行是指成立绿色银行的目的就是为保护国家生态环境服务,以追求生态环境改善与维护为其基本的工作目标,以生态环境利益的增值为其考核的基本内容的银行。单一制绿色银行所有的管理体制、管理机制、管理政策等都围绕生态环境保护的目标展开。

2. 混合制绿色银行

所谓混合制绿色银行,是指该银行在追求生态环境利益增值的同时,也追求其自身的经济利益的增值。混合制绿色银行是当前世界发展的主流趋势,这是因为,绿色发展是人类针对生态危机而产生对银行信贷行为的新约

束,以经济利益增值为目标的商业银行应不断适应周边政治、制度和国家战略的变化,改变自身的经营模式,融入世界新的发展趋势,银行才能得到可持续的发展。

由于多数的商业银行都是混合制绿色银行,这就需要银行在原有管理体制机制的基础上进行改革,以适应新形势的变化。国家应出台相关的政策与制度,一方面强制性要求商业银行进行绿色改革,以达到国家环境保护的意图;另一方面,国家应制定基于生态的环境补贴政策,鼓励商业银行从事环境保护的信贷行为。

(二)按照层级划分的绿色银行

按照层级划分可以成立国家级绿色银行,省级层面绿色银行,市级层面绿色银行,乃至县级层面的绿色银行。各级层面的绿色银行根据所在区域的生态环境形势,专属不同的任务内容。要从行业的角度和区域环境保护的角度支持和改善所在区域的环境状况。

四、绿色银行与传统银行的区别

1. 传统银行是为资本所有者服务

传统的银行运行模式,是基于对经济利益交换关系的处理,只考虑到对银行系统与实体经济系统和社会系统运行关系的处理。所谓经济利益交换关系是指交换的双方各自得到所需要的经济利益。企业得到贷款进入正常的生产循环,创造出新的产品,产品销售获得利益的增值。银行贷款在收回时,在本金之外,获得一笔利息的回报,贷款得到货币的增值。所以,传统银行的本质是基于经济交换关系的经济利益追求,是货币资本增值,最终是为银行的资本所有者服务的金融机构。

2. 绿色银行是为社会大众服务

绿色银行的根本是把银行系统与生态系统的关系纳入银行行为之中。生态、经济、社会和金融系统共同构成人类发展的综合系统,在这个系统中,生态系统是人类生存与发展的基础系统。经济系统满足人类不断增长的物质需求。金融系统成为综合系统运行的动力源,通过金融系统的运行,满足生态与生产之间的交换,满足生态与社会的交换,成为人类社会发展的控制中心与"调节器"。综合系统的运行对银行的运行方式提出新的要求。绿色银行的本质是基于环境关系的生态环境利益追求,是生态环境的增值,最终是为人类社会的生态环境利益服务,代表着社会大众的利益。

3. 绿色银行具有全新的运行模式

绿色银行是基于对生态环境关系处理的一种运行模式,其核心的目的是在银行资金投放后,银行资金与工业资金在组合生产的过程中对生态环境的影响是一种正相关的影响,即银行资金促进了所在区域的生态环境状况改善与维护,扩大所在区域的环境容量,推进区域的生态平衡向良好方向发展。绿色银行的出现是对传统银行运行模式的改变,围绕绿色,银行资金运行出现更多的、实质性的改变。

第三节　绿色银行功能

绿色银行的功能决定绿色银行制度建设的重要性与作用,同时对绿色银行评级制度建设具有直接的影响。绿色银行评级状况是对银行绿色功能发挥的结果描述。

一、绿色银行功能的属性

功能是对象能够满足某种需求的一种属性,意指事物或方法所发挥的有利作用,凡是满足使用者需求的任何一种属性都属于功能的范畴,满足使用者现实需求的属性是功能,而满足使用者潜在需求的属性也是功能。

商业银行在市场经济中发挥重要的杠杆作用,是现代社会经济运转的枢纽之一,又被称为是现代社会的"发动机"和"推进器"。从国家宏观管理层面来看,商业银行是中央银行货币政策的首要传递者,调节整个社会经济活动;从微观运行角度看,由于银行具有支付中介、信用中介、信用创造和金融服务的基本功能,银行资金的运行对调节金融资源的分配起着至关重要作用。

绿色银行的功能是在银行功能基础上发展而来的功能,从关系的角度看,银行功能属于原始功能,绿色银行功能属于社会的功能。但由于绿色银行功能与生态、社会的利益相容发展,绿色银行的功能更具有生命力,绿色银行功能对生态经济社会的贡献力量更大,是一种可持续发展的功能。

二、绿色银行的功能

从金融管理的角度看,绿色银行的功能可以分为绿色银行的宏观功能和微观功能。宏观功能是指绿色银行行为对生态环境、经济发展和人类社会生活产生的影响、引导和控制的关系;绿色银行微观功能是指金融机构的绿色银行行为对当地环境产生的影响关系,同样微观的绿色银行行为对区域金融资源的配置、生态环境状况都有影响。

1.导向的功能。通过绿色银行制度和绿色银行评级的建立与实施,银行利用金融资金的配置权,向社会和企业发出信号,引导社会的投融资行为方向、结构和模式的改变,进而引导社会投资方向与结构的改变,为和谐社会和经济转型升级提供方向的引导。

2.协调的职能。协调是指和谐一致,配合得当,就是正确处理组织内外各种关系,为组织正常运转创造良好的条件和环境,促进组织目标的实现。绿色银行行为的协调功能主要体现在银行成为生态、社会、经济的协调中心,银行利用资金配置的权力,影响生态、社会、经济的运行,调节生态、经济和社会之间的各种问题与矛盾。最关键的是银行利用市场手段进行调节,可以有效化解各方的利益冲突,实现生态、社会、经济的核心发展。

3.资源优化配置的功能。绿色银行是生态环境行为规律约束下的资金运行,是以生态环境改善为基本目标的资金运行,是符合社会发展规律的运行。它实现了资金在不同部门的有效流动以及经济资源在不同产业之间的有序转移,改变银行资金的分配方向与结构,通过影响生产要素分配(资源配置)和收入分配,进而起到优化配置的功能,提高银行资源配置的效率与质量。

4.维护金融秩序的功能。绿色银行评级是以绿色银行基准和标准作为评级的基础信息与条件,标准具有统一性、全面性和公开性的特点,标准的统一为实现行为评价的公平、公正奠定良好基础,使得行为具有较强的公信力,当我们的行为都在一个标准下运行时,可以进行真实的奖优罚劣,起到维护社会公正和基本秩序的功能。

5.环境风险管理的功能。一方面通过银行对企业环境风险的调查、评估和等级的划分,降低银行的放贷风险;另一方面,在降低银行环境信用风险的同时,可以促进社会环境风险有效管理。实现把银行的市场行为转变为环境保护行为的职能,为生态环境的改善和提升贡献金融的推动力量。

6.推进经济转型的功能。绿色银行评级的基础是绿色银行,绿色银行按照国家经济发展战略,直接或间接改变资源配置,激励投资与创新,促进经济结构优化升级,经济总量持续快速增长,科技水平提升,社会福利和人民生活水平提高,推进经济升级和模式的转换,推进经济高质量的发展。

第四节　绿色银行战略

战略是一种基于全局考虑谋划或实现全局目标的规划。战略是一种长远的规划,是远大的目标,用于实现战略的目标时间是比较长的。是一种资源的长期安排与配置。制定战略的目的是优化资源管理,提高全局性工作效率和质量,战略具有整体性、长期性、基本性问题的特点。绿色银行战略是银行对未来绿色化行为的一种长期安排和部署。

一、绿色银行目标管理

(一)绿色银行目标与传统目标

银行是企业,银行的经营理论经历股东权益最大化、公司价值最大化和利益相关者理论三个阶段。在股东权益最大化阶段,信贷系统的目标是货币的增值,是银行利润最大化的过程,目的是追求货币的无限制增长。此时人类与生态环境的关系,只是利用、掠夺和丢弃的关系。金融资本与工业资本一起结合,造成社会经济系统与生态系统的平衡逐渐被打破,以致威胁到人类的生存,失去了金融增值真实本意。

绿色银行的发展使得金融的发展进入了一个新的阶段,即金融进入一个自身发展和社会发展、生态改善相互融合的过程。金融的利益要与生态利益相融合,相适应。金融经营是在生态环境规律下的经营,而非以自我利益为核心的经营。

在一定程度上,生态环境利益与我们企业的目标与社会利益之间是有冲突的。但合规、合法经营却是一个企业必须做到的,混合目标是我们的企业和金融机构未来唯一发展的目标。

(二)绿色银行目标管理

绿色银行目标的讨论是绿色金融实施的前提与基础,是我们信贷行动的指南。绿色银行按目标实施的目的,应分为基本目标、生态目标和金融目标,按目标实施层次,应分为宏观目标、行业目标及金融机构目标,按目标实施的自愿程度,应分为强制目标、协议目标和道德目标。

1. 基本目标

生态环境是人类赖以生存的环境条件,是经济和社会发展的基础。全球的生态环境危机,不仅对国家的经济和社会生产形成挑战,还对我们人类的正常生活构成一定的威胁。金融作为人类社会和经济发展的"发动机"和"血液",在生态、经济和社会协同发展过程中居于特殊的位置。不仅仅是担负经济发展的责任,同时也担负着社会和生态的发展责任,生态平衡是金融的基础责任之一。金融机构必须在生态规则下经营。绿色金融的基本目标是指绿色金融实施的最终目的,即我们实施绿色金融行为最终要达到的结果。我们认为绿色金融实施的基本目标是为人类提供一个生态适宜与增进,有利于人类生存与健康的生态环境。

生态适宜是指我们的生态环境基本适合人类的生存要求,与人类对生态环境的要求不冲突,两者之间处于相吻合的一种状态,相互增进的状态。在这里增进是一个动态的词语,意指人类生存环境不断改善、调整的过程。这个改善与调整的过程包括三个方面。一是生态环境的不断完善与调整,即生态环境自身的不断修复;二是人类通过经济发展模式的转换,完善与调整生态环境;三是通过增进生态环境的改善与调整,进而促进人类生活模式的与时俱进。而这一切都必须提供金融的运行,所以改善与调整人类的生态环境是绿色金融发展的基本目标。

2. 绿色金融行业目标

绿色金融的行业目标是指对金融行业与实体经济系统、生态环境系统、社会运行系统行业之间的关系处理。生态环境系统的生态平衡理论与环境容量要求,构成金融系统运行的基本要求,当金融系统与实体系统共同构成经济系统时,其运行的基本要求就是符合生态环境系统的运行规律,在规律的约束下实施金融行为,这也是绿色金融运行的基本规则。我们认为绿色金融的行业目标应为创造一个金融系统与生态系统、经济系统和社会系统相融合、相协同、共发展的新系统。

绿色金融相融合是指金融系统与生态环境系统、社会经济系统的相互作用、相互依存的关系,生态环境构成整个社会经济系统运行的基础,反过来社会经济系统应确保生态环境系统的正常运行,三者之间是一个共融、共存的系统关系。

绿色金融的协同是指金融系统、经济系统与生态环境系统,共同协作完成生态环境基本要求的过程,表现了金融系统在整体发展运行过程中协调与合作的性质。三者之间的协调、协作将形成拉动效应,推动生态环境保护与改善的共同前进。绿色金融的协同对三个系统而言,协同的结果使每个系统获益,整体加强,共同发展。导致三者间属性互相增强、向积极方向发展并共同完成绿色金融的基本目标。

3. 绿色金融机构的管理目标

银行机构是信贷行为的基本单位,是金融资源配置的具体机构。把绿色化目标深入到金融行为的全过程,要把绿色概念与定量化分析融入金融机构制定战略、规划方案、制定制度、责任落实和激励与处罚的每一个环节。目标明确，工作效率高，绿色银行的工作质量方能有保证。在推进金融资源配置的绿色最优化决策过程中，应重点关注以下三个问题：

一是把绿色化深入到金融行为的全过程。绿色化是金融行为的基本要求，但绿色化的对象是金融行为的全过程还是金融行为的部分行为，一直是金融机构行为讨论的关键。从落实环境保护政策的角度看，金融机构的绿色化只是金融机构的部分行为，如，绿色银行政策的重点是支持节能减排产业的发展。但从生态环境保护与改善的角度看，金融行为的绿色化则是指金融行为的全面绿色化，这是因为金融行为存在生态环境的外部性效应，每一个金融行为都可能产生对生态环境的负影响。所以，从生态环境保护与改善的角度看，绿色化是指金融行为的全面绿化，是把绿色深入到金融行为的全过程。

二是生态环境规律约束下的金融资源配置。配置是金融行为的核心功能，推进金融资源配置的绿色最优化，基本约束是信贷行为对生态环境的影响最小化，要把项目对生态环境的影响降到最低的程度，从而实现生态约束下的金融资源优化配置。

三是绿色银行决策的定量化分析。定量化分析是绿色银行的本质所决定的。因为绿色行为本身就是一个定量化的过程，人与自然之间的关系是指一个定量化关系，比如人类呼吸的空气是一个固定的数值，人类喝的水资源质量是一个定值等，人类与生态环境之间是一个定值的关系。所以信贷行为与生态环境之间必然也是一个定值的关系，信贷行为的评价是一个定值的过程，而非模糊的过程。

4. 绿色银行机构的操作目标

操作岗位是绿色银行行为实施的具体部门，每一个绿色银行行为都需要有具体的人员操作，因而，明确操作岗位的权责利关系是绿色银行实施最为关键的环节。要明确人员素质，明确项目准入的基本条件，明确人员操作的具体流程，明确人员操作的处罚办法，只有明确以上内容，绿色银行实施才有基础的保障，方能保证生态环境利益的实现。

目标清晰是操作岗位工作的基本特点,调研目标清晰、审核目标清晰、决策目标清晰、监督目标清晰、结果目标清晰是每一个绿色银行工作人员的基本职责,必须把清晰纳入到绿色银行的每一个工作环节,纳入每一个工作过程,其绿色银行行为的结果方是清晰的,是能够产生真实的绿色银行效果的。

二、绿色银行战略管理

战略管理是绿色银行管理环节中的基础管理,决定绿色银行发展方向与目标。基于生态环境管理的特殊性,绿色银行战略管理更多需要政府环境保护相关部门站在顶层进行设计,银行机构主要任务是实施。

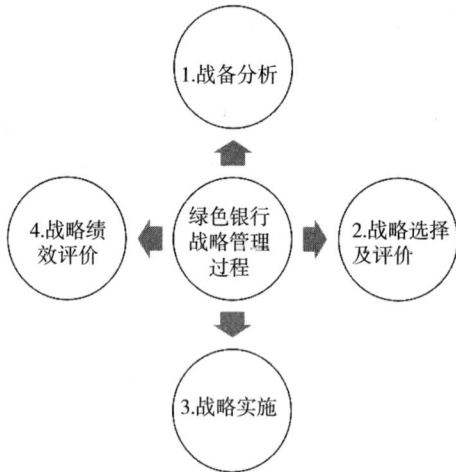

图 3-1　绿色银行战略管理构成

(一)绿色银行战略管理

1.绿色银行战略管理

"战略"一词原是一个军事术语,意思是"将军指挥军队的艺术",或指军事将领指挥军队作战的谋略,指导战争全局的计划和策略。在中国,战略一词历史久远,"战"指战争,略指"谋略"。春秋时期孙武的《孙子兵法》被认为是中国最早对战略进行全局筹划的著作。在国家管理领域,战略是指一种从全局考虑谋划,是实现全局目标的规划。战略是一种长远的规划。

环境保护已成为国家战略的重要构成之一。环境保护战略是指在综合考虑资源、人口和发展的基础上,为维护生态平衡,创造人类良好的生存环境所采取的综合性和全局性的策略。制定环境保护战略的目的是协调环境保护和社会经济发展的关系,保障人类生存条件,促进国民经济和社会持久健康地发展。

绿色银行战略是国家环境保护战略在金融领域的延伸,是国家环境保护战略的具体实施,是国家与银行机构针对金融绿色化发展的一种全局性、长远性和综合性的计划与安排。它是银行系统与生态环境关系维护的一种策略性部署。绿色银行战略管理制定包含若干子项:愿景、目标、路线、项目选择、业务策略等。绿色银行战略管理的目的是通过协调银行信贷系统与生态环境的关系,实现银行贷款对生态环境系统的正向作用,促进生态、经济和金融的和谐发展。实施绿色银行战略管理对国家和银行业的可持续发展具有十分重要的影响。

(1)国家环境保护战略的具体实施。国家环境保护战略是国家针对生态环境威胁人类社会生存与发展的现状,提出的环境保护部署。金融系统承担了资金循环与周转的任务,是国家进行宏观经济调控的主要部门。绿色银行战略是国家环境保护在银行领域的延伸,是国家环境保护战略在金融领域的具体实施。

(2)国家进行金融资源优化配置的重要手段。现代经济又称为金融经济,金融在整个经济发展过程中承担资源配置的重任。绿色银行战略管理本身就是对银行信贷资源安排与优化的过程。只有符合生态环境运行规律的银行资源安排才是优化的配置,只有支持生态环境改善的资金支持才是真正的优化安排。

(3)实现银行可持续发展的保障。银行是社会的一部分,银行的发展取决于人类社会的发展。银行的发展不能以人类社会的发展为代价。银行支持生态环境改善,也就是支持银行的可持续发展。

2.绿色银行战略管理分类

绿色银行战略管理分为宏观的绿色银行战略管理和微观的绿色银行战

略管理。宏观的战略管理是一种整体性的战略安排,微观的战略管理是宏观战略管理的具体实施。

从宏观层面看,绿色银行战略是国家生态文明战略的重要构成,是生态文明战略和环境保护国策在金融领域的具体实施。由于金融在社会经济发展中的调节和控制的作用,绿色银行战略在整个社会经济发展和环境保护过程中的特殊位置,绿色银行战略具有特殊的责任与使命。

从微观层面看,绿色银行战略管理是指银行根据外部的生态环境状况、环境政策状况、经济发展趋势及内部资源和能力的状况,为求得银行生存和长期稳定地发展,为不断地获得新的竞争优势,对银行发展绿色目标、达到绿色目标的途径和手段的总体谋划。

绿色银行战略把生态环境保护作为银行信贷资金活动的基本目的,在生态环境规律的基本约束下,对银行信贷资金活动所进行的长远规划与安排,特点是用于实现绿色银行战略目标的时间较长,具有活动的连续性要求和定量化分析的约束。银行机构是绿色银行的具体实施部门,绿色银行管理的成功与否,直接取决银行金融绿色银行思想、战略、业务管理等内容的设计。

3. 银行机构绿色银行战略管理

银行机构的绿色银行战略管理包含四个层面内容:

(1)绿色银行整体战略。绿色银行整体战略是银行层面的整体战略,是银行的战略总纲,是银行最高管理层指导和控制银行一切绿色行为的最高行动纲领。从银行的绿色发展目标与方向到各事业部(业务条线)、各分支行之间的协调,以及资源的充分利用,到整个银行的绿色价值观念、绿色企业文化的建立,都是银行总体战略的内容,是银行对绿色发展方向与工作远景的定位,包括银行内部资源与绿色化的对接过程。

(2)绿色银行业务管理战略。绿色业务管理战略指的是业务层面的总体战略,是对银行信贷业务与生态环境关系地位与关系处理的工作部署,这是绿色银行战略的核心环节。具体包括绿色信贷政策制定、绿色信贷制度设计、绿色产品设计、绿色贷款管理绩效评价、绿色贷款报告发布等。

（3）绿色银行细分战略。绿色银行细分战略是对信贷业务进行市场细分选择的战略部署,是对绿色银行战略在市场领域的工作细分与安排。目的是通过对绿色银行市场的细分,提高战略的市场精准性,提高战略的效率。

（4）绿色银行职能战略。绿色银行职能战略又称绿色银行职能支持战略,是按照总体战略或业务战略对企业内各方面职能活动进行的谋划。目的是通过职能战略形成一个完整的绿色银行战略落实的支持系统,确保绿色银行总体战略的落实。

绿色银行整体战略、绿色银行业务管理战略、绿色银行细分战略、绿色银行职能战略这四个层面相互关联、自成逻辑体系。特别是职能层面战略制定,在组织机构上,要从职能上和公司治理结构等方面为绿色银行提供环境支撑。组织架构要跟绿色银行战略的愿景目标相匹配。界定当前业务和使命战略的制定不是一劳永逸,到一个阶段要随需而调,包括规划战略、制定战略和实施战略三个过程。

（二）绿色银行战略的管理过程

绿色银行战略管理过程是战略分析、战略选择及评价、战略实施与战略绩效评价四个环节构成,四个环节是相互联系、循环反复、不断完善的一个动态管理过程。绿色银行战略管理的过程包括:

1.绿色银行战略分析。绿色银行战略分析即通过资料的收集和整理分析银行的内外环境,包括组织诊断和环境分析两个部分。目的是将银行的绿色战略与公司内部资源、外部环境有机结合。清楚的确定银行的资源优势和缺陷,了解公司所面临的机会和挑战,对于制定银行未来的绿色发展战略有着至关重要的意义。

绿色银行战略制定要注意四点,一是生态环境现状的分析,即对银行信贷与生态环境的关系现状有正确的认识;二是影响因素状况的分析,分析主要矛盾与次要矛盾;三是行业状况的发展,要找出本行的优劣势,进行定位;四是对本行参与实体环境保护的能力进行分析,以保证战略的实施。

2.绿色银行战略选择。战略选择指银行对其绿色发展方面的重大战略、规划及策略的选择。战略选择通常包括发展方向的选择和发展能力等方面。战略选择的框架包括发展方向、发展目标、发展速度、发展质量、战略发展点、发展领域和发展能力的选择。

银行绿色愿景的选择，即是绿色发展方向的选择。绿色战略目标的选择，包括发展型战略目标、维持型战略目标和收缩型战略目标的选择。绿色业务战略的选择，包括绿色产业战略、绿色区域战略、绿色客户战略和绿色产品战略的选择。绿色职能战略的选择，即绿色发展能力的选择。①

3. 银行绿色战略实施。绿色银行战略的实施就是将绿色银行战略付诸实施的过程。绿色银行战略的实施是战略管理过程的行动阶段，经营战略在尚未实施之前只是纸面上的或人们头脑中的东西，而企业战略的实施是战略管理过程的行动阶段，因此它比战略的制订更加重要。

绿色银行战略实施是一个自上而下的动态管理过程。所谓"自上而下"主要是指，绿色发展战略目标在公司高层达成一致后，再向中下层传达，并在各项工作中得以分解、落实。所谓"动态"主要是指绿色战略实施的过程中，常常需要在"分析—决策—执行—反馈—再分析—再决策—再执行"的不断循环中达成战略目标。

绿色银行战略在实施的过程中，常常会遇到许多在制订战略时没有估计到或者不可能完全估计到的问题，因而在战略实施中有三个基本原则，适度合理性的原则，统一领导、统一指挥的原则和权变的原则，可以作为企业实施经营战略的基本依据。

4. 绿色银行战略绩效评价。银行绿色战略评价是检测绿色战略实施进展，评价战略执行业绩，不断修正战略决策，以期达到预期目标的过程。绿色战略评价通常包括三项基本活动：考察银行绿色战略的内在基础；将预期结果与实际结果进行比较；采取纠正措施以保证行动与计划的一致。实施战略是根本，战略规划的好坏取决于战略的实施。要提供人才的选拔、组织管理、责任落实、目标跟踪等方式保证战略的实施效果。要通过实施效果的

① 张国盟：《企业战略管理研究》，《现代企业文化》2015 年第 27 期。

考核,准确定位绿色银行战略实施的效果,激励银行业参与实体环境保护的积极性。

　　战略评价必须有一定的标准,绿色银行战略的评价包括以下几个方面:一是一致性,即绿色战略的目标和政策必须一致;二是和谐与适合性,即战略必须要适合外部环境,尤其是环境之中的关键性变化;三是可行性,即绿色战略的实施确实带来生态环境质量的改善与维护;四是可接受性,即绿色战略应符合主要利益相关者的期望;五是优势性,即绿色战略必须能为企业所选择的领域创造出或维持竞争优势。

　　(三)绿色银行战略制定影响因素分析

　　绿色银行战略制定影响因素的分析是指对银行制定绿色银行整体规划时,对规划的内容具有直接或间接影响因子的收集、整理和分析的过程。环境影响的分析是绿色银行战略制定的基础性工作,基础牢靠与否对战略的质量和效果具有决定性的影响。

　　绿色银行战略的制定是一项复杂的系统构成,从系统角度看,它涉及生态环境系统、经济系统和社会系统三个系统之间相互作用关系的分析。从制度影响的角度看,绿色银行战略的制定受到生态制度、环境管理制度、环境管理政策等的影响与制约。从金融的环境风险控制角度看,它受到环境风险管理水平、环境风险管理政策、环境风险法律等因素的影响。

　　绿色银行战略的核心是达到信贷战略与生态环境、经济发展和人类生活之间的平衡,因此绿色银行战略的制定一定是在生态影响分析和经济影响分析及技术影响、政治影响、文化影响分析的基础上制定出来的。通过战略的制定、实施,最终达到环境与经济、社会发展的和谐,目的是实现人类社会的发展与生态环境系统的和谐与平衡。

　　(四)银行战略制定宏观影响因素分析

　　1.生态环境状况因素影响分析。生态环境状况对绿色银行战略的制定是一种基础性的影响作用。核心是因为生态是人类生存与发展的基础,生态决定人类。而发展绿色银行的目的正是为实现生态环境的不断改善,实现生态系统的平衡运行。所以,绿色银行战略的制定首先是对所在区域生态环境的分析,进而决定绿色银行的发展目标与评价机制。

2. 经济运行因素环境影响分析。绿色经济、生态经济、循环经济等已成为未来人类社会经济发展的主要模式,代表人类社会经济发展的方向与未来。这是世界对人类未来的选择。绿色银行战略要与经济发展新模式进行对接,要以绿色经济模式为信贷行为的支持对象,在战略中要体现市场的选择,要体现市场的方向。目的是创造经济模式与绿色经济模式共进,共同为人类社会与生态环境的和谐发展服务。

3. 政策性影响因素分析。即银行信贷战略对生态环境的影响必须控制在生态环境容量许可的范围之内,在生态承载力许可的能力之内。如信贷战略在市场选择上,必须以国家的环境政策、生态政策和相关环境保护制度为依据。

4. 规划性影响因素分析。绿色银行发展战略的核心目标是实现人类与生态环境的和谐发展,具体目标是实现金融发展战略与国家生态环境保护战略和政策的对接,是国家生态环境发展战略约束下的金融生态战略。因此绿色银行战略环境分析首先是国家生态环境发展战略分析,地方生态环境发展战略分析和国家部门与行业的生态环境战略的分析。在国家级地方战略基础上制定绿色银行战略。

(五)银行绿色发展现状分析

1. 银行绿色化业务现状分析。包括银行绿色化管理现状分析,银行绿色化信贷业务现状分析,银行环境风险管理现状分析等。其中银行绿色化管理现状又包括银行绿色政策与制度落实状况,银行绿色管理体制建设现状。银行绿色化信贷业务现状分析又包括银行贷款环境影响评价现状、银行贷款环境影响绩效现状等分析。

2. 银行绿色化发展潜力分析。包括绿色化技术潜力分析、绿色化人力资源分析、银行绿色化制度与政策改进分析等。

三、绿色银行组织管理

绿色银行管理首先是需要完整的体制保证,需要金融机构建立一个基于绿色银行的组织方式和组织结构。主要包括绿色银行机构设置,绿色银行隶属关系明确和绿色银行权利划分等方面的具体内容。

（一）绿色银行组织管理

1. 绿色银行组织管理

绿色银行组织管理就是通过建立基于生态环境保护为目标的绿色组织结构,规定绿色职务或职位,明确绿色责权关系,以使组织中的成员互相协作配合、共同劳动,有效实现银行绿色目标的过程。绿色银行组织管理是一项环环相扣的系统结构,结构之间不仅包含纵向的联系,还包含横向之间及横向与纵向之间的全方位联系,是一项完整的系统工程。

2. 绿色银行管理机构设置

基于绿色银行运行的特点和绿色银行的影响关系,绿色银行管理组织机构的设置包括宏观、行业和金融机构三个层次。

（1）宏观层面组织机构设置

绿色银行行为的特性决定绿色银行行为的组织。首先是绿色银行宏观发展方向与战略的策划,包括国家金融发展战略与生态环境关系的处理、国家信贷政策与生态环境影响关系的分析、银行业发展与生态环境关系分析、绿色银行制度的设计、绿色银行的评价与管理等工作。

绿色银行宏观管理机构是当前绿色银行管理的主要问题,绿色银行的工作涉及人民银行、中国银保监会、国家生态环境部、国家发改委、国家工信部等部门,基于环境行为的社会性,绿色银行行为需要社会各界的广泛参与,以保证绿色银行行为评级的公正性和公平性,要赋予国家各职能部门绿色银行宏观行为的管理权,但权力的分散又不利于绿色银行的开展。赋予NGO组织在绿色银行行为中的参与权力,以保证行为的监督性和公正性等。

信贷宏观管理组织机构的设置,主要任务包括横向组织之间的关系协调,如协调与维护宏观管理层面的责任单位由环境保护管理机构和金融监管机构及各自社会组织构成。纵向管理包括绿色银行各管理部门对省（自治区、直辖市）、市、县各级机构设置。

绿色银行宏观管理机构的岗位责任设计是绿色银行宏观管理权力和责任划分的过程,绿色银行宏观管理的岗位责任包括绿色银行发展战略的制定、绿色银行发展模式确立、绿色银行发展制度的建设、绿色银行工作基准与标准技术体系的建设、绿色银行社会参与制度体系的建设等。目标是实现生态环境规律约束下的金融资源优化配置,实现银行业与生态环境系统之间的协调发展,最终实现人与自然的和谐平衡。

当前绿色银行宏观管理岗位责任基本是空白,首先是管理机构不明确,是国家环境保护部门,还是金融监管机构,抑或是社会的联合组织,到现在没有一个统一的定论。当然也谈不上绿色银行宏观管理岗位责任的设置。我们的意见是,可以把绿色银行的管理责任进行分解。国家环境保护部负责绿色银行的各种技术基准与标准的制定,绿色银行效果制度的设计,绿色银行社会监督责任的落实和绿色银行与环境政策与制度的衔接与制定。

(2)行业层面的组织机构设置

行业层面的组织管理包括银行行业的绿色银行组织管理和环境保护行业的组织管理,目的是提高行业自律组织的建设,形成银行业绿色银行行为的自律,通过自律组织的建设实现环境保护信息的行业共享,环境保护标准化,维护行业的公平与秩序等。

金融监管部门和行业协会,负责绿色银行发展战略的制定,绿色银行相关制度的设计,绿色银行行业发展标准设计,绿色银行发展报告的公布等工作。银行机构绿色化状况的跟踪管理工作,银行机构绿色化绩效评价工作,银行机构绿色化状况报告的发布工作等。

(二)银行机构绿色化组织管理

1. 绿色银行组织机构设置

绿色银行的行为最终是由金融机构组织与实施的,金融机构构成绿色行为的具体实施。所以金融机构绿色银行组织机构的设置状况,直接决定绿色银行开展的质量与效率,是绿色银行组织管理的关键点。关于金融机构内部绿色银行组织机构的设置主要争论点是独立设置和附属设置。

独立设置是指银行机构为保证绿色银行工作的落实,防范因环境问题所产生的环境信用风险和环境赔偿风险,设置专业的工作机构从事绿色银行的相关工作。绿色银行专设机构,可以做到专业人士做专业工作,一是提高绿色银行工作的效率,做到专业人士做专业的事;二是可以保证绿色银行工作的质量,有效的防范环境信用风险,为银行的可持续发展打下基础。

如,兴业银行在国内成立了首家由董事会和经营管理层成员共同组成的领导小组,全面领导银行绿色金融发展的战略布局和整体规划,加强对绿色金融的组织协调和推动。此外,该行的可持续金融部也是国内唯一一个统筹管理和推动全行业绿色金融业务发展的总行一级部门。除此之外,目前,兴业银行已经组建了项目融资、碳金融、市场研究、技术服务、赤道原则审查五个专业团队,致力于打造产品创设、技术支持、资产管理、营销组织、交易服务、业务合作六个平台。分行层面,该行所有分行均设置了环境与社会风险统筹管理及绿色金融业务推动部门,并设置绿色金融专职产品经理。经过持续的能力建设,总分行一体,实现了兴业银行绿色金融的专业化运作。①

附属设置是指银行机构把绿色银行的管理工作赋予专业的信贷资金管理部门,这样设置的优点是绿色银行行为与商业性信贷行为没有分割,便于对绿色银行行为进行管理。但缺点也较为明显,可能是由于专业人士的缺乏,导致工作质量和效率的降低,反而有利于信贷工作的正常开展。

2. 绿色银行工作岗位责任的设置

岗位责任设置是指一个岗位所要求的需要去完成的工作内容以及应当承担的责任范围。岗位责任的设置是机构实现管理目标的基本手段,有机构必有岗位,有岗位必有责任,岗位是职务与责任的统一。

绿色银行工作责任的设置是指绿色银行管理机构中的全体人员指定职位、明确职责及相互划分的过程。使绿色银行管理机构中的每一个人明白

① 李维维:《兴业银行:环境金融,开创低碳时代的商业"蓝海"》,《低碳世界》2012年第6期。

自己在组织中处于什么样的位置,需要干什么工作。它包括权力划分、职责分工及它们之间的相互关系。

银行业机构的绿色银行包括以下层次绿色银行组织责任的划分,分别是董事会绿色银行责任、高级管理层绿色银行责任、部门管理层绿色银行责任、基层操作人员绿色银行管理责任和相关部门绿色银行管理责任。

(1)董事会岗位职责。董事会绿色银行责任主要围绕银行机构的绿色银行战略、绿色银行内部制度、绿色银行风险管理、绿色银行行为评价等展开。

(2)管理层岗位职责。高级管理层面与部门管理层绿色银行岗位责任的确立包括绿色银行责任与权力的分配、绿色银行奖罚机制的落实、绿色银行管理决策、绿色银行实施效果跟踪、绿色银行实施效果的评价、绿色银行信息的公布等。

(3)操作层岗位职责。绿色银行操作岗位是绿色银行责任落实的第一线,是绿色银行责任落实的保证。所以银行机构绿色银行岗位责任制度的设置关键是基层操作岗位责任的设置,这包括调查责任、审核责任、跟踪责任、报告责任、企业环境行为评价责任等。

绿色银行制度的有效实施,金融机构的组织管理是银行机构针对绿色银行建立的管理机构进行的管理工作,是规定职务或职位,明确责权关系,制订各项规章制度等过程。目的是为了实现组织的共同目标,有效地配置企业内部的有限资源,提高工作效率,按照一定的规则和程序进行的一种责权结构安排和人事安排。

3. 独立岗位职责系统

绿色银行首先是一种责任,是一种需要坚定落实的责任。责任落实的前提是组织体制的建设,绿色银行行为需要一个独立的或相对独立的组织系统对其决策、指挥、监督等领导活动进行保证。它需要用严格的制度保证绿色银行领导活动的完整性、一致性、稳定性和连贯性。它是领导者与被领导者之间建立关系、发生作用的桥梁与纽带,对于一个银行绿色银行的发展具有十分重要意义。

四、绿色银行文化管理

（一）绿色文化

文化是人类在社会历史发展过程中所创造的物质财富和精神财富的总和。当今社会,绿色文化渗透到社会经济发展的许多环节与层面。直接影响到人类的生产与生活的各个方面。银行绿色文化的创建与发展,直接引领商业银行的伦理道德建设与绿色金融行为。

1. 绿色文化

绿色文化就是环境意识和环境理念以及由此形成的生态文明观和文明发展观,是一种人与自然协调发展、和谐共进,能使人类实现可持续发展的文化,它以崇尚自然、保护环境、促进资源永续利用为基本特征。绿色文化是人类思想观念领域的一场深刻变革,是对传统工业文明的反思和超越,是在更高层次上对自然法则的尊重与回归。绿色文化的核心是致力于人与自然、人与人的和谐关系的协调,代表着人类新的社会发展观,是一种先进的文化。

绿色文化认为,人与自然是一个整体,人只是自然的一部分,人与自然、人与人、人与社会之间是一个平等关系,是一个和谐的关系,也是一个协同的关系。绿色发展观要求人类遵循人、自然、社会和谐发展这一客观规律。目的是使人与自然、人与人、人与社会实现和谐共生、良性循环、全面发展、可持续的发展。

2. 绿色文化作用

（1）绿色文化的价值导向作用。绿色一旦成为人们共同认可的价值观、世界观,绿色文化就会发挥潜移默化的引导作用。它将影响人们的思想和行为,具有明确的价值导向,引导人们自觉从事进行环境保护工作,对形成社会性广泛参与的环境保护制度与行为具有非常重要的作用。

（2）绿色文化的社会参与作用。环境保护是一项社会的公益性事业,环境保护需要社会大众的广泛参与。绿色文化的开展,有利于提高全民族的环境保护意识,吸引和动员广大群众和社会各界积极参与保护和改善环境的实践活动。

（3）绿色文化的团结凝聚作用。共同抗击生态环境危机是人类达成的共识，因为生态环境的恶化是无国界、无限制的。建设绿色文化，可以使社会各个阶层形成共同的价值观念和思想观念，增强社会各个阶层的归属感、认同感，在共同的危机面前形成整个社会的凝聚力。

（4）绿色文化的引领作用。

当绿色成为人类生存与发展的基本思想时，人类的活动就会自觉转化为行为的指引，并且引领人类行为的活动与发展。因此，我们要把推进人与自然和谐共生作为核心要义，促进价值取向、思维方式、生产方式、生活方式的"绿色化"，使绿色观念深刻融入主流价值观，在全社会形成思想自觉和行动自觉。进而推进绿色金融行为体系的建设的和可持续发展。

（5）绿色文化的秩序作用。绿色文化的形成和确立，就意味着其内在的价值观和行为规范的被认可和被遵从，成为人们通过比较和选择认为是合理并被普遍接受的东西，这也意味着秩序的形成。而且只要绿色文化存在，其所确立的社会秩序就会被维持下去。

（二）银行机构绿色文化管理

银行机构绿色文化是社会绿色文化在银行机构的延伸，共识是银行机构绿色文化的特点与立足点。银行机构绿色文化渗透到银行机构管理的每一个环节，每一个制度的建设，银行机构的绿色化才能得到真正的实施。

1. 银行机构绿色文化

银行机构绿色文化是指在国家绿色文化理念、准则的渗透和影响下，银行机构的管理者与机构的全体员工在长期的金融资产经营活动中，培育形成并共同遵循的有关生态环境保护的最高目标、价值标准、基本信念和行为规范。它是企业观念形态文化、物质形态文化和制度形态文化的复合体。它体现了该机构团队在环境保护问题上整体的风格、内涵、状态、作风与规范。

银行机构作为经营金融资产的特殊企业，在自然环境的改善与维护中有三重地位，一是国家环境保护政策与制度落实的地位，即银行具有执行环境保护的功能;二是银行防范自身业务运行对生态环境产生不良影响的要求,即银行信贷行为不能破坏生态环境,只能去维护与公司周边区域的环境状况;三是防范环境风险的职能,企业的环境状况直接影响银行的资金运营,伴随着国家环境管理日益严格,环境风险对银行将会产生较大的影响。基于以上特点,绿色文化对银行机构的意义十分重大。

2. 银行机构绿色文化的特点

(1)银行机构绿色文化是国家绿色文化的延伸。因为银行机构的绿色文化不仅仅是企业的文化构成,同时也是社会绿色文化的重要构成。金融机构绿色文化与社会绿色文化是一种延续、发展的关系,社会绿色文化的价值观、行为准则、行为理念、行为规范和制度对金融机构的绿色文化具有直接的影响。金融机构的绿色文化不能低于社会的绿色文化,只能在社会的绿色文化基础上发展。

(2)银行机构绿色文化是与企业绿色文化的对接。金融机构的绿色文化要与贷款企业的绿色文化达成共识,要取得贷款企业的广泛认可,此时的银行机构绿色文化才具有其应有的价值,才具有可操作性,才具有可持续性。

(3)银行机构文化具有辐射作用。银行机构绿色文化的作用在于其强大的辐射功能,银行机构的绿色文化观、价值观、绿色理念、绿色的规范都直接辐射到社会经济的各个方面,辐射到贷款企业的环境行为之中。因而,银行机构绿色文化的建设具有十分重大的意义。

(三)绿色文化管理体系建设

思想是行动的前提,行为受思想的制约。银行业绿色银行思想的管理是通过人的意识来规范行为的一种方法。绿色银行的发展,首先是一种对信贷资金管理者与实施者思想的制约和升华过程。

1. 树立绿色银行的理念。绿色银行是现代金融发展的一个重要趋势,它也是对传统金融观念的改变和发展。它强调的是一种科学发展的思路,一种社会的责任,就是希望通过金融业有意识的行为引导社会资金流向,促进社会主体注重减少环境污染、保护生态平衡、节约自然资源,避免盲目追求数量型扩张、严重依赖资源和消耗资源的经济发展模式,在全社会形成科学、和谐的可持续性发展机制。① 这一理念更强调和维护人类社会的长期利益及长远发展,要把经济发展和环境保护统筹协调考虑,减少金融业对环境、资源保护的负面效应,这实际也为 21 世纪金融业发展提出了新的更高要求。

2. 把绿色银行思想融入进银行经营管理的基本目标。商业银行是一个营利机构的同时,也要把有效处理生态与银行业关系作为基本的行为准则,作为商业银行经营的基本原则。每一个银行应把生态环境保护作为一种基本理念和思想,把生态环境保护作为绿色银行发展的目标,这是银行业进行信贷资金活动时的必选行为。

3. 把绿色银行思想注入绿色银行行动中去。思想是行动的指引,只有牢固树立了生态环境保护的理念,才能在工作中考虑到环保、节能减排与遵守社会公德因素,才能真正将生态环境保护理念贯彻到各项工作中去。倡导"绿色银行"理念,就是坚持可持续发展原则,重视环境资源对于人类经济和社会发展的制约和制衡作用,在银行信贷活动中把符合国家环境管理、污染治理和对生态的保护作为信贷决策的重要标准,最大限度地控制和减少资源、生态环境损耗,增加对环保产业和节能减排技术创新的信贷支持,在合理有效配置信贷资源,促进经济与生态环境建设可持续协调发展的同时,实现银行的健康发展,并有效防范和控制信贷风险。②

五、绿色贷款政策管理

(一)绿色贷款政策

贷款政策是商业银行为实现其经营目标而制定的指导贷款业务的各项方针和措施的总称,也是商业银行为贯彻安全性、流动性、盈利性三项原则的具体方针与措施。绿色贷款政策是商业银行为实现参与生态环境的改善

---

① 索瑾:《绿色信贷——支持绿色经济发展》,《环球市场信息导报》2013 年第 9 期。
② 陈瑞清:《发展绿色信贷服务两型社会探讨》,《内蒙古统战理论研究》2008 年第 5 期。

与维护,专门制定的在商业银行绿色贷款方面的各项方针与措施的综合。目的是为了保证其业务经营活动的协调一致,能够恰当地选择业务机会,保证银行绿色贷款的质量。

（二）绿色贷款政策的主要内容

银行绿色银行政策的核心就在于把产业政策、环保政策、遵守社会公德、节能与减排的责任融入商业银行的绿色市场、信贷制度、信贷服务、信贷管理流程和信贷产品的设计与实施之中,在各个方面体现环境意识,将"绿色"标准贯穿在信贷工作的各个环节之中,建立起一套行之有效的绿色银行长效机制。而商业银行构建和完善"绿色银行"政策,应从以下几个方面着手:

1. 明确具体的市场方向。市场是需求和欲望相互满足的场所,绿色市场是绿色需求与绿色供给交易的过程。绿色银行工作的前提是明确哪些是绿色市场,哪些是非绿色市场,进而明确绿色银行市场的工作方式与方法,针对非绿色市场提出环境风险管理的各种措施与建议。大力开拓绿色市场,是绿色银行工作绿色化保证的基础,只有绿色市场才能保证绿色银行的绿色化。商业银行绿色银行政策的制定首先是开拓绿色市场。

2. 积极支持绿色金融产品和服务创新。产品是资金融通过程中的各种载体。信贷产品就是信贷市场的买卖对象,同时也是实现信贷意图和利益的途径。绿色银行业务是通过绿色银行产品的设计、交换,来实施绿色银行理念和提供绿色的全方位信贷支持。

3. 明确绿色银行工作流程。流程是银行贷款的重点环节,目的是通过程序的管理,明确绿色银行的责任、内容、环节、状况、结果等内容,为有效的实施绿色银行政策打下坚实的基础。

4. 绿色银行风险管理。绿色银行风险管理是绿色银行管理的主要内容之一,目的是控制银行信贷风险的上升。绿色银行风险管理主要是基于商业银行自身经济利益的风险管理,目的是通过环境风险的控制,保证商业银行的利益水平。

5. 绿色银行权限管理及权限划分。绿色贷款工作规程是指基于绿色目的的贷款业务操作规范,是为了保证贷款业务操作过程的绿色化、规范化,绿色贷款政策必须明确规定绿色贷款业务的工作规程。

六、绿色银行信贷业务管理

(一)绿色银行产品管理

绿色产品是商业银行实施绿色金融战略,贯彻绿色信贷政策和实施绿色资金配置的具体工具。绿色金融产品的设计与运行,直接影响绿色信贷的生态环境效益状况,直接影响该银行的绿色评级状况。

1. 银行绿色信贷产品

银行绿色信贷产品是指能够满足人类社会生态环境需求的信贷产品。在这里我们把绿色银行产品分为两类,一是单纯满足生态环境需求的产品,该产品只为满足人类社会的生态环境需要而设计;二是该产品具有双重的特性,既能满足人类社会生态环境保护的需要,又能满足经济交往的需要,以及满足货币的增值保值需要。当前,更多的银行产品设计是要满足这种双重需要。

2. 银行绿色信贷产品管理体系

产品是连接银行与客户的纽带,是实现银行投融资的基本工具。绿色化银行产品的管理是银行管理的核心构成。绿色产品管理可以再细分为:

(1)绿色产品市场分析。主要内容有:前期市场调研工作,包括发现产品商机、探讨业务模式、寻找盈利模式;后期产品营销工作,包括产品包装、宣传、品牌建立等。

(2)绿色产品设计。当找到了潜在市场,我们便要设计与市场需要相适应的产品。产品设计包括产品定义和产品顶层设计。产品定义的关键是建立一个完整的产品体系,包括:绿色产品分类、各类绿色产品的关系、绿色市场定位、绿色产品定价、绿色产品绩效指标等。产品顶层设计的内容则包括:产品的绿色业务模式、主要绿色功能、绿色性能等。

(3)绿色产品销售。绿色销售是银行绿色化的关键环节。绿色金融产品销售管理包括绿色客户的选择、绿色销售渠道设计、绿色金融定价策略、绿色金融产品推广设计、绿色金融产品服务、绿色金融销售绩效管理等一系列管理措施。

（4）绿色金融产品绿色生命周期管理。绿色金融产品绿色生命周期管理是指绿色金融产品上市到退市，对绿色金融产品化进行的管理。绿色生命周期包括产品上市、成长、成熟、衰退、退市等阶段。在这几个阶段里，主要是考核产品的绿色化状态，对绿色化状况进行评价。

（二）绿色银行信贷业务信用管理体系建设

广义的绿色银行业务信用管理体系包括绿色银行业务信用管理体系和与绿色银行相关系统的业务信用体系的连接管理和开展。狭义的绿色银行业务信用管理体系只是指绿色银行业务自身的管理全过程，包括贷前管理、贷中管理和贷后管理三部分。本书只探讨银行自身的信贷业务管理。

1. 绿色银行准入管理

绿色银行准入管理是商业银行信贷管理的前置管理环节。准入管理是指银行机构按照国家产业政策、环境政策和环境保护部门的各种法规、标准的要求，按照自身的发展战略和经营定位，对有贷款需求的客户和项目进行初选、评估、立项等前期准备工作。贷款准入管理直接决定什么样的客户和项目能够获得银行的信贷资源，其既是信贷流程的起始环节，也是信贷风险防控的第一道防线。[①]

2. 绿色银行贷中管理

贷中管理是绿色银行管理链的中间环节，在整个管理中起到承前启后的作用，是绿色银行质量的基本保障。绿色银行的贷中管理主要包括以下内容：一是企业环境行为跟踪监督的作用，二是环境风险状况的分析，三是环保投入状况，要确保企业仍保持或加强贷款时的环保投入。从资金流动的角度要加强绿色银行的贷后监测，并根据监测到的环境行为与资金异动等各类风险信号，果断采取针对性的防控措施，以减少银行信贷的资金损失，防范环境风险。

---

① 赵忠世：《信贷全流程风险管理研究》，《农村金融研究》2010 年第 4 期。

3. 绿色银行贷后管理

绿色银行的贷后管理是绿色银行管理的最终环节,在贷款回收考核的同时,银行信贷管理部门应对绿色银行的管理绩效进行评价,以考核银行信贷部门绿色银行实施的真实状况,进而为下一年的绿色银行实施指引各自方向。

(三)绿色贷款工作规程管理

1. 工作流程

流程是指一个或一系列连续有规律的行动,这些行动以确定的方式发生或执行,促使特定结果的实现;而国际标准化组织在 ISO9001∶2000 质量管理体系标准中给出的定义是:"流程是一组将输入转化为输出的相互关联或相互作用的活动。"商业银行的绿色银行行为流程管理是以防范环境风险,提高组织环境绩效为目的的系统化方法。它是商业银行绿色银行行为管理的基础,是商业银行绿色银行行为所需要的驱动流程。绿色银行的流程管理可以起到提升规范、提升效率、全面监管、防范风险、优化管理的作用。

2. 绿色银行信贷业务流程

绿色银行流程管理涵盖信贷运行的整个流程,包括贷前、贷中和贷后的各个环节,通过对贷前、贷中和贷后的管理,达到有效控制环境风险和提升工作效率、优化资源配置的目的。绿色银行工作程序分为三个阶段:一是绿色贷款的贷前推销、调查及企业绿色信用分析;二是接受绿色贷款申请后的绿色评估、绿色审查及绿色贷款的发放;三是贷后的绿色监督、绿色检查及环境风险检测及绿色贷款的收回。

3. 绿色银行贷款工作规程

绿色贷款工作规程是指基于绿色目的的贷款业务操作的规范,是为了保证贷款业务操作过程的绿色化、规范化,绿色贷款政策必须明确规定绿色贷款业务的工作规程。

(四)绿色贷款利率管理

贷款利率是对银行贷款风险的补偿与贷款双方利益的交换,绿色贷款不仅仅考核客户的经济偿还能力,同时也对客户绿色状况进行评价与反馈。鉴于客户环境行为与生态环境影响关系,建立一个基于经济利益和生态环境利益共存的利益交换关系,是对金融机构经济工作行为的肯定,同时也是对金融机构绿色工作行为的肯定。应建立基于双重利益的贷款利率新机制。

(五)绿色银行授信管理

授信是指银行向客户直接提供资金支持,或对客户在有关经济活动中的信用向第三方作出保证的行为。在银行绿色银行行为中,如何把授信行为与环境保护行为直接挂钩,让绿色信用度高的企业能够享受环境保护行为的经济益处,及时肯定企业环境保护行为,一方面是商业银行落实国家的环境战略和政策在宏观调节行为的体现,另一方面也是商业银行支持环境保护行为的具体表现。绿色授信应在银行具体行动政策中得以实施。

在商业银行授信业务的开展过程中,一是要严格按国家生态环境各项政策与制度对企业进行审核,保证企业环境行为的合法性,把不合法的企业剔除在授信名单之外;二是要把企业的绿色信用状况,纳进企业的具体授信行为之中,把绿色信用状况与授信的额度、方式、期限、范围等进行挂钩,把绿色银行政策落实到位;三是绿色银行合同的签订要体现绿色的要求和约定,合同是借贷双方权利义务的法律凭证,把每一个与生态环境保护有关的条款,写进借贷合同之中。绿色授信执行水平高低是一家银行的依法合规意识、决策传导状况和贯彻执行能力在信贷运行领域的集中体现,如果绿色授信执行管理不严格、绿色授信执行不到位,再严谨的绿色授信审批都将失去意义。

(六)金融机构绿色银行绩效管理

绿色银行绩效管理是绿色银行管理链中的最后一环,在整个管理链中处于承上启下的作用。既是对银行绿色银行工作效果的全面总结,又是绿色银行工作启动的开始,是一个全新的工作开端。所以对绿色银行工作绩效的评价就具有非常特殊的意义与作用。具体内容我们在下一章具体做阐述。

七、银行贷款的环境风险管理

环境风险管理是银行贷款风险管理的主要内容,银行贷款环境风险管理是一个完整的管理体系,其中环境风险的评价与环境风险分析过程是银行贷款环境风险管理的核心构成,同时也是银行贷款绩效评价的基础。

(一)银行贷款的环境风险

1. 银行贷款环境风险概念

银行贷款环境风险是指银行贷款过程中可能会遇到的基于生态环境的变化或基于生态环境损失,给商业银行贷款所带来的信用风险和赔偿风险等。信用环境风险是企业因环境问题导致企业运行遭到困难,导致企业的偿还出现问题的风险。银行贷款环境赔偿风险是指根据相关的法律规定或环境权理论,银行作为环境风险产生的因素,而承担的企业环境赔偿的风险,这种环境赔偿责任因环境赔偿数额较大而对商业银行的经营产生较大的影响。

2. 银行贷款环境风险管理的作用

商业银行环境风险管理的社会性特征,导致银行贷款环境风险的管理具有双重的作用。

(1)降低商业银行环境信用风险。我们知道伴随着社会经济的发展,生存环境的需求已超越人类社会物质生活的需求,生态环境的危机直接威胁人类社会的生存与发展。与生态环境有关的法律法规日益完善,环境制度的约束力越来越严格,对环境违法的处罚力度在不断的提升,环境违法的行为不仅仅是经济上的赔偿行为,更主要的是对企业或项目责任人的处罚力度在不断加大,责任人不仅仅承担经济上的处罚,还要承担刑事上的责任。这使得商业银行贷款的环境风险程度大幅度的上升,已成为商业银行经营的主要风险。

(2)银行贷款环境风险管理的双重作用。银行贷款的环境风险评价与管理的最终结果不但对银行自身的经济效益产生影响,同时也会对企业的环境行为产生影响,由于银行贷款政策包含国家的环境政策的内容,是在国家环境政策许可的范围内的绿色银行政策的落实。所以银行贷款的环境风险管理会对生态环境的改善与维护产生重要的影响,进而提升生态环境状况,为人类的生存与发展创造良好的生态环境。

(二)银行贷款环境风险分类

1. 环境信贷风险

当银行贷款客户的业务受环保政策、环境规章和环境风险变化影响时,导致企业盈利能力下降,对企业利润及归还贷款产生压力,增加企业客户还贷风险,危及债务安全,由于承担环境责任而增加了企业成本甚至导致某些企业倒闭,银行信贷风险产生。

2. 环境政策风险

伴随环境危机的到来,人类社会生存与发展的环境遭受重大的威胁。人类对生态环境的认识也在不断加强,生态环境的政策也在不断地变化,以加速改进环境影响的状态,实现生态环境的改善。当然伴随每一个环境政策的改变,环境风险的程度进一步加大,如,技术政策的变化,要求企业改造原有的设备、技术流程等,这对企业而言需要更大的投入,由于改造过程与改造后的许多不确定性,导致银行贷款的风险上升。

3. 环境法律风险

环境相关的法律法规的变化会直接影响银行贷款的环境责任的变化。如美国的"综合法案"直接规定银行应承担的环境赔偿责任,使得银行环境风险迅速上升。随着环境法规的大量出台并日益严格和完善,企业经营和投资活动面临更多的难以预见的政策性风险和经营预期的不确定性。[①] 导致银行业环境风险全面的上升,银行业迅速加强对环境风险的管理。

4. 环境市场风险

伴随生态环境危机的出现,社会公众对环境保护日益关注,严重污染环境的企业会面临着日益狭窄的发展空间,而那些节约能源,污染少的环境友好型企业则具有非常大的发展空间与潜力。这使得银行拓展市场面临更多

---

① 李瑞红:《"绿色信贷"风险防范的策略选择》,《青海金融》2010 年第 10 期。

的市场选择,建立有效的市场发展战略,选择绿色市场,给银行提供一个赢得未来市场竞争优势的机遇,而建立有效的环境风险管理系统是赢得这一优势的起点。

5. 环境声誉风险

声誉风险是指由商业银行经营、管理及其他行为或外部事件导致利益相关方对商业银行负面评价的风险(商业银行声誉风险管理指引)。伴随公众环境保护意识的觉醒,对健康生活环境要求的提升,金融机构还要为所提供贷款或融资的公司造成的破坏环境行为承担声誉风险。商业银行实施绿色银行,提升品牌形象,是其可持续经营的必然之路。

(三)银行信贷环境风险管理

1. 建立全面的环境风险管理体系

银行环境风险管理体系包括环境风险组织管理体系,主要解决组织机构和人才培养问题;环境风险战略管理体系,主要负责风险管理战略、规划及政策的制定;环境风险制度体系,主要负责与环境风险管理相关的各种制度设计;环境风险审核体系,主要负责对各种环境风险进行识别与分析;环境风险绩效评价体系,主要负责银行各部门对环境风险政策、环境风险制度和环境风险实际状况的绩效评价工作。银行环境风险的管理是一个系统,缺一不可。

2. 建立环境风险管理机构

组织机构是环境风险管理的具体实施部门,包括机构设计、责任落实和人才的培养等主要工作。建立银行环境风险管理专业机构负责环境风险管理各部门协调组织。各个业务部门、附属机构和分支机构,在遵循商业银行整体风险管理政策和制度的基础上,根据各自业务的特点和实际情况,制定风险管理细则,对风险管理工作的具体操作流程、方法和注意事项做出详细规定,对违反政策制度规定的,严格追究责任。

3. 建立环境风险制度体系

制度管理是环境风险管理的主要手段与方法,通过制度的方式,保证环境风险管理的各种措施与方法的落实,进而形成一个完整的、自循环的环境风险机制。健全的规章制度,严格科学的风险管理手段是商业银行生存和发展的根本保证。商业银行要规避风险,实现自身经营目标,必须要有一整套严格的制度约束。构建商业银行风险管理的制度体系,必须要进一步健全完善各项规章制度,强化执行制度的严肃性,增强广大员工按章办事的自觉性,着力建设制度规范、管理严格、经营稳健的制度体系。①

4. 构建环境风险管理文化

构建商业银行风险管理体系,首先要确立牢固的风险管理理念,有鲜明的风险管理主题,形成有效的风险管理办法。因为文化背景和价值观在事物发展过程中起着推动和导向的作用,是事物动力和规范性的因素。把环境风险文化观念融入整个银行组织内所有员工,渗透到全体成员的思想观念、思维方式、行为方式之中,形成共同拥有的价值观。自觉遵守和奉行环境风险观,不因高层管理者、业务结构、管理方式等因素的变动而发生偏离,是现代商业银行构建风险管理文化的根本。

5. 加强风险管理队伍建设

人才是商业银行发展的根本动力。环境风险管理需要复合性的知识结构,具有知识含量高、技术性强的特点,要求环境风险管理人员必须具备很高的业务素质和综合素质,而我国商业银行目前环境风险管理人员十分匮乏,没有形成职业化的环境风险管理人才队伍,尤其缺少市场风险和操作风险管理方面的人才,环境风险管理人才的培养亟待加强。②

现代银行的出现,加速人类社会和经济的发展,但同时也成为生态环境危机的助推者。面对人类生存与发展的矛盾,转变银行发展理念、发展方式、管理制度是银行适应社会发展的必然举措。建设绿色银行是时代赋予银行的重大责任,是银行可持续发展的基本保障。

---

① 盐城市农村金融学会课题组:《构建商业银行风险管理体系的策略研究》,《海南金融》2006 年第 1 期。

② 谷秀娟等:《商业银行全面风险管理体系及其在我国的构建分析》,《河南工业大学学报(社会科学版)》2014 年第 1 期。

第五节　绿色银行管理体系

一、绿色银行管理

绿色银行的特殊性决定绿色银行管理行为的特殊性,其具有全新的管理模式、管理内容与管理制度等。绿色银行行为的管理是银行信贷行为系统与自然生态环境系统的有机结合,是生态环境规律在银行信贷系统的全面反映。

(一)绿色银行管理

绿色银行管理是指银行在生态环境运动规律的约束下,以人为中心通过计划、组织、指挥、协调、控制及创新等手段,对银行所拥有的人力、物力、财力、信息等资源,进行有效的绿色决策、绿色计划、绿色组织、绿色领导和绿色控制的过程,以期高效的达到既定的绿色银行建设目标。

绿色银行管理是指基于生态环境保护目标的银行信贷资金最优化配置的过程,是指银行信贷运行是以保护和完善生态环境为前提,以支持生态环境维护与改善为目标,以经济效益和环境效益相融合为结果的金融资源集聚与分配的过程。

广义的绿色银行管理是指应用科学的手段与方法,安排组织绿色银行社会活动的过程,目的是促进绿色银行资源配置的优化和有序进行。包括宏观的国家层面的绿色银行管理和微观层面的金融机构绿色管理。属于绿色银行资源在整个社会的配置及有序运行的过程。属于国家层面的管理范畴,需要整个社会金融资源的配置与优化。

微观的绿色银行管理是指为保证一个银行全部绿色业务活动的高效、有序运行,银行所实施的一系列计划、组织、协调、控制和决策活动。具体讲,绿色银行管理是指银行信贷资源配置的管理过程与采用的方法。

绿色银行管理主体分为国家和银行机构两个层级。基于环境管理的特殊性,国家主要负责绿色银行管理的整体架构设计、绿色银行信贷政策的制定等工作。银行机构主要负责组织内各种信贷资源的配置和组织工作。当然,由于绿色银行管理的特殊性,参与管理主体也可能是一个正式组织或非正式组织。

绿色管理的手段主要包括:法律、行政、协商、交换、惩罚(包括物质性的和非物质性的;包括强制、法律、行政、经济等方式)、激励、沟通与说服等方法。其中协商是其主要方法。

绿色管理的过程包括 6 个环节:管理规则的确定(组织运行规则,如章程及制度等)、管理资源的配置(人员配置及职责划分与确定、设备及工具、空间等资源配置与分配)、目标的设立与分解(如:计划)、组织与实施、过程控制(检查、监督与协调)、效果评价、总结与处理(奖惩)。

(二)绿色银行管理特点

虽然绿色银行和商业信贷是一个信贷行为的两个方面,但基于经济利益的信贷行为和基于环境利益的信贷行为,目的、方式、方法等具有较大的差距,绿色银行的管理具有一定的特殊性。

1. 绿色银行管理的社会性

这源于绿色银行结果的社会性,绿色银行的结果是生态环境的改善,人民生活幸福与健康,这涉及社会大众的利益,涉及社会大众的福祉,是信贷行为的外部化,需要特殊的管理机制与体制。

2. 绿色银行管理的强制性

绿色银行结果的社会性决定绿色银行管理的强制性。信贷行为不应以生态环境利益的损失为代价,不应以社会大众利益的损害为成本。因而,在绿色银行管理中首先是划定信贷行为的基本红线,划定信贷行为的基本标准,以红线为绿色银行行为的基本起点。

3. 绿色银行管理的持续性

绿色银行行为是一项信贷行为目标、模式和制度等方面的全方位的改变,不是一项临时性的政策。把绿色银行当作一种临时政策和措施的工作机制,是对绿色银行工作的误解,是对绿色银行内涵的不清晰。所谓模式的转换,是事物内在本质的改变,是事物运行规则的改变,这种改变是长期的、持续的改革和创新。

4. 绿色银行管理的规范性

生态环境管理是一门严谨的学科,这源于生态环境系统的科学性和严谨性,源于人类生存环境系统的复杂性,进而造就了生态环境管理的严谨和科学。绿色银行作为与环境管理相对应的科学,严谨性是其基本的要求。规范也就成为绿色银行的基本要求与基本约束。

5. 绿色银行管理的可量化性

生态环境的可量化是绿色银行行为可量化的基础。只有可量化的绿色银行工作,才能真实的反映信贷行为与生态环境之间的变化工作,反映信贷行为与生态环境的适应程度和关系,进而为绿色银行管理提供科学的依据和工作方向。

二、绿色银行管理体系

绿色银行管理由目标、战略、政策、规范、基准和标准共同构成,是一个完整的管理体系,各元素之间是相互依存、相互影响、互为基础的关系。它们是构成绿色银行管理的主要内容,是绿色银行评级制度的基础性建设环节。

(一)绿色银行管理体系结构

孔德认为,社会是一种有规律的结构,它与生物有机体有极大的相似性,是一个由各种要素组成的整体。这种整体结构同它的部分之间具有一种"普遍的和谐"。

1. 绿色银行管理多层次、多结构的体系

绿色银行管理体系是由多系统、多层次、多要素综合而成,各系统、层次和要素之间有密切的相关性。绿色银行行为的本质是银行信贷行为与生态环境行为关系的处理,是行为过程,是由生态环境系统、经济系统、社会生活系统和银行信贷行为系统各种关系组成,而每一个子系统的下面,又由子元素构成,是在一定范围内或同类的事物按照一定的秩序和内部联系组合而成的整体,是不同系统组成的系统。

绿色银行资金管理涉及绿色银行相关的各系统,既包括生态环境系统、经济系统、社会系统等,也包括各子系统中子系统和各构成元素。绿色银行系统是一个复杂的系统工程,银行必须构建一个完整的管理体系,才能保证绿色银行行为的效率与质量,才能实现银行信贷行为与生态环境影响关系的协调一致。

绿色银行体系具有系统构成多、相互关系复杂、以银行为中心和协同难等特点。多系统是指绿色银行系统是由银行信贷系统、经济系统、生态系统和社会系统共同构成。关系复杂是指每一个系统都有自身的运行规律与特点,系统和系统之间,既存在相互依存的关系,又存在相互约束关系。协同难是指各系统之间对立是一个长期的过程,和谐是一个调节的目标,和谐构成各系统存在和发展的基础。总体而言,绿色银行系统的整体目的和功能非常明确。

2. 绿色银行管理必须是一个完备的体系

绿色银行管理是多系统管理的组合。绿色银行管理需要一个完备的系统,完备系统是绿色银行系统功能发挥的基本保障,绿色银行管理具有共同开启、共同作用的特点。根据美国管理学家彼得提出的短板理论,盛水的木桶是由许多块木板箍成的,盛水量也是由这些木板共同决定的。若其中一块木板很短,则盛水量就被短板所限制。这块短板就成了木桶盛水量的"限制因素"(或称"短板效应")。当然绿色银行系统的短板形成原因很多,归纳起来有两大类。一种是由所处的发展阶段、发展水平局限所带来的,一种是由体制机制的障碍带来的。补齐绿色银行体系方面的短板很重要,否则绿色银行实施的质量将难以保证。

(二)绿色银行管理体系

1. 按照管理对象划分

广义的绿色银行管理体系是由生态系统、经济系统、社会系统和信贷系统的管理系统组合而成。每增加一个系统就意味着联系更加的广泛,系统之间的关系更加复杂,协同和协调管理的难度越大。狭义的绿色银行体系是由生态环境系统和绿色银行系统组合而成的产物。

2. 按照绿色银行资金管理层级划分

绿色银行管理体系包括国家、行业和金融机构三个层面,分为宏观绿色银行管理、行业绿色银行管理和微观绿色银行管理三个层级。三个层面管理的目标不同,责任不同,具体的工作内容也不同,但只有建立三个层面的绿色银行管理体系,才能保证绿色银行工作责任的落实,保证绿色银行工作的开展,保证绿色银行工作的效率与质量。

3. 按照绿色银行资金运动过程划分

绿色银行管理体系包括贷前管理、贷中管理和贷后管理。贷前管理即预防性管理,属于源头管理的范畴,是绿色银行管理的要点;贷中管理属于跟踪管理,是对企业和银行信贷行为的发展趋势,发展方向的监督与检查,目的是保证绿色银行行为目标与规划的实现;贷后管理属于绿色银行行为的总结与反思,目的是通过总结与反思,找出偏离的问题所在,进而鼓励先进,鞭策后进,形成绿色银行管理链。

4. 按照绿色银行管理对象划分

绿色银行管理体系包括企业贷款环境行为管理、项目贷款环境行为管理;绿色银行管理体系从贷款与国家环境政策的关系看,包括环保产业贷款环境行为管理、水利贷款环境行为管理、林业贷款环境行为管理等。从贷款与生态环境的影响程度关系角度看,包括重污染企业贷款管理,重污染行业的贷款管理。

三、绿色银行宏观管理体系

绿色银行宏观管理是指国家立法机构、国务院、国家金融监管机构、环境保护机构、绿色金融研究机构和各种以环境保护为目的的各种社会组织管理或参与绿色银行行为管理的过程。

环境管理具有复杂性、广泛性、累积性、复合性和交叉性的特点。绿色银行的宏观管理是一个多部门、多学科、多系统的交叉过程,如,绿色银行信贷的基准与标准的制定,就涉及环境保护主管部门、能源利用管理部门、环境技术管理部门和生态维护的管理部门等。绿色银行宏观管理是一个完整的体系,系统内在一个目标的指引下,共同的工作过程。体系建设的任务是为完成国家层面绿色银行管理的各项任务。

宏观层面绿色银行管理主要是解决银行系统与生态环境系统、绿色经济系统和绿色社会系统层面的复合关系。总系统和各子系统的关系有三:一是各系统运行的总目标协同,各系统是在一个共同的目标下的行为;二是各系统的运行是在总目标的约束和指引下的运行,各子系统的运行不能破坏总的目标;三是各子系统有各自的运动规律,我们要尊重各子系统的运行,要用平等、平衡的观点看待各子系统的运行。在系统内部的运行上,要注重协同与协调。

绿色银行的宏观管理,从生产角度看,包括生态生产和物质生产;从金融运行角度看,包含宏观金融活动和微观金融活动;从金融与生态环境、绿色经济社会关系的角度看,包含绿色金融体系与生态环境、经济社会体系的包容、标准、评价的关系。绿色金融活动对象包含金融与生态和环境的所有关系行为的处理。

绿色银行的宏观管理具体工作包括绿色银行工作目标设定、绿色银行国家层面管理制度的建设、绿色银行工作基准与标准的制定、绿色银行工作实施战略与政策的制定、绿色银行行业工作绩效评价、绿色银行理论研究等工作。绿色银行战略制定是从国家层面对绿色金融资源配置的长期安排,是对国家环境保护战略与金融发展战略的结合,对国家可持续发展具有重要意义。

四、绿色银行中观层面管理体系

绿色银行中观层面的管理是指(银行业)信贷系统或金融产业与生态系统、环保系统、产业系统、社区系统关系的协同与协调。这种协同与协调关注信贷产业与各产业之间环境关系的处理,处理包括支持和限制,限制是指信贷行为以国家的产业政策、环境政策和绿色银行政策为标杆,以执行国家的各项政策为基本底线。支持是指信贷行为支持国家产业政策、环境政策和绿色银行政策要求支持的项目。

信贷活动主要包括以媒介行为为主的信贷活动,以资本市场为主的金融活动和以社会投资为主体的金融活动。中观的绿色银行分为以媒介为主体的绿色银行活动,以资本市场为主体的金融活动,以绿色投资为主体的金融活动。

行业绿色银行管理是指基于行业绿色发展规律,对行业对发展方向、发展方式和发展方法进行的规划与安排的过程,包括银行业监管机构、银行业自律组织和社会环保机构参与的绿色银行工作,目的是维护发展的秩序,维护行业发展的公平性,提高整个行业的发展效率与质量。

五、绿色银行微观层面管理体系

狭义的绿色银行主要是指银行机构具体的信贷行为,包括每一笔信贷行为的产生、发展与结束。绿色银行微观层面体系是指金融机构的每一项投融资行为与生态环境、经济、社会关系之间的协同与协调。

绿色银行微观体系是信贷资金与生态环境方式相互影响的具体产生阶段,在此阶段,行为资金进入生产系统和生活系统,在生产行为和生活行为中产生资源利用、废弃物排放,对环境产生具体的影响,因而,绿色银行的管理通常不是指对层面的管理,是指对银行具体信贷行为和生态环境之间影响关系的管理。银行信贷行为的环境影响评价也是指对银行具体的信贷行为与环境之间关系的评价。绿色银行评级是指对独立的银行机构与所处生态环境之间的关系评价。

银行机构绿色银行资金管理是指商业银行以生态环境保护为基本目标,通过对银行内部的绿色银行思想、绿色银行战略、绿色银行政策、绿色银行制度、绿色银行控制、绿色银行行为评估等环节的管理工作,推进信贷行为与生态环境关系的正相关发展,通过绿色银行资金管理保证资金运行的内涵和生态环境约束与支持相符,并进一步提升绿色银行资金的效率和质量。

第四章　绿色银行评级

绿色银行评级是银行机构参与环境保护的重要手段与工具,是国家绿色金融政策与制度在银行领域实施效果的检验,同时也是银行环境风险控制的重要方法。绿色银行评级的水平、程序与质量直接影响绿色银行建设成果,影响绿色金融资源配置的效果与质量。

第一节　绿色银行评级

绿色银行评级从形式上看是对银行机构绿色化状况的一种评价,但实质上,反映的是银行信贷行为与企业环境行为相互影响的关系,是银行机构信贷行为与生态环境维护和改善的关系。所以,绿色银行评级行为具有国家属性的特性,是国家环境保护体系的重要构成。

一、绿色银行评级概述

(一)绿色银行评级概念

绿色银行评级一词由绿色银行、评级两个词组构成。评级是指对某一事物进行一种等级划分的过程与方法,通过事物等级的划分,可以反映事物的某种程度。所以,绿色银行评级是指对银行绿色化程度进行等级划分的过程与方法,目的是通过对银行绿色化程度的划分,反映银行绿色化程度的好坏,反映银行绿色化努力的程度,反映银行社会责任的执行状况。

但绿色银行评级的本质,是用评级结果方式,反映银行机构、银行信贷行为与生态环境之间的关系状况。目的是推进银行信贷行为向绿色化方向发展,微观上起到引导、控制企业或项目环境行为的作用,宏观上起到社会资源优化配置的作用。进而利用银行信贷行为,促进人类与生态之间和谐发展。

我们认为绿色银行评级概念应分为广义的绿色银行评级和狭义的绿色银行评级。广义的绿色银行评级是指对银行业绿色化状况的评价与分析,属于国家宏观行业环境行为的分析范畴。目的是通过对银行业环境行为的分析,为国家制定调整环境保护政策和制度的依据,完成国家环境保护制度与政策在金融领域的功能。

狭义的绿色银行评级是指对银行机构的绿色化行为进行的评价与分析,是对每一个银行机构环境行为的分析与评价的过程,只反映某个银行机构的绿色化状况。此时我们可以达到两个目的,一是分析单个机构绿色化状况,了解某个机构的绿色程度;二是可以通过对参评机构之间的比较分析,得出银行业机构之间的差距,为国家金融调控机构和银行监督管理机构改进绿色金融政策提供基本依据。

所以,我们对绿色银行评级行为的定义:绿色银行评级是指银行业在人类可持续发展思想的引导下,由独立的社会机构(银监会部门、环境保护部门、社会组织)或自身,采用公认的评级标准与方法,对银行的信贷行为与生态环境的关系状况,进行分析与评价的过程,并在此基础上对银行的绿色等级进行评定的一种方法。该概念更多偏重微观的银行机构环境行为分析与评价。

(二)绿色银行评级的内涵

绿色银行评级的本质是银行信贷资金运动与生态环境关系状况的影响与变化。所以,我们认为应包含五个方面的含义:

1. 评级实质是银行机构信贷行为与生态环境关系状况的描述

银行机构环境行为具体是指银行的信贷行为,信贷行为是银行的基本业务行为,构成商业银行业务的主体行为,银行机构与生态环境的关系是银行提供银行信贷行为而产生关联的。在银行机构信贷资金与工业资本进行融合的过程中会产生两种影响,一是经济影响,即银行信贷资金与工业资本结合形成生产过程,信贷资金运行与工业资本的结合共同创造新的经济价値;二是生态影响,即银行信贷资金与工业资本的结合过程中,生产过程形成各种废弃物的排放,这种排放对生态环境产生影响,对周边区域的人民健康产生影响,评级就是对这种影响程度的描述。

2. 评级是在公认的指标、标准和方法的条件下进行

这个公认由三层含义组成,一是生态环境认可,即指标、标准与方法符合生态环境运行规律的要求,可以推进生态的破坏与抑制环境破坏的行为;二是国家的认可,即指标、标准与方法是经过国家法定的程序认可的,具有国家层级的效力与权威;三是银行业机构共同的认可,即所有参评的机构都认可该标准与方法,共同采取一致的行动。

3. 评级是一个完整的过程

评级是一个完整的过程是指银行绿色化的评级是在一个完整的程序体系下进行的,是在一个绿色化价值链上进行的。该绿色链包括从生态环境到企业环境行为,再到银行机构信贷行为。而银行机构的信贷行为又是一个完整的链条,即包括从银行机构绿色准入分析,到银行贷款环境影响分析,到银行贷款环境影响评价决策,到银行贷款环境影响绩效评价,再到银行环境行为评级。每一个过程都是评级所必需的,每一个环节的缺失,都不可能得出一个真实的绿色银行评级结果。

4. 评级组织必须具备公认的权威性和公正性

评级就是一个利益分配、适应一个利益的较量过程。因而,公正与权威一个是立场问题,一个是可信问题。立场决定评级的可信度,决定评级的可持续性。一个不公正的绿色银行评级只能是短命的行为,只能造成金融秩序的混乱,金融风险的上升。所以,对银行评级组织者与评价者的选择必须是在一个严谨的体系下进行,必须经过严格制度的约束。

5. 银行与生态环境关系状态的定量

绿色银行代表银行信贷资金运行对生态环境影响的结果是美好、环保、生态、低碳、循环等,代表着银行信贷行为与生态环境行为之间是一种优化结合,是指银行的信贷行为与生态环境之间是一种友好、可持续、协同发展、和谐发展的关系,是指银行的信贷行为对生态环境的影响能够降低到人类所希望的最低的程度,并最终对人类的生存与发展形成正向的支持关系。描述绿色银行评级,是对银行信贷行为与生态环境关系状况的一种描述,这种描述必须以定性和定量两种方式表达,以全面反映银行信贷行为与生态环境之间的关系程度。

二、绿色银行评级行为属性分析

(一)公共产品理论

公共产品也称公共物品或公共商品和公共品。20 世纪 50 年代萨缪尔森在《公共支出的纯理论》中对公共产品进行定义:纯粹的公共产品或劳务是这样的产品或劳务,即每个人消费这种物品或劳务不会导致别人对该种产品或劳务消费的减少。较为普遍的定义是:用于满足社会公众消费需要的物品或劳务。我们认为公共产品的本质属性是公共性,社会需要决定了一种服务或产品是否以公共产品的形式出现。

公共产品源自于公共需要,是人类的生存与发展所必需的。而且伴随人类社会的不断发展及生活水平和享受要求的不断提高,人类所需的公共产品的数量、规模与质量也在不断上升。公共产品的范围非常的广泛,包括政治、法律、国防、治安、政府行政管理、大型水利设施、城市规划、公共道路、环境保护与治理、公共卫生、公共设施、地铁、科学研究、天气预报、广播、电视、教育等,乃至抗旱、防洪等都属于公共产品的范畴。

1. 公共产品的基本特征

(1)非排他性。这是衡量一个产品是否为公共产品的一个非常重要的特征。非排他性是指一个人消费这个产品,无法排斥其他人同时也消费这个产品。非排他性还有一层含义,是指有些产品在技术上可以排斥其他人消费,但是这样做在经济上是不可行的,或者与公共利益是相违背的,因此是不被准许的。

(2)非竞争性。这是指某个人或者集团对公共产品的消费,并不影响或妨碍其他个人或者集团同时消费该公共产品,也不会影响其他个人或集团消费该物品的数量和质量,即受益对象之间不存在利益冲突。例如,国防建设保护了所有公民,其费用预算的产生和每一个人从中获得的好处,不会因为人口的变化而变化。

(3)不可分割性。这是指产品在消费过程中所产生的利益为整个社会的成员所共同享有,不能分割,不能为某个人或某些人所专有,具有共同受益与消费的特点。例如,消除空气中的污染是一项能为人们带来好处的服务,它使所有人能够生活在新鲜的空气中。

(4)层次性。公共产品的层次性是指公共产品按其受益范围的不同,划分为全国性公共产品和地方性公共产品。公共产品层次性的理论揭示了各种类型公共产品的区别和差异,也为我们制定公共产品的目标、政策与制度提供了必要的依据。

(5)交叉性。由于地方性公共产品的受益区域却并不严格地与行政区划相一致,总有一些公共产品会产生外部性,将正面或负面影响溢给了相邻的地区。这种外溢可能导致区域外的社会经济发展受损或收益的现象,这种受损或收益是不区分区域内与区域外,进而产生交叉。如,废气的流动是不受区域的限制的,它的流动是按其自身的规律进行的。

由于公共产品具有消费的非排他性、非竞争性和不可分割性,就不可避免地出现"免费搭车者",从而导致休谟所指出的"公共的悲剧"现象的产生。根据西方经济理论,公共产品的生产存在"市场失灵",市场机制难以在这一领域达到"帕累托最优"。依靠市场机制无法解决这一难题。需要政府出面弥补这种"市场缺陷"提供公共产品或劳务。

2. 公共产品的提供

由于公共产品的特殊性,导致其生产与提供的方式、方法与纯粹的私人产品生产和提供具有较大的不同。公共产品生产和供给的方式有三种:

(1)公共生产。这是指采用公共生产和公共提供方式来供给的公共劳务或服务。公共产品由公共部门生产并提供。公共产品的供给也由公共部门解决。主要是政府行政部门来生产与提供。

(2)私人生产。这是指公共产品的生产和提供是由私人机构进行。然后由政府以购买的方式购入私人产品,向市场提供。例如,电视片的购买、武器的购买、桥梁和道路的建设等。

(3)混合生产。为了平衡获益者与非获益者的负担,提高资源的使用效率。政府可以通过混合生产与提供的方式来解决。混合供给方式包含了政府的政策因素,则其生产成本将由政府和受益的企业或个人共同分担。

(二)绿色银行评级产出本质

绿色银行评级的本身是一种方法,是一种技术手段,是一种以科学为基础的方法与手段。绿色银行评级是银行绿色管理中的重要构成。虽然处于银行绿色管理的末段环节,但其作用是处于绿色银行管理的核心位置。

从绿色银行评级活动的形式结果看,绿色银行评级是对银行行为基于绿色化状况的评价排名。排名靠前,反映该银行机构绿色化状况优秀、良好状况,应对该机构进行奖励。排名靠后,反映该银行机构绿色化状况较差,不能适应国家和社会对银行机构绿色化状况的要求,应对该机构进行处罚,要求其改正其环境行为,适应社会对其发展的要求。

但从其评价结果的内涵看,绿色银行评级反映的是该银行机构的信贷行为与生态环境关系的状况,这是绿色银行评级的根本目的与目标,是绿色银行评级行为的本质性反映。如果该银行机构绿色银行评级的结果是正值,其内涵的结果是推进生态系统的维护与改善,实现生态、社会与经济的平衡,进而促进人类与生态环境之间的和谐发展,为人类创造一个舒适的生态环境,为人类的生存与发展服务。当该结果为负值时,该银行机构的信贷行为对人类社会所依赖的生态环境产生破坏性的作用。

所以,绿色银行评级行为本身是一种社会的公共产品的产出过程,是对整个人类社会的有益或无益行为,其产出的结果又由人类社会所有人共同承担。这种关系的具体表现是绿色银行的等级划分,但实质是生态环境状况。所以,绿色银行评级本身具备公共产品的基本属性。

(三)绿色银行评级活动产出特点

1. 非排他性消费特点

生态环境变化的结果是一个公共产品,所以,绿色银行评级的产出是反映银行信贷行为与生态环境之间的关系状况,反映的是银行支持与破坏生态环境系统的状况。而这种关系的状况,无论是正值,还是负值,不能为某个人或某些人所专有,或将一些人排斥在消费过程之外,不让他们享受这一产品的利益是不可能的。可见,绿色银行评级产品消费的非排他性。例如,森林的建设可以通过吸收二氧化碳,净化消除空气中的污染,它使所有人能够生活在新鲜的空气中。

2. 非竞争性问题

绿色银行的工作,又具有环境资源消费的非竞争性特征。即一个人对环境资源的利用并不影响其他人对环境资源的利用。根据公共产品相关理论,由于公共产品的非排他性和非竞争性,要求公共产品的生产必须有公共支出予以保证,这涉及绿色银行评级过程的费用开支关系的管理;如果要求银行机构自身承担。银行基于自身利益的考虑,参与的积极性较低。

3. 非分割性问题

由于绿色银行评级的行为与绿色银行行为紧密相连,而绿色银行行为的产出又是生态环境的改变,而生态环境改变,是不可以分割的,它的消费是在保持其完整性的前提下进行的,由众多的消费者共同享用。消费者只能共享,而不能排斥任何人享用。由于生态环境利益无法分割,商业银行基于自身利益的考虑,对绿色银行评级活动的参与度和反映的承担是一个问题。

(四)绿色银行评级的国家属性

1. 绿色银行评级属于社会性的活动

绿色银行评级活动的结果证明,绿色银行评级代表的是社会大众的利益,代表社会的生态环境利益,代表社会的可持续发展。所以,绿色银行评级的活动必须以社会的绿色发展为其核心利益,而不能为了个别机构的利益损坏社会利益。

2. 绿色银行评级的组织必须是在国家的监督与管理之下的行为

既然绿色银行评级的活动属于公益性的活动,属于国家环境保护行为的一部分,绿色银行评级的活动就有国家的行为属性,就要求绿色银行评级的行为必须在国家的管理与监督下进行。这涉及绿色银行评级的体制设计问题。

第二节　绿色银行评级作用

绿色银行评级的作用分为宏观作用与微观作用,分别反映银行绿色信贷行为对国家层面的生态环境保护,行业绿色信贷发展和银行机构绿色信贷行为规制的影响状况,并最终引起社会环境保护发展的方向与状况的改变。

现有的理论主要把绿色银行评级活动放在微观层面或行业的层面进行论证与阐述。事实上,由于其本身与生态环境改善的特殊关系,绿色银行评级更多的应属于国家层面的活动,这种绿色银行评级活动宏观作用方面可以体现在以下几个方面。

一、绿色银行评级的宏观作用

绿色银行评级虽然是针对银行机构的信贷行为与企业环境行为关系状况所进行的一种评价活动,但该活动与国家生态环境的维护与改善,与国家层面的绿色经济的转型与发展,与整个社会绿色消费的普及具有直接性的影响。所以绿色银行评级活动属于国家环境保护体系的一部分,是国家环境保护体系的重要构成,属于宏观作用范畴。

(一)资源优化配置的作用

资金运动代表资源的配置方向与结构,在生态环境保护和绿色经济的目标下,需要绿色信贷行为来改变金融资源配置的效率与质量。绿色信贷是生态环境行为规律约束下的资金运行,是以生态环境改善为基本目标的资金运行,是符合社会发展规律的运行。它实现了资金在不同部门的有效流动以及经济资源在不同产业之间的有序转移,改变信贷资金的分配方向与结构,并将明显影响生产要素分配(资源配置)和收入分配,从而起到优化配置的功能,提高银行资源配置的效率与质量。

（二）环境保护作用

绿色银行评级是国家环境保护体系的一部分,绿色银行评级与国家环境影响评价管理体系共同构成了国家环境影响控制体系,两者是一个相互印证、相互作用和相互制约的关系,是国家环境影响评价制度在时间链上的延伸。通过绿色银行评级影响银行机构的信贷行为,进而影响企业或项目的环境行为,支持绿色项目的发展,成为国家生态环境保护的有力工具,而且是可持续的工具。

（三）国家环境风险管理作用

绿色银行评级活动,一是通过银行对银行环境风险的调查、评估和等级的划分,直接反映生态环境发展与变化的状况,给国家和社会建立一个新的环境风险的信息渠道;二是通过绿色银行的评级活动,参与到国家层面的环境保护行为之中,评级本身就是对银行信贷行为的约束,而信贷行为的约束直接影响着企业的环境行为,进而影响到生态环境的发展与变化;三是通过评级活动,约束银行的非绿色行为,在降低银行环境信用风险的同时,可以促进社会的环境风险有效管理,实现把银行的市场行为转变为环境保护行为的职能目标,为生态环境的改善和提升贡献金融的推动力量。

（四）推进经济转型的作用

绿色银行评级的基础是绿色信贷,绿色信贷按照国家经济发展战略,直接或间接改变资源配置,激励投资与创新,促进经济结构优化升级,经济总量持续快速增长,科技水平提升,社会福利和人民生活水平提高,推进经济升级和模式的转换,推进经济高质量的发展。

二、绿色银行评级的行业作用

绿色银行评级的行业作用是指绿色银行评级的活动会直接影响与维护银行业绿色金融秩序,推进银行业绿色发展,维护社会的公平与正义的作用。

（一）维护银行业绿色秩序

绿色银行评级是以绿色信贷基准和标准作为评级的基础信息与条件,

标准具有统一性、全面性和公开性的特点,标准的统一为实现行为评级的公平、公正奠定了良好基础,使得行为具有较强的公信力,当我们的行为都在一个标准下运行时,可以起到真实的奖优罚劣,起到维护社会公众和基本秩序的功能。

(二)维护银行业绿色发展的公平与公正

绿色发展涉及人类社会的公平与正义,涉及人类的可持续发展。由于绿色银行评级活动直接影响生态环境的发展与变化,绿色银行评级与人类社会的公平、正义联系在一起,与人类社会的发展联系在一起。因此,对绿色银行评级的活动应该以公正和公平为基本的理念和思想,否则可能起到相反的作用。

三、绿色银行评级的微观作用

(一)行为的引导作用

评级是一种技术手段和方法,目的是通过绿色优化评级的建立与实施,向社会和金融业发出信号,引导银行业投融资行为方向、结构和模式的改变,引导银行的投资行为方向、结构和模式的改变。进而引导社会投资方向与结构的改变,为和谐社会和经济转型升级提供方向上的引导。

(二)银行机构信贷行为约束的作用

绿色银行评级是在统一标准、统一指标、统一方法的情况下进行,对银行机构绿色信贷行为与生态环境的状况是在公众认可的方式下进行的,比较是绿色银行评级的主要功能,通过结果的比较发现问题。所以,绿色银行评级活动可以起到对银行机构信贷行为的约束作用。降低银行机构的环境风险,为银行机构的可持续、可盈利创造基础条件。

(三)银行机构绿色信贷行为激励作用

绿色银行评级结果是对银行机构绿色化状况的肯定与否定,这涉及银行机构的品牌、信誉、权威性和公信力,这对银行机构的市场拓展、客户寻找、经营与管理等都有较大的影响。正向的影响可以起到帮助作用、促进关系融洽的作用。反之,由于社会声誉的不好,可能导致客户的流失,进而导致经济效益的下降等现象。

如前所述,绿色银行的评级行为不仅仅是银行机构的微观环境行为,更多的是,绿色银行评级是国家生态环境保护制度与体制的重要构成,是国家生态环境保护政策在金融领域的延伸与实施。所以,应大力发展绿色银行评级活动,用绿色银行评级活动推进生态改善与经济转型,充分发挥绿色银行评级的宏观、中观和微观作用。

第三节　绿色银行评级分类

绿色银行评级工作按其绿色化能力可以形成商业银行绿色管理能力评级,只是一种静态的评价;按其环境风险状况形成了商业银行环境风险控制水平评级,反映银行对环境风险的管理水平;按照银行信贷资金运行过程所形成的与生态环境关系,形成了商业银行信贷行为结果状况的评级。绿色银行评级应以商业银行信贷行为结果评级为主流,以全面反映银行对生态环境的影响关系。

一、基于管理行为的绿色银行评级

绿色银行管理素质的评级适用于绿色银行发展初期的要求,因为绿色银行发展的初期,是一个绿色银行的准备过程,准备包括人力准备、知识准备、组织准备、技术准备、产品准备、文化准备和制度准备等。但这只是为银行绿色化打下一个管理的基础,并没有更多地涉及银行信贷行为。所以此评价只适合于绿色银行发展的初期,此评价不能代替银行绿色信贷行为的评价。

(一)银行绿色管理素质评价

绿色银行管理素质评价是指根据环境保护的目的,为实现银行信贷行为与生态环境关系的友好处理,对商业银行的绿色关键性素质的有效性进行识别、分析、评价与评级的过程。绿色银行管理素质评级是一个基于静态的评级,是一个对绿色银行管理静态的评价。素质的建设涉及方方面面,是一个多因素的影响系统。绿色银行管理素质的评价主要从以下几个方面进行。

1. 绿色银行战略评价

绿色银行战略是商业银行对自己基于生态环境保护目标,所进行的长期性、方向性的安排。绿色银行战略包括从绿色银行目标的选定,到市场选择等待的行为。绿色银行战略评价是银行绿色化行为的基础性工作。绿色银行战略评价就是对银行绿色战略的适应性、可行性、优化性、可操作性、可反映性所进行的预期效果与实际效果的评价,目的是通过战略评价了解银行绿色化。

2. 银行机构绿色文化评价

绿色银行文化是指在银行机构内部,形成共同的基于环境保护的共同价值观上,银行全体职工共同遵循的绿色发展目标、绿色行为规范和绿色思维方式的总称。文化已成为现代银行发展的内在要素之一,文化状况因素,成为银行成败的关键要素之一。银行的文化对银行的长期发展具有较大的影响,它是在内涵上决定银行兴衰的关键要素。

对银行绿色文化进行评价应包括以下内容,银行绿色文化现状评价、银行文化建设过程评价、银行文化特色评价、银行文化与战略目标、战略和内外环境的一致性评价、银行文化形成机制评价等内容。要求银行的绿色文化必须是形成一个完整的体系,在绿色文化的作用下,推进银行绿色化的开展。

3. 绿色银行组织评价

组织是现代企业运行的基本保障,一个企业的发展首要的是组织体系的建设和先进人才的归纳。绿色银行的开展,首先是绿色组织建设和绿色人才吸引。绿色组织是银行实施绿色战略的基本条件,没有组织,战略只能是空谈。

绿色组织评价包括机构建设评价和人才选拔评价。机构建设评价包括专业的绿色信贷机构的设立,即绿色化机构设置合理性与专业性的评价。

机构专业绿色职能的赋予,又包括基本责任、专业责任。人才选拔的评价包括绿色人才的专业素质、专业能力等评价。组织建设是银行绿色化的基本保证,绿色化的实施需要专业化的人才来进行。在组织的建设上,应采取高标准的态度进行,从根上做起。

(二)银行机构绿色技术评价

环境保护是一个综合性的系统工程,环境保护技术的先进性决定环境保护发展的深度和强度,决定环境保护外来发展的趋势与水平。由于银行绿色化涉及生态、环境、金融、管理、评估等多领域的专业知识与技术,专业技术准备的程度直接决定绿色银行建设的效率与质量。

绿色银行的技术包括环境影响评价技术、环境影响贷款担保制度、环境影响准入标准、贷款环境影响跟踪技术标准、贷款环境影响社会反响评价标准、绿色评价信息技术标准、绿色贷款影响社会参与技术标准等。具体技术体系如下:

1. 绿色银行准入技术标准评价

绿色银行技术标准是绿色银行评级的基础条件,是绿色银行评级的基本技术。绿色银行技术标准包括准入技术标准体系、决策技术标准体系、跟踪技术标准体系、绿色绩效评价技术标准体系和社会影响评价技术标准体系等。

绿色银行技术标准有三点基本技术要求。一是银行绿色技术标准的制定必须符合国家相关法律、法规、规章和办法的基本要求,即标准的合法性;二是绿色银行技术标准是国家环境保护相关技术标准的重要构成,要与国家生态环境技术标准形成上下的关系;三是绿色银行技术标准应起到鼓励、鞭策的作用,形成支持环境保护、支持绿色发展的关系;四是应在国家的支持下,在标准体系的框架内不断创新,以保证绿色银行评价的科学性和可控性。

2. 绿色银行贷款环境影响决策技术标准

如果说准入技术评价标准是以国家法律、法规和规章为基础的话,银行贷款环境影响决策技术标准则是由银行机构自身基于绿色理念与思想、战略而制定的投融资技术标准。它反映了银行机构绿色化的态度、思想、政策等具体化的行为,是银行机构绿色发展的具体实施。该标准要参考国内、国际的先进标准,要体现出银行机构在绿色化问题上与国内外的比较程度,先进反映该银行机构在绿色化道路上的决心与态度,落后反映该机构与国内外的差距。

3. 银行贷款环境影响跟踪技术标准

跟踪是银行贷款质量控制的主要方式之一,通过跟踪可以及时的发现企业或项目在具体运行过程中所出现的问题。绿色贷款同样如此。制定跟踪技术标准的目的是为了减少跟踪过程中所出现的人为干扰,避免操作风险和道德风险,增强跟踪的可靠性和及时反馈问题,为绿色贷款的最终实现提供保障。

4. 银行贷款环境影响绩效评价技术标准

银行贷款环境影响绩效评价标准是针对银行贷款对企业或项目环境行为的影响状况所制定的,其实质是反映银行贷款期间企业或项目的环境行为所产生的变化状况,所以该标准必须由国家统一制定,以反映其权威性、必要性和公正性。

5. 绿色银行评级技术标准

该标准是绿色银行评级结果的分类标准,反映银行评级行为过程中对等级划分的具体尺度,以便能够对评级进行比较与分析。银行机构的任务是出台绿色银行评级技术标准的实施细则,以配套的方式落实国家标准。

(三)绿色银行信贷政策评价

绿色信贷评价是绿色银行评级制度建设的核心环节,是绿色银行评级的重中之重。该部分评价的主要内容我们分别在银行贷款环境影响评价,银行贷款环境影响绩效评价中进行阐述。涉及本章节的部分,我们在绿色银行评级结果性评价部分进行论述。

(四)绿色银行产品评价

产品是银行机构融资行为的具体工具,产品设计的好坏直接影响银行的服务性和融资的质量与效率。银行绿色产品的设计代表着银行把环境保护思想、理念转化为具体的行动过程,既要保持银行产品的基本属性,同时又要把绿色植入到产品之中。对银行产品的评价主要包括以下内容。

1.银行产品绿色化数量考核

银行产品绿色化数量考核是指对银行每一年开发与生态环境保护相关的基于数量状况的评价。要通过增长的比较分析,反映银行机构在生态环境保护方面的决心与态度。

2.绿色化程度评价

绿色化程度评价是指银行机构的产品设计中所包含生态环境保护的具体状况。这是一个基于环境保护的质量考核,是对银行机构参与环境保护的真实性评价。如对水环境的影响程度,对大气的影响程度等。要把产品绿色化的程度进行分类,并最终对其与生态环境的关系状况进行评级。通过这些评价才能考核银行机构在生态环境保护方面的真实想法,并通过银行贷款环境影响绩效的评价,反映产品设计对生态环境的维护与改善。

(五)银行机构参与环境保护社会评价

银行机构参与环境保护应获得其所在社区民众的支持,根据相关者责任理论,银行机构的经营不仅仅是银行机构股东的责任,同样是其所在地企业、组织和社区等的责任,银行机构与他们是一个共生的关系。所以银行机构应获得当地社区民众的认可。具体的评价可以从三个方面进行。

1.社区民众的信息知晓度

社区民众的知晓度是指银行机构所在地的民众对银行贷款的对象、环境影响状态等的知晓状况。根据环境权利理论,民众有获悉环境污染企业的污染状况的权利,即环境知情权。基于环境权的维护,银行机构所在地的民众有知晓银行贷款对它们的环境影响状况的权利。

2.社区民众的贷款环境影响参与度考核

环境污染企业的运行直接与当地所在社区民众的利益相关,直接影响当地居民的生存与健康状况。根据国家环境影响评价法和环境信息公开管理办法的要求,企业新项目必须与民众进行沟通,并取得当地民众的认可。银行贷款是对企业新项目的支持,银行对此类企业的贷款,应参与到新项目的评价中,参与到对当地民众的调研中去,客观的评价民众对该项目的反映。

3. 银行机构的社区互动会

银行机构应积极主动的参与社区环境保护互动会的各项活动,就环境保护、产品设计、民众需求,民众满意度等进行调研。一方面发现银行机构的信贷活动与社区民众需求的关系,设计出更多、更好的产品;另一方面,发现贷款企业与民众的关系状况。如发现环境问题,应及时反馈给银行信贷部门,以降低环境风险可能对银行机构所带来的风险。同时要及时反馈给当地的政府部门,控制环境风险的产生。同时要通知贷款企业,及时纠正问题,降低环境风险发生的可能。

(六)该方式的缺点分析

绿色信贷管理事前能力的评价是对商业银行绿色信贷管理资源预先设置状况的评价,它反映商业银行在绿色信贷管理领域所进行的人才建设、组织建设、计划活动和一系列工作秩序与管理制度设计的能力,并通过事前能力的评价全面反映商业银行绿色信贷管理的预防水平。但绿色信贷管理事前能力的评价只是对其管理能力预设状况的评价,并不能真实反映商业银行未来的绿色信贷状况。所以,绿色信贷管理事前能力的评价只能在绿色信贷发展的初期阶段进行的行为,而一旦国家和行业的绿色信贷政策与制度规范起来以后,绿色信贷管理事前能力的评价就不能成为绿色信贷能力评价的主要内容。

二、基于环境风险状况的绿色银行评级

(一)环境风险与人类

环境风险是由人类活动引起或由人类活动与自然界的运动过程共同作用造成的,通过环境介质传播的,能对人类社会及其生存、发展的基础——环境产生破坏、损失乃至毁灭性作用等不利后果的事件的发生概率。环境风险具有两个主要特点,即不确定性和危害性。

环境风险的产生源于人类社会的各种活动,主要是生产活动造成的。

生产活动一方面原材料取自大自然,要造成大自然的损坏,生产过程要形成各种废弃物的排放,污染我们生存的环境,进而致使生态的失衡。以上现象,影响人类社会的生存与发展,是人类社会发展的主要风险,亟待进行有效的管理与防范。

生产是由工业资本与金融资本相结合的产物,金融资本与工业资本共同形成企业或项目的生产与建设过程,形成各种废弃物的排放与自然资源的低效利用。环境风险的根源是金融资本对企业或项目的支持,金融机构基于利益的动机参与企业或项目的环境行为之中,即企业或项目的环境风险是工业资本与金融资本共同作用的结果。管理金融资本是对环境风险的源头管理。银行机构环境风险的管理不但对人类社会有利,对银行机构也有利。

(二)绿色银行环境风险

绿色银行环境风险评级是基于银行自身利益的角度对贷款所形成的环境风险进行评价分析和评级的过程。绿色银行环境风险评级的目的是对银行的环境风险程度进行控制,进而影响企业环境风险的改进,并最终促进企业与周边环境状况的改善。

绿色银行环境风险的评级是一个系统性的过程。从银行环境风险政策、目标出台,到银行贷款过程中的环境风险评价,再到银行贷款过程中的环境风险跟踪评价,再到银行贷款收回时环境风险的评价,再到绿色银行环境风险的评级。银行环境风险评价是一个一环扣一环的完整过程。

(三)银行环境风险评级

绿色银行环境风险评级只是一个对银行在贷款期间内环境风险评级的评价。银行贷款环境风险评级过程是由包括单体的银行贷款环境风险评级和汇总的银行贷款环境风险评级两个过程组合而成。

1. 单体的银行贷款环境风险评价

单体的银行贷款环境风险评级是指对银行贷款企业个体的环境风险状况对银行经营的影响所进行的评级工作。通过单体的环境风险评级可以发现企业环境风险变化的状况即对银行经营所产生的影响,为商业银行影响控制环境风险,降低环境风险对商业银行经营的影响具有重要的意义。

单体的环境风险评价是一个系统性的评价,包括贷款发放时的企业环境风险评价,贷款企业运动过程中的环境风险评价和贷款收回时银行环境风险状况。银行信贷部门要对环境风险的变化状况及时把握与分析,提出就风险变化的对策与措施,保证银行的经营是在环境风险可控的条件下进行。

2. 汇总的银行贷款环境风险评价

汇总的银行贷款环境风险评价是指专业性的评级机构,运用科学的方法,通过对银行机构单体贷款环境风险等级的汇总分析,评价出该银行机构环境风险等级状况的过程。银行监管环境风险等级代表该机构的环境风险的整体状况,是该银行环境风险水平的反映。环境风险评级的结果,为银行改进环境风险战略,有针对性地提出环境风险政策与措施,提供了基本的依据。

3. 环境风险的社会影响评价

银行贷款可能导致环境风险的上升,进而影响整个人类社会的利益。银行机构环境风险评价不仅仅是对银行机构的评价,更多地应看到银行贷款对整个社会环境风险影响的状况。国家应建立银行贷款与生态环境变化的影响模型,以精准的反映银行贷款与生态环境之间的关系,及时预警生态环境的风险状况,减少社会的影响,减少银行机构环境风险的产生。

三、基于绿色信贷绩效的绿色银行评级

绿色银行评级也称为绿色信贷绩效结果程度的评价。提供绿色银行评级结果的评级活动,可以反映银行行为与生态环境的关系状况,反映银行行为与社会行为之间的内在关系。这不仅仅是银行机构发展的需要,更多的是人类社会发展的需要。

(一)绿色银行评级周期规律

绿色银行评级属于结果性评级,是对银行绿色化程度的一种肯定性、程度性的评价,核心是阐述银行信贷行为与生态环境关系的一种状况与态度。所以,绿色银行评级的实质是绿色信贷行为绩效的评价过程。

　　绿色信贷行为是由一系列的信贷行为所构成的。根据绿色信贷资金运动规律和生态环境规律,绿色银行评级是一个全面认知的过程,根据绿色信贷资金运动规律,这个过程包括事前认知的评价、事中管理的认知与评价和事后银行绿色信贷管理结果状况评价三个方面。绿色银行信贷行为评级是商业银行绿色信贷管理水平的综合反映与评价,代表商业银行在绿色信贷领域所进行的全部工作状态。

　　基于银行信贷行为的绿色银行的评级过程,包括绿色信贷管理目标的设计、绿色信贷管理准入评价、银行贷款环境影响评价、银行贷款环境影响跟踪分析、银行贷款环境影响绩效评价和绿色银行评级六个环节。每一笔银行贷款的绿色评价都是由以上六个环节构成,这六个环节形成绿色银行评级的周期规律。

　　(二)绿色银行评级链

　　绿色银行的贷款评级链由银行信贷行为的六个过程形成,每一个环节的功能与作用如下:

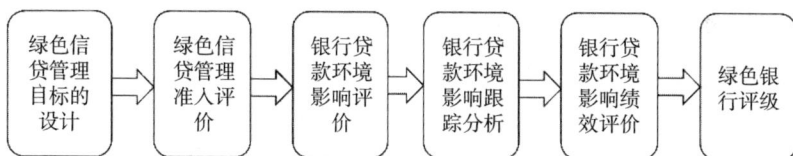

图4-1　绿色银行评级链

　　1.绿色信贷评级目标的设立。绿色信贷管理是指在绿色信贷工作中,为达到信贷资源的控制与优化配置的目的,对所需的各种信贷资源进行正确而有效地组织、计划、协调,并相应建立起一系列正常的工作秩序和管理制度的活动。绿色银行评级是指对商业银行在绿色信贷的管理水平、管理过程、管理状况、管理结果进行分析、评价、判断,并根据评价的结果进行等级划分的过程。

　　2.绿色行动管理能力评级是对商业银行绿色信贷管理水平进行全面认知的一个过程,主要包括事前管理能力认知评价,事中管理能力认知与评价和事后银行绿色信贷管理结果状况评价三个方面构成。绿色信贷管理能力评级是商业银行绿色信贷管理水平的综合反映与评价,代表商业银行在绿色信贷领域所进行的全部工作状态。

3. 绿色银行的贷前评价。绿色信贷管理能力事中评价是指绿色信贷管理过程中各种状况的评价,主要反映信贷资金在运行过程中与生态环境的关系状况,如企业的环境排放行为状况跟踪,可以全面反映银行信贷资金对项目绿色化的作用状况,企业排放状况符合国家相关标准,反映企业是一个遵守国家法律法规的企业,也反映与商业银行在信贷行为中遵守合约的状况,反之,企业违背相关协议,银行应及时对企业进行劝导,甚至抽资。

4. 绿色银行的贷后评价。绿色银行信贷的贷后评价是指对绿色信贷管理结果的评价。绿色信贷管理结果的评价是整个绿色信贷管理能力评价的核心和关键环节,因为绿色信贷的前两个评价是绿色信贷管理的资源配置过程,只能代表绿色信贷行为的发展状况,并不能代表绿色信贷管理行为的结果。

5. 绿色银行评级。绿色银行评级代表着绿色信贷管理的最终状况,反映银行信贷行为与生态环境系统的关系状态,反映信贷项目所在区域生态环境的水平,并最终反映当地生态环境对人类发展的适应水平。

每一个银行机构贷款的运行都要经历以上六个过程方能形成一个以此绿色信贷的运动为封闭的管理环,而且这种运行是一个单向的运动过程。每一次的运动,都会对贷款企业周边的生态环境产生影响。所以,绿色银行的评级首先是单个银行贷款的评级,银行机构的评级是银行机构所有贷款评级的汇总分析,反映银行机构贷款总体对银行机构周边生态环境的影响状况。

(三)基于银行信贷行为的绿色银行评级结果特点

1. 评级的结果包括定量结果和定性结果

定量结果反映银行信贷行为与企业环境行为,与生态环境关系的具体状态,这种状态是用量化的结果来反映,尽管这个量化的结果的测算难度较大。但同时我们对呼吁银行机构信贷行为的评级结果还要用定性的指标来反映,通过定性的结果,反映绿色信贷管理行为的结果状态。绿色银行评级的结果通过定量与定性可以全面地反映银行绿色化的状况,为绿色银行的发展提供真实的信息基础。

2. 要用制度建设保证绿色银行评级

由于绿色信贷管理能力评价的结果是由每一个绿色信贷行为的结果而来,因而每一个绿色信贷行为的结果的真实性将成为绿色信贷管理能力的基础,绿色信贷行为的评价又是一个长时间的评价与分析的过程,所以必须用制度的方式,保证绿色信贷行为的可持续发展。否则将会引起绿色信贷行业的发展难以进入真实的水平,进而影响生态环境的改善与维护。

第四节　绿色银行评级系统

绿色银行评级是在严格的程序和规则条件下运行的,程序正义构成绿色银行评级活动公正性与权威性的基本保障。根据绿色信贷运行的规律,设计绿色银行评级运行的序列与位置关系,是绿色银行评级运行高效与质量的保证。

一、绿色银行评级运行系统

绿色银行评级运行是指评级管理与评级的组织机构在绿色银行目标的引导下,通过组合一系列的子活动或子元素,按照我们事前约定或规定的排列程序活动的过程。这个活动的过程是在明确目标的引导下进行的,可以是一个环节,也可以是多个环节,但每一个环节之间都是按照一个法定的程序或共同认可的形式运行,每一个子环节又是在总的规定的程序和规则下运行。运行的结果是目标任务的完成。

绿色银行评级运行体系是指绿色银行评级活动是由多个运行来完成的,包括主体系的运行和辅助体系的运行。主运行系统与子运行系统是一个相互依存、相互支持的关系。主运行系统的需要,决定子运行系统的重要性与意义。反之,子运行系统,对主运行系统的精准性、公正性和权威性也具有直接的影响。

主体系的运行是整个体系运行的核心,是直接影响绿色银行评级结果的运行主体。核心运行统一是由多个子运行系统构成,子运行系统的多少,由绿色信贷运行的规律和绿色银行评级的管理需要所决定。主运行系统包括从目标制定到评级结果出台的全过程,核心是对银行信贷行为与企业或项目的环境行为进行影响关系的分析,目的是为维护和改善生态环境状况服务。

二、绿色银行评级主体运行系统

绿色银行评级的主体运行系统是由绿色银行信贷目标系统、绿色银行信贷准入系统、绿色银行信贷影响系统、绿色银行信贷决策系统、绿色银行信贷跟踪系统、绿色银行信贷绩效评价和绿色银行评级系统构成。绿色银行评级系统是一个单向的运行系统,是从目标开始到评级结果出台的过程。

(一)绿色信贷目标的确认

绿色银行信贷目标系统是由其子系统构成,包括绿色银行信贷战略制定,这是一个基于银行结果长期利益的工作方案;绿色银行计划制定,这是基于银行绿色信贷行为的具体工作目标,其又包括各部门的子目标;绿色信贷目标为绿色银行评级提供一个基本的比较基础,为绿色银行评级工作指明了方向。

(二)绿色银行信贷准入评价系统

该系统构成绿色银行评级的法规基础,是银行信贷行为执行国家环境保护的各项方针、政策和制度的体现。准入成为银行绿色信贷行为的第一个门槛,既是银行机构信贷优化配置的基本要件,同时也是银行机构降低环境风险的有力措施。该系统的运行必须严格按制度要求的程序工作。

(三)绿色银行环境影响评价系统

该系统既有严格的标准,同时也要有大众认可的评价指标,还有社会认可的评价方法。在以上标准的条件下,银行机构应严格按照规则的流程对企业或项目的环境状况进行评价。通过绿色银行环境影响系统的运转,银行信贷部门掌握企业或项目的环境状况,为绿色信贷的决策提供基础信息。

(四)绿色银行信贷决策系统

通过银行贷款环境影响评价信息,银行信贷部门与贷款对象要经过协商,提出对企业或项目的贷款条件。协商的主要内容包括,绿色贷款的约束条件、绿色贷款的利率、绿色贷款的授信、绿色贷款终止条款等内容,并经双方的一致同意,签订绿色信贷合约。

(五)绿色信贷跟踪管理系统

绿色信贷的跟踪管理系统的建设,既是银行机构控制环境风险的重要手段,同时也是银行绿色信贷行为质量控制的主要方法。通过跟踪系统反馈的信息,银行可以及时地调整可能产生的方向偏差,把银行贷款的环境效益提升到最优的状态,为实现银行绿色信贷的目标提供保障。

(六)绿色信贷绩效评价系统

绩效评价是绿色银行信贷评价的核心环节,通过绿色信贷绩效的评价,真实地发现银行信贷行为与企业或项目环境行为之间的关系,反映银行信贷行为与生态环境之间的关系状态,成为绿色银行评级结果的主要根据。

(七)绿色银行评级

此部分进入绿色银行评级的最后阶段,一是要严格按照规定的程序,对前面阶段所进行的工作进行信息收集、整理与分析工作;二是按标准进行等级的划分;三是编制绿色银行评级报告,要做到全面、细致地反映绿色银行评级的真实内涵。

三、绿色银行评级辅助运行系统

绿色银行评级主系统的运行,反映在一段时间内,银行信贷行为与生态环境之间的关系,构成绿色银行评级的主要内容。但绿色银行评级还需要其他辅助系统的协调与配合,如信息系统的配合,方能保证整个评级过程的可靠、完整和公正。

（一）信息系统

评级是一个信息的加工过程，信息是评级的基础与保障。绿色银行评级信息系统包括环境保护政策、标准信息系统、环境保护政府管理信息系统、环境保护企业环境信息系统、环境保护项目信息系统、环境保护企业监测信息系统、银行贷款绿色信息系统、银行贷款环境保护跟踪信息系统、银行贷款环境保护绩效分析系统、绿色银行评级档案管理系统等。

（二）社会公众参与系统

绿色银行评级的社会参与是在一个系统的环境中进行的。既要保证公众的参与，又要保证参与是在公平、公正的环境中进行。保证公众的参与，是要建立一个现代化的信息沟通方式，如建立公众参与网站，把评级各阶段的信息向社会公布，让公众及时地了解进展。所谓公平、公正的环境是我们要保证公正参与的内容、方式要符合绿色银行评级规律的要求，而不能流于形式。

（三）绿色银行信用系统

评级只是一个过程，要想让我们的绿色银行评级可持续，具有权威性，必须建立绿色银行的信用系统。要以法律的方式对银行绿色评级进行可持续的跟踪，以形成长期的约束机制。

绿色银行评级是一项复杂的系统工程，系统的运行是在各子系统运行的基础上完成，各系统之间是相互配合、相互支持、相互作用的关系。为保证绿色银行评级的效率与质量，一是要保证绿色银行评级系统的完整性，缺一不可；二是要以强制约束规范系统运行，保证系统的运行，保证系统运行的真实、有效。

第五章　绿色银行评级操作

第一节　绿色银行评级程序

绿色银行评级是一个非常严谨的过程。因此,必须要有严格的评级程序加以保证。评级的结果与评级的程序密切相关,评级程序体现了评级的整个过程,没有严格的评级程序,就不可能有客观、公正的评级结果。评级程序通常可以分为以下七个阶段。

一、前期准备阶段

(一)绿色银行评级宏观管理机构向参评机构发布绿色银行评级通知

由绿色银行评级宏观综合管理组织向各部委绿色银行评级管理机构、各行业协会绿色银行评级管理组织、银行业绿色银行评级管理组织、各银行机构发布绿色银行评级通知,主要内容包括评级目的、评级范围、评级内容、评级指标选择、评级标准选择等评级的主要方法及内容。

(二)绿色银行评级专业机构(或由绿色银行评级综合管理机构)与各个参评银行机构签订《绿色银行评级参评协议书》,双方签订《信用评级协议书》

协议书内容主要包括签约双方名称、评级对象、评级目的、双方权利和义务,出具评估报告时间、签约时间等。

(三)参评银行机构与参评企业或项目签订协议

评级小组应向参评客户发出《绿色企业评级调查资料清单》,要求评估客户在较短时间内把评估调查所需资料准备齐全。评估调查资料主要包括评级客户章程、协议、营业执照、近三年环境行为状况表及环境保护部门出具的各种报告。企业近三年环境保护工作总结、远景规划、董事会有关环境保护方面的记录及其他评估有关资料等。

二、信息收集阶段

（一）政府部门环境保护信息

主要内容包括政府各级部门的环境保护政策各种信息，政府的环境影响评价各种信息，政府对企业或项目的环境保护的监测信息，政府环境保护各种处罚与奖励信息。还包括全国和各地方的生态环境变化信息等。

（二）企业环境行为信息

对企业或项目在统计期间内所有变化的信息进行统计与分类。包括水环境信息、大气环境信息、固体废弃物信息、企业环境保护投资信息、企业环境保护技术变化信息、企业环境保护工艺变化信息等资料。

（三）社会环境保护信息

包括新闻机构类的环境保护信息、社会公众参与环境保护的各种信息，社会针对企业的环境行为投诉信息和社会各级组织针对企业或项目的奖励信息等。

三、信息处理阶段

（一）企业信息处理

主要工作是将三方面的信息进行综合，包括企业日常监测信息的处理，政府企业环境保护各种信息的汇总，社会环境保护信息的汇总等工作。

（二）银行机构贷款环境影响评价信息处理

包括企业环境行为调研报告、企业绿色信贷合约文本、企业贷款环境影响决策审批文件等。对评级资料进行分析、归纳和整理，并按规定格式填写信用评级工作底稿。

（三）银行机构贷款环境影响绩效信息处理

银行贷款环境影响绩效信息处理是将银行贷款环境影响评价信息、银行贷款绿色合约信息、银行贷款绿色跟踪信息的整合过程。具有信息量大、统计过程复杂、技术难度高的特点。需要信息平台的支持。

（四）银行贷款环境影响综合信息处理

此处的信息由银行机构和评价机构共同完成，需要双方合作，但又是相互监督的关系。要注意信息的分离，该工作是由绿色银行评级信息工作平台来完成。

四、初步评级阶段

（一）绿色银行评级专业机构根据信用评级标准的要求，把定性分析资料和定量分析资料结合起来，加以综合评价和判断，形成小组统一意见，提出评级初步结果。

（二）绿色银行评级专业机构写出《信用评级分析报告》，并向有关专家咨询。

五、确定等级阶段

（一）专业性评级机构向国家绿色银行评级综合管理机构及各部位绿色银行评级管理机构提交《绿色银行评级分析报告》。

（二）听取意见过程。各部位绿色银行评级机构、社会绿色银行评级参与组织评级委员会，听取专业机构详细汇报情况并以审阅评估分析为依据，最后以投票方式进行表决，确定绿色等级，并形成《绿色银行评级分析报告》。

（三）国家绿色银行评级综合机构向参评的银行机构和企业发出《绿色银行评级分析报告》征求意见，银行机构和企业在接到报告后应于5日内提出意见。如无意见，评级结果以此为准。

（四）参评机构如有意见，提出复评要求，提供复评理由，并附必要资料。国家绿色银行评级综合机构审核后给予复评，复评以一次为限，复评结果即为最终结果。

六、公布等级阶段

(一)媒体方式传播
绿色银行评级信息的媒体传播。主要包括各种报刊、网站等。

(二)报告方式传播
向社会环保组织报告,要以正式的文稿方式向社会环保组织汇报结果。

(三)索取方式传播
要容许社会各界人士、组织对绿色银行评级信息进行调取。

七、跟踪评级阶段

(一)建立绿色银行评级跟踪管理机制
绿色银行评级完成,只能代表此阶段的工作成果。绿色银行评级的目的是要建立一个可持续、可发展的绿色银行发展机制。所以对绿色银行的评级是一个长久的、动态的过程。专业性的评级机构要负责对其动态状况进行跟踪监测,及时、有效地反馈银行机构和企业的绿色信贷状况与环境行为状况。

(二)要建设绿色银行评级信息的反馈专用渠道
要及时对银行信贷行为状况信息进行反馈,绿色银行评级管理机构要把动态的行为信息反馈给各相应的管理部委、管理机构。要针对变化进行对策反应,使其成为国家环境保护的重要支柱与手段。

第二节 绿色银行评级指标

银行机构绿色评级是一个复杂的系统工程,银行的绿色绩效受到多种因素的影响,必须综合多方面的因素进行综合考虑,才能真正客观、正确反映银行的绿色成果。评级指标是指根据评级目标和评级主体的需要而设计，是以指标形式体现和反映评级对象特征的因素，指标是银行机构绿色评级的核心构成。银行机构绿色评级指标体系如图 5-1 所示。

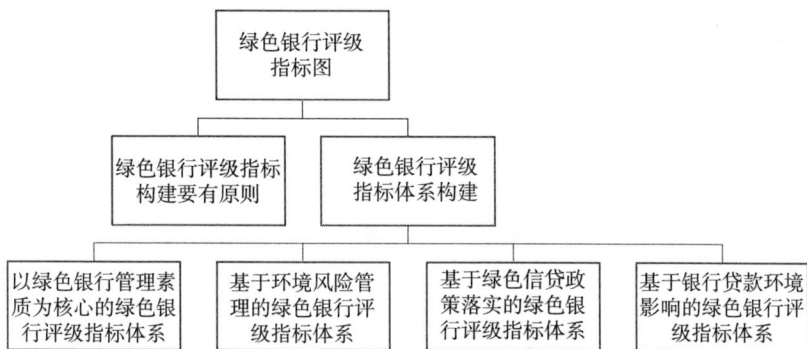

图 5-1　银行机构绿色评级指标体系图

一、绿色银行评级指标构建原则

（一）系统性和战略性相结合原则

整体最优是系统分析基本思想，长期安排是战略设计的基本思考。银行机构绿色评级是局部评级与整体评级的有机结合。银行机构绿色评级是银行绩效评级指标体系一个分系统。这就要求信用评级机构消除任何单位的干扰、不带行政色彩，评估标准必须客观公正，符合各国的相关法律法规，并且必须具有相当的社会权威。一般由独立的信用评级公司进行评估、分析和设计，银行机构绿色评级指标的设计要依据重要程度和逻辑关联度分析指标，分析指标体系的构成要合理。目的是通过指标的合理取舍和指标权重的设置，来达到突出重点，保持相对均衡，实现评级的最优化。

（二）全面综合性和科学性相结合原则

科学性是银行机构绿色研究与实践的第一要求，这一要求体现在把握银行绩效评级内涵的正确性和指标体系设计的完备性。同时，由于银行信贷活动和银行绩效本身受到多方面因素的影响，要求银行机构绿色评级指标体系是一个多维的整体系统。在银行机构绿色评级个体指标选取和体系评级指标设置时,既要坚持科学性,还要考虑全面综合性,使指标体系能够全面反映银行机构绿色评级的目的与要求。

(三)动态和静态相结合原则

银行机构绿色评级是一个静态构成与动态构成的结合。动态反映银行机构绿色的发生、发展与变化的过程。为了保证评级与社会发展的适用性,评级指标体系也需要随着生态、经济环境和绩效价值取向的变化而不断改进和发展。静态反映银行机构在绿色发展过程中的准备与长期的过程。评级指标体系在指标内涵、指标数量、体系构成等方面应保持相对的稳定,以保证评价活动的连续性和可比较性。

(四)定量和定性相结合原则

银行机构绿色评级本身就是一个对动态信息的加工、统计、分析与评价的过程,是以社会的生态环境价值观分析银行信贷行为与生态环境关系的过程。所以,定性与定量分析构成银行机构绿色评级的基本方法。绿色评级指标的选择既要包括定量分析要素又要包括定性分析要素,遵循定量指标和定性指标相结合的原则。

(五)可比性和可操作性原则

银行机构绿色评级就是将银行的绩效与过去、与同业、与国家的比较分析过程,所以,为有效地衡量所取得的进步和成绩,银行机构绿色评级指标在设计中要注意指标口径、方法的历史动态以及指标在空间范围内可比。

所谓可操作性就是指银行机构绿色评级指标设计的易理解性和相关数据收集的可行性,设计的指标实际上可以准确地衡量银行的信贷行为与生态环境之间的关系。银行机构绿色评级设计的评级指标,既要遵从研究的目的和要求,也要照顾到银行机构和外界环境客观条件的可能性。

(六)可拓展性原则

银行机构绿色评级是银行管理和社会环境管理中一个十分重要的理论和实践问题,对于引导、创新银行绿色管理行为具有重要的导向作用。合理、有效的银行机构绿色绩效评级指标能够促进银行机构的有序运转,提高银行绿色管理的效率和效能,实现银行绿色战略与目标。随着生态环境问题的不断演变,生态环境问题的重要性与日俱增,银行要生存和发展,必须具有战略眼光。银行要注重绿色发展的动态,以应对可能出现的各种新问题与新挑战,随时建立全新的、与时俱进的银行机构绿色评级指标体系。

二、绿色银行评级指标体系构建

指标是实施银行机构绿色评级的基础和客观依据,是银行机构绿色评级系统设计的核心问题。根据银行机构绿色评级的分类,银行机构绿色评级指标体系主要分为以下几种:

(一)以银行机构绿色管理素质为核心的银行机构绿色评级指标体系

主要包括战略指标子系统,组织管理指标子系统,技术水平子系统,信贷行为子系统和文化状况子系统。从五个维度进行银行机构绿色状况的评级,每一个子系统又是由几个二级指标构成,共同构成以素质评价为核心的银行机构绿色评级指标体系。

(二)基于环境风险管理的银行机构绿色评级指标体系

主要由单体的环境风险评价指标体系构成,包括环境风险制度评价、环境风险设备运行评价、环境风险技术状况评价、环境风险政策违法状况评价和周边环境风险社会反响评价等。每一个子系统里又包括各自行为的子指标和行为标准,指标和标准共同构成银行机构绿色评级的基础行为信息,成为环境风险的银行机构绿色评级指标系统。

(三)基于绿色信贷政策落实的银行机构绿色评级指标体系

绿色信贷政策是国家金融宏观调控部门基于生态环境发展保护要求,制定的一系列金融调控的措施与手段。落实国家金融调控政策是每一个银行应尽的社会责任,是银行参与环境保护的具体行动。绿色金融落实的评价需要通过指标的设计来反映,而这种反映需要一个完整的指标体系来完成。

银行落实国家绿色信贷政策角度的评价主要从整体和结构方面来进行。通过考核银行绿色信贷政策的状况,反映银行绿色信贷政策执行整体状况,其指标主要有绿色信贷总量、绿色信贷结构指标、绿色信贷增长指标、绿色信贷占比指标等;绿色信贷政策落实评价结构指标包括绿色信贷结构状况指标、绿色信贷单项占比指标、绿色信贷单项增长指标等。

（四）基于银行贷款环境影响的银行机构绿色评级指标体系。

本书的主线由银行贷款环境影响评价而展开,通过银行贷款环境影响评价的系列过程,得出单体银行机构的绿色化状况,对银行机构绿色化状况进行评级。而银行贷款环境影响评价又包括绿色信贷目标管理设计、绿色信贷准入条件、绿色信贷跟踪管理、绿色信贷绩效管理环节,进而进入银行机构绿色评级的过程。所以,银行机构绿色评价的指标体系是由一系列的指标体系所构成的,它分别反映银行信贷资金在运行过程中不同的阶段与生态环境的关系。总之,银行机构绿色评级指标是由一个系列的指标体系构成,这在以后的章节中分别论述。

第三节　绿色银行评级标准

标准是指对重复性事物和概念所做的统一规定。银行机构绿色评级标准是指评价判断对象绿色信贷行为状况的基准。银行绿色绩效评级标准构成银行绿色行为价值判断的标尺。随着生态环境系统和银行绿色信贷政策的变化,绿色评级的标准也在不断深度发展。

一、绿色银行评级标准

（一）标准在银行机构绿色评级过程中具有十分重要的特殊意义

其逻辑机理的起点是因为人类所需的生态环境是由一系列标准构成的,如,大气是人类生存的基本条件,而大气是由各种气体按一定的成分比例构成,一个比例失衡的大气系统的,会导致人类健康下降和死亡。所以人类对大气环境的要求是由一系列标准所构成的,这是一个严格的,不以人类意志为转移的行为。

（二）标准构成环境保护的基础

国家为保护人类的健康和生存环境,对污染物(或有害因素)容许含量(或要求)做出规定。这种规定由一系列的标准构成,包括大气标准、水标准、土壤指标、生态标准。每一个标准又由具体的数值构成,是一个科学、严谨的系统体系。该标准体系是人类社会进行环境保护政策、制度、方法制定与调控的主要依据,是环境保护的基础性行为。

（三）银行机构绿色评级由标准构成

银行机构绿色评级的本质是对银行信贷行为与生态环境关系状况的描述,这种描述是由一系列的标准构成。这是由于人类的健康需要一个标准化的环境体系,而环境保护也是由一系列的标准构成,所以银行机构绿色的状况是由一系列的标准构成,标准构成三者之间内在的逻辑关系。

银行参与环境保护当然也是由一系列的标准构成。标准也是银行机构绿色评级的基础性设计,有标准,方有评级,无标准,无法描述状况,就没有银行机构绿色评级的科学性、可行性、严谨性和可操作性,银行机构绿色的评级只能流于形式。

二、绿色银行评级标准体系

银行机构绿色评级标准体系如图 5-2 所示。

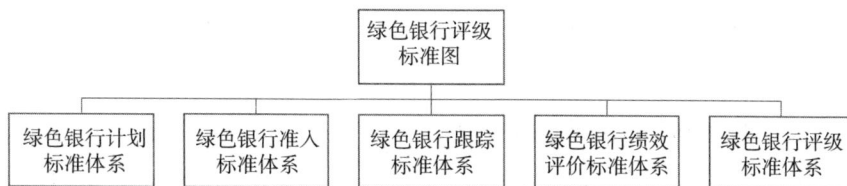

图 5-2 银行机构绿色评级标准体系图

（一）银行机构绿色计划标准体系

银行机构绿色计划标准是指由银行机构的决策层与管理层,根据生态环境危机的状况,国家环境保护的力度,环境保护技术状况,银行机构绿色战略及银行机构绿色管理能力所制定的绿色信贷的发展计划与目标。银行机构绿色计划标准是银行机构发展的行动指南,银行机构关于绿色发展的所有部署都是基于绿色计划而展开的,各种资源的配置都是根据绿色发展计划而进行的。

银行机构绿色计划标准构成银行机构绿色评级的基本指向,形成银行机构绿色评级的基础。计划标准对银行机构绿色评级的工作具有三重作用,一是构成银行机构绿色评级的基本底线,没有完成计划的任务,说明银行机构绿色的工作是不达标的,是不合格的;二是计划标准构成银行机构绿色评级比较分析的基础,所谓结合增长率是指基于计划目标的完成程度;三是计划标准可以起到银行机构信贷行为的引导作用,引导银行机构信贷资源配置的方向与结构,进而影响国家的资源配置方向与结构。

(二)银行机构绿色准入标准体系

银行机构绿色准入标准是银行基于国家生态环境保护和本银行参与环境保护的政策、制度而制定的贷款对象准入的门槛。通过准入标准的执行,可以为银行信贷资源的优化配置打下第一道门槛,为实现商业银行的经济效益和生态环境效益的双丰收打下基础。

这种标准包含两部分内容,一是对国家法律、法规、规章、办法等强制性执行,这是商业银行经营合法性的要求,是商业银行必尽的责任,这个门槛是银行和贷款企业都必须遵守的;二是本机构的门槛,任何一个优化机构要形成自己的核心竞争力,都必须有自己的战略选择。银行机构绿色化同样如此,银行机构要根据自己的能力培育有自身竞争力的市场,门槛是第一重的选择。

(三)银行机构绿色跟踪标准体系

跟踪是银行机构为保证资金的回收,保证资金的使用方向,保证资金的使用用途,保证资金的使用安全而采取对企业跟踪管理的全过程。绿色信贷行为同样如此,为保证绿色信贷资金的方向、用途和安全,银行机构必须建立绿色跟踪的管理制度,确保绿色资金的使用。

绿色信贷跟踪标准是绿色信贷管理中的必要环节,通过绿色信贷工作标准,我们可以及时地发现绿色信贷资金运动过程中所存在的问题。并针对所发现的问题制定改进的措施,进而保证绿色信贷资金按绿色信贷合约的计划执行,进而实现银行机构绿色的目的。同时该标准也形成银行机构绿色评级过程指标的标准。

(四)银行机构绿色绩效评价标准体系

银行机构绿色信贷行为绩效评价是银行机构绿色评级过程中非常重要的一环,是基于对银行机构贷款行为成绩与效果的分析。同时又构成银行机构绿色评级的基础,银行机构绿色评级的信息直接源于银行机构绿色贷款环境影响绩效评价的结果,是银行贷款环境影响绩效评价结果的直接运用。

银行机构绿色绩效评价标准是指在银行贷款环境影响绩效评价过程中所使用的尺度与标杆。通过银行贷款环境影响绩效的评价,可以深度地反映银行信贷资金运用的状况、银行贷款与企业环境行为之间的关系以及银行贷款与生态环境之间的关系。该评价的结果可以直接运用在评级的过程中。该标准是银行机构绿色评级过程中的核心标准。

(五)银行机构绿色评级标准体系

银行机构绿色评级指标是指银行机构绿色评级划分过程中所使用的标准。具体在制定过程中应注意以下状况:一是要与银行机构绿色评级的基本目的紧密连接,要反映银行信贷行为与企业环境行为的关系,要反映银行信贷行为与生态环境之间的关系。二是要把握标准是为管理服务的,标准的目的是为更加有效地实施银行机构绿色的管理工作,是使银行机构绿色管理更加精准化。三是标准涉及未来银行业竞争的秩序,所以标准的制定要更加公平、公正,要取得社会大众的广泛认可。

三、银行机构绿色评级制定流程

流程管理是银行机构绿色评级公正性的保证,流程管理在银行机构绿色评级的各个环节具有各自的特点。要根据每一个环节所处的具体环境设置相应的流程,以保证流程设计的科学性和完整性。银行机构绿色评级流程基本要经过以下几个必要的步骤。

（一）银行机构绿色评级信息收集

这是银行机构绿色评级工作的基础性环节，包括企业环境行为信息收集、政府环境信息收集、社会环境信息收集及金融机构环境行为信息收集等。

（二）银行机构绿色评级对象的确定

银行机构绿色评级过程中，每一个环节的对象都有所不同。要明确每一个环节的评价对象与用途，以保证银行机构绿色评级各环节过程的一致性。

（三）银行机构绿色评级根据的选择

银行机构绿色评级根据的选择要保持前后的一致性，每一个层次的指标、标准、方法都要保持其内在的联系，保持其内在逻辑的衔接，并为最后的目标服务。

（四）银行机构绿色评级的决策

银行机构绿色评级的决策是银行机构绿色评级的核心环节，要注重几个问题，一是决策的科学性；二是决策的社会性；三是决策的程序性；四是决策的技术性。

（五）银行机构绿色评级结果

一是评级结果的形式要严谨；二是评级过程的信息要公布；三是评级主要内容要公开。

第四节　绿色银行评级方法

评级方法是获取绩效评级信息的手段。只有借助于一定的评级方法，才能实施对评级指标和评级标准的运用，取得公正的评级结果。如果没有科学、合理的评级方法，评级指标和评级标准就成了孤立的评级要素，也就失去了其本身存在的意义。

在银行机构绿色评级过程中，评级方法占据非常重要的位置。但由于评级是一个完整的体系,每一个评级过程由于所处的条件、目标的不同,所采用的方法也不同。所以银行机构绿色评级的方法分散在各个环节之中,分别在各个环节中对方法进行阐述。在本节就不再细述。

基于制度的功能理论的银行机构绿色评级制度设计,有利于绿色信贷评级制度的建设,能够做到用制度促进绿色信贷评级功能的最优化,进而调节金融资源的分配,并在社会成本和私人成本之间取得较为优化的平衡关系。

银行机构绿色评级制度的建设是一个制度体系的建设,在银行机构绿色评级基本目标的指引下,各自制度分别采取不同的制度方式,以针对不同的用途与目标需要,成为银行机构绿色评级制度设计的基本理论。

第五节　绿色银行评级等级

一、绿色银行等级划分标准划分经验的借鉴

绿色银行评级等级划分没有一个完整的经验可以借鉴,我们只能在同一属性的信用评价等级划分行为中进行类比借鉴。在国际上我们可以借鉴标准普尔、穆迪、惠誉国际的信用等级划分方法,在国内借鉴大公国际信用评价公司的等级划分评级方法。

(一)标准普尔的信用

等级划分

标准普尔是世界性权威金融分析机构,成立于1860年,是为投资者提供信用评级、独立分析研究、投资咨询等服务的机构,其中反映全球股市表现的标准普尔全球1200指数和为美国投资组合指数的基准的标准普尔500指数等一系列标准为其主要贡献。具体的划分方法见表5-1。

1. 长期债务评级

表 5-1　长期债务评级

级　　别	评　　定
AAA	最高评级。偿还债务能力极强。
AA	偿还债务能力很强,与最高评级差别很小。
A	偿还债务能力较强,但相对于较高评级的债务/发债人,其偿债能力较易受外在环境及经济状况变动的不利因素的影响。
BBB	目前有足够偿债能力,但若在恶劣的经济条件或外在环境下其偿债能力可能较脆弱。
BB	相对于其它投机级评级,违约的可能性最低。但持续的重大不稳定情况或恶劣的商业、金融、经济条件可能令发债人没有足够能力偿还债务。
B	违约可能性较"BB"级高,发债人目前仍有能力偿还债务,但恶劣的商业、金融或经济情况可能削弱发债人偿还债务的能力和意愿。
CCC	目前有可能违约,发债人须倚赖良好的商业、金融或经济条件才有能力偿还债务。如果商业、金融、经济条件恶化,发债人可能会违约。
CC	目前违约的可能性较高。R 由于其财务状况,目前正在受监察。在受监察期内,监管机构有权审定某一债务较其它债务有优先偿付权。
SD/D	当债务到期而发债人未能按期偿还债务时,纵使宽限期未满,标准普尔亦会给予"D"评级,除非标准普尔相信债款可于宽限期内清还。此外,如正在申请破产或已作出类似行动以致债务的偿付受阻时,标准普尔亦会给予"D"评级。当发债人有选择地对某些或某类债务违约时,标准普尔会给予"SD"评级(选择性违约)。
NP	发债人未获得评级。

2. 短期信用评级

表 5-2　短期信用评级

级　　别	评　　定
A-1	偿还债务能力较强,为标准普尔给予的最高评级。此评级可另加"+"号,以表示发债人偿还债务的能力极强。
A-2	偿还债务的能力令人满意。不过相对于最高的评级,其偿债能力较易受外在环境或经济状况变动的不利影响。

续表

级　别	评　定
A-3	目前有足够能力偿还债务。但若经济条件恶化或外在因素改变,其偿债能力可能较脆弱。
B	偿还债务能力脆弱且投机成分相当高。发债人目前仍有能力偿还债务,但持续的重大不稳定因素可能会令发债人没有足够能力偿还债务。
C	目前有可能违约,发债人须倚赖良好的商业、金融或经济条件才有能力偿还债务。由于其财务状况,目前正在受监察。在受监察期内,监管机构有权审定某一债务较其它债务有优先权。
SD/D	当债务到期而发债人未能按期偿还债务时,即使宽限期未满,标准普尔亦会给予"D"评级,除非标准普尔相信债务可于宽限期内偿还。此外,如正在申请破产或已作出类似行动以致债务的付款受阻,标准普尔亦会给予"D"评级。当发债人有选择地对某些或某类债务违约时,标准普尔会给予"SD"评级(选择性违约)。

表5-1 长期债务评级单位:

(二)穆迪公司的信用等级划分

穆迪投资服务有限公司是美国评级业务的先驱,也是当今世界评级机构中最负盛名的一个。它不仅对国内的各种债券和股票进行评级,还将评级业务推进到国际市场。穆迪信用评级级别由最高的 Aaa 级到最低的 C 级,一共有二十一个级别。评级级别分为两个部分,包括投资等级和投机等级。

投资级别评定说明:

Aaa 级:优等信用质量最高,信用风险最低。利息支付有充足保证,本金安全。为还本付息提供保证的因素,即使变化,也是可预见的,发行地位稳固。

Aa 级(Aa1,Aa2,Aa3):高级信用质量很高,有较低的信用风险。本金利息安全,但利润保证不如 Aaa 级债券充足,为还本付息提供保证的因素波动比 Aaa 级债券大。

A 级(A1,A2,A3):中上级投资品质优良。本金利息安全,但有可能在未来某个时候还本付息的能力会下降。

Baa 级(Baa1,Baa2,Baa3):中级保证程度一般。利息支付和本金安全现在有保证,但在相当长远的一些时间内具有不可靠性。缺乏优良的投资品质。

投机级别评定说明:

Ba 级(Ba1,Ba2,Ba2):具有投机性质的因素不能保证将来的良好状况。还本付息的保证有限,一旦经济情况发生变化,还本付息能力将削弱,具有不稳定的特征。

B 级(B1,B2,B3):缺少理想投资的品质还本付息,或长期内履行合同中其它条款的保证极小。

Caa 级(Caa1,Caa2,Caa3):劣质债券有可能违约,或现在就存在危及本息安全的因素。Ca 级高度投机性经常违约,或有其它明显的缺点。C 级最低等级评级前途无望,不能用来做真正的投资。

(三)大公国际信用等级划分

大公国际资信评估有限公司是中国信用评级与风险分析研究的专业机构,是中国行业、地区、国家信用评级标准创立者之一。其中最具参考性的是长期债务评级和短期债务评级分类的方式。

1. 长期债务评级

大公国际将长期债券信用等级划分为三等九级,符号表示分别为:AAA、AA、A、BBB、BB、B、CCC、CC、C。等级含义如下:

AAA 级:偿还债务的能力极强,基本不受不利经济环境的影响,违约风险极低。

AA 级:偿还债务的能力很强,受不利经济环境的影响不大,违约风险很低。

A 级:偿还债务能力较强,较易受不利经济环境的影响,违约风险较低。

BBB 级:偿还债务能力一般,受不利经济环境影响较大,违约风险一般。

BB 级:偿还债务能力较弱,受不利经济环境影响很大,有较高违约风险。

B 级:偿还债务的能力较大地依赖于良好的经济环境,违约风险很高。

CCC 级:偿还债务的能力极度依赖于良好的经济环境,违约风险极高。

CC 级:在破产或重组时可获得保护较小,基本不能保证偿还债务。

C 级:不能偿还债务。

除 AAA 级,CCC 级以下等级外,每一个信用等级可用"+""-"符号进行微调,表示略高或略低于本等级。

2. 短期债务评级

大公国际将短期债券信用等级划分为四等六级,符号表示分别为:A-1、A-2、A-3、B、C、D。等级含义如下:

A-1 级:为最高级短期债券,其还本付息能力最强,安全性最高。

A-2 级:还本付息能力较强,安全性较高。

A-3 级:还本付息能力一般,安全性易受不良环境变化的影响。

B 级:还本付息能力较低,有一定的违约风险。

C 级:还本付息能力很低,违约风险较高。

D 级:不能按期还本付息。

每一个信用等级均不进行微调。

二、绿色银行等级划分标准

(一)绿色银行等级划分

1. 绿色银行等级划分

绿色银行等级划分是指在信贷行为整个绩效分析的基础上,通过一定符号的设置,向评级结果使用者提供反映银行机构或银行业在一段时期内,银行信贷资金与生态环境系统关系变化状况程度的信息。绿色银行等级划分的设置是一种评价信息表达和传输的方式,如果等级符号复杂难辨,含义说明晦涩难懂,那么这样的评估信息就难以被社会所了解与接受。因此,有必要对绿色银行评级后的等级进行科学合理设置,具有通俗性、大众性、可阅读性和可理解性。

2. 绿色银行等级划分要求

绿色银行等级的划分要以绿色银行评级的最终目的为基本目标,要反

映绿色银行评级的目的与要求。绿色银行等级划分是以科学性、社会性、政策性、精准性和样本状况为基本依据而进行的,具体如下:

(1)科学性要求。科学性是指绿色银行等级的划分要能够符合生态环境运行规律与状况,反映银行信贷资金运动与生态环境变化之间的关系,能够反映银行机构绿色化能力的程度。只有这样,才能真实的反映绿色银行等级情况,达到绿色银行评级的目的。

(2)社会性要求。所谓社会性要求有两点:一是要体现绿色银行评级的公平与公正,绿色银行评级的目的是生态环境的改善与提升。这属于社会公共利益的范畴,代表着社会大众利益的满足;二是绿色银行等级的划分,要通俗易懂、简单明了,方便大众的理解与支持。

(3)政策性要求。政策性要求包括两个方面,一是生态环境保护政策的要求,就是要求绿色银行评级的活动要与国家生态环境保护的政策紧密连接,保证国家生态环境保护的政策在银行领域的延伸与实现;二是体现金融政策的要求,要反映国家在金融领域各项政策的要求,为实现金融环境风险的控制,实现金融稳定服务。

(4)稳定性要求。绿色银行评级是一项长期性的工作,只有通过长期的评价与等级的划分,才能达到促进、督促、警示、监督的评级作用。所以,绿色银行等级标准一旦制定就不能轻易地变动,否则,前后的不一致就无法起到以上要求的作用。就直接影响参评银行机构的积极性,无法把绿色银行评级活动形成一个可持续、可发展的有效机制。

三、绿色银行评级等级标准

由于绿色银行评级的本质是反映银行贷款行为与生态环境之间的关系状况与程度。在形式上,反映的是银行贷款行为与企业环境行为之间在贷款期间内的变化状况与程度。这种变化的程度可以用等级的方式来反映,并最终为促进生态环境的维护与改善服务。

根据绿色银行评级的基本要求,为保障绿色银行评级活动的规范化、规制化和标准化。根据中国人的历史认知方式与理解,我们认为我国的绿色银行评级标准应分为九个层级,从高到低的顺序,反映银行的绿色化状况从好到差的状态。用符合的方式表达为:AAA、AA、A;BBB、BB、B;CCC、CC、C。

(1)AAA级:该机构评估分应在90—100分之间;表示该银行机构的绿色化发展状况处于非常优秀的状态。各项行为指标与标准都达到国内、国际的先进水平。该银行机构在贷款对象的选择上,符合生态环境运动规律的要求,银行与企业在生态环境关系上互动好,代表着我国绿色银行的顶级水平。

(2)AA级:该机构评估分应在80—89分之间;表示该银行机构绿色化状态可以进入优秀状态。该机构信贷运行与企业环境行为之间存在良性的互动关系。各项绿色行为指标状况显示该机构的绿色化状况可以达到国内银行业绿色化状况的先进水平。可以成为我国绿色银行的表率。

(3)A级:该机构评估分应在70—79分之间;表示该银行机构的绿色化状况可以进入良好的状况。该机构的信贷运动与企业环境行为之间基本处于良性状态。但各项指标的状况只能处于行业的良好水平,在某些指标或行业进入上有需要改进的空间。

(4)BBB级:该机构评估分应在60—69分之间;表示该银行机构的绿色化发展状况处在能够满足国家的环境保护法律法规的各项要求,在一定的程度上推进企业环境保护的维护与改善。但该银行机构的绿色状况仍需要进行改进。

(5)BB级:该机构评估分应在50—59分之间;表示该银行机构的绿色化发展状况基本满足国家和社会发展环境保护的要求水平。企业环境行为与银行贷款之间有较大的改善空间。该银行机构的绿色化程度有较大的改进空间。绿色银行评级管理机构应对其绿色化管理进行辅导。

(6)B级:该银行机构的评估分应在40—49分之间;该银行机构的绿色化状况与国家和社会对该银行机构的期望程度有一定的差距。该银行机构的信贷行为与企业环境行为之间没有形成满足社会绿色发展需要的关系。该银行机构的绿色化需要进行改进。绿色银行评级管理机构应对其管理状况进行辅导改进。

（7）CCC级：该银行机构的评估分应在30—39分之间；该银行机构的绿色化程度与国家和社会的期望具有较大的差距。该银行的信贷行为与企业环境行为之间基本没有形成互动关系。银行需要重新考虑该企业的贷款需求。该银行机构必须进行深度的绿色化改革，以满足社会对其的期望。绿色银行评级管理机构应下发该机构绿色化改进体制书，督促改进绿色管理状况，并对其进行一定的处罚。

（8）CC级：该银行机构的绿色评级分应在20—29分之间；该银行机构不能满足社会和国家对其绿色化的要求，在银行机构绿色信贷行为要求与企业环境行为之间存在矛盾。需要停止和收回该企业的贷款。绿色银行评级管理机构应对该银行进行绿色化教育，对其行为进行分类处罚，督促改进。

（9）C级：该银行机构评估得分应在10—19分之间。该银行机构不能满足国家和社会对其绿色化改革的要求。银行信贷行为与企业环境行为之间没有形成绿色关系。应对其采取教育、行政处罚、人员处罚和经济处罚等各项措施，以督促其改变现有的状况。

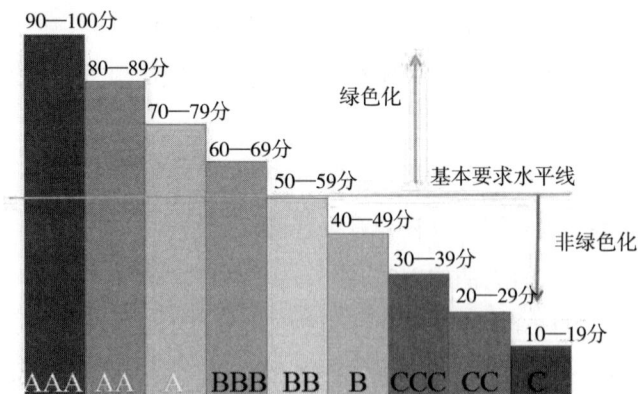

图5-3　绿色银行评级标准的九个层级示意图

第六节 绿色银行评级报告

一、绿色银行评级报告

绿色银行评级报告是绿色银行评级工作的最终成果,是在对大量评级资料信息进行系统分析和逻辑分析基础上,综合判断得出的结果。报告要用文字报告形式表达出来,提供给各级管理机构和社会组织的汇报性材料。绿色银行评级报告的结构必须条理清楚,层次分明,系统完整地表述绿色银行评级的结论。

绿色银行评级报告除了主报告外,还要附一份绿色银行评级分析报告。绿色银行评级报告是绿色银行评级工作的总结报告,绿色银行评级分析报告是绿色银行评级报告的具体化。它要围绕绿色银行评级报告的评估结论,系统地表述绿色银行评级的过程,包括信息的采取、标准的应用、指标的设计与应用、指标数据来源、方法的采用、评级的程序以及评估结论形成的根据等内容。

二、绿色银行评级报告的主要内容

(一)序言

在序言中,主要是对《XXX绿色银行评级报告书》的工作要点进行阐述,表明该银行机构对绿色发展和可持续发展的决心与态度。

(二)报告主体状况

这部分主要是对报告主体进行全方位阐述。为绿色银行评级报告的利用者理解绿色银行报告书内容的信息以及对绿色银行评级信息进行评价,了解一些银行机构的背景资料。

(三)绿色方针、组织体系、制度体系

该部分是对报告组织制度的可持续发展方针以及为实现可持续发展方针而建立起来的组织体系、管理体系、管理制度以及工作程序进行说明。

（四）企业或项目的环境行为状况说明

企业或项目的环境行为状况是绿色银行评级的基础同时也是绿色银行评级的基本目标,绿色银行评级的目的就是推进企业环境行为的改进。所以,该部分的主要内容为:1.企业种类;2.企业属性;3.企业环境技术状况;4.企业环境状况;5.企业环境分析状况;6.同行业的汇总分析。

（五）银行贷款的环境绩效影响说明

主要内容包括:1.绿色合约的签订状况;2.银行贷款准入状况分析;3.银行贷款环境影响状况分析;4.绿色银行贷款环境影响绩效状况。

（六）银行机构绿色发展概述

概述是为了把绿色发展纳入银行战略、决策和进行绿色信贷评估所进行的对报告主体能力和取得成果的综合论述。重点阐述类银行机构贯彻绿色发展方针,协调环境、社会、经济三方面关系的总括性说论述。

第六章　绿色银行评级机制

第一节　绿色金融评级机制

一、机制概念

机制一词来源生物学和医学,是指有机体内发生的生理或病理变化时,各器官之间相互联系、作用和调节的方式,事物之间的相互联系与作用方式。后来,人们将"机制"一词引入经济学的研究,用"经济机制"一词来表示一定经济机体内,各构成要素之间相互联系和作用的关系及其功能。

机制概念的理解要把握三点,一是事物各个部分的存在是机制存在的前提,因为事物有各个部分的存在,就有一个如何协调各个部分之间的关系问题;二是协调是组织运行的基本条件,各个部分之间关系的协调,一定是一种具体的运行方式;三是机制是以一定的运作方式把事物的各个部分联系起来,使它们协调运行而发挥作用的。这种运行方式是由事物的特点和规律所决定,运行方式的设计要符合事物变化的内在要求。

二、机制的作用

（一）协调作用

协调的作用是为消除管理系统中诸要素之间以及管理过程、各阶段或各环节之间的矛盾或不和谐现象,使组织的各个部门、个人之间的努力统一到组织的总计划和总目标上,以保持系统的整体平衡,使各局部步调一致,以有利于总体优势的发挥。

（二）动力作用

欲望和探索是一切动力力量的来源。管理系统的运转需要一个可持续的、稳定的动力来源，以保证管理系统运行的可持续性和稳定运行。现代管理中将动力分为三类，一是物质动力；二是精神动力；三是信息动力。正确运用动力，才能使管理持续而有效地进行。

（三）连接作用

机制的运行，把系统内的各个部分有效地连接在一起。在制度的约束下，共同形成一个有机的联系系统。进而完成系统的运行与价值的提升，完成系统目标所授予的各项任务。

三、绿色银行评级机制

（一）绿色银行评级机制

绿色银行评级机制是指绿色金融评级体系各构成要素之间相互联系和作用的关系及其功能。绿色银行评级本身就是一项十分复杂的系统性工程，它不仅仅是银行机构内部的运作过程，同时涉及政府环境保护部门、金融监管部门、社会的环保组织机构、社会大众的参与等。这些部门与人员的协同工作，需要机制把他们联系在一起，形成共同目标下的工作。所以，绿色金融评级机制设计在整个绿色金融评级工作中具有非常主要的作用，成为绿色金融评级工作能否成功的关键要素。

（二）绿色银行评级机制建设特点

绿色银行评级是一个巨大的系统，横向的跨越之大，纵向延伸之长，是一般系统难以想象的。绿色银行评级机制的设计就是为把这个跨越大、延伸长的系统有机的联系在一起，共同完成绿色银行评级的任务和目标。

虽然绿色银行评级是在政府主导下进行，但绿色银行评级机制的建设依然有自己的运行规律所寻。遵守绿色发展和经济发展过程中的各种规则依然是绿色银行评级机制的建设必须考虑的问题。需考虑的问题主要有：

1. 运行机制多种多样

绿色银行评级机制的设计是一个多模式的设计。究其原因，是因为绿色银行评级过程中所涉及的机构所有制是多种多样的。从银行机构看,有国有性质的银行机构,有股份制银行机构,合作制商业银行等;从企业来看,有私营企业,有国营企业,有股份制企业等。各种性质的企业交往,需要不同的机制。用不同的机制满足不同的利益诉求。

2. 具有双向互动性

绿色银行评级是一个双向的互动过程。一方面,是评级机构对银行和企业的环境关系进行定期的评价,以发现这种关系的变化对生态环境系统的影响状况;另一方面,银行机构和企业也通过评价发现的问题,不断地改进银行机构绿色信贷行为和企业的环境行为,以适应绿色银行发展的需要和社会的绿色发展诉求。

3. 具有相对的独立性

绿色银行评级活动机制的设计具有自己相对独立的关系结构、作用方式和功能作用,是一种相对独立的运作系统。我们可以在既定的政府管理框架下,按照政府管理与市场机制结合的特点,灵活地设计和建立具有特定功能作用的机制,使之成为绿色银行评级的运作载体和手段。

4. 社会价值是机制的主导

绿色银行评级的根本目的是为人类社会的共同利益服务,增加生态环境的空间。绿色银行评级机制是实现协调发展的重要机制。基于其社会生态环境价值的属性,既需要运用国家权力系统通过行政法令等手段来确立和推广绿色价值观念,制定和推行绿色发展的目标,又需要基于人性的市场机制的建设,通过激励、处罚等措施保证绿色银行评级的顺利进行。

第二节　绿色银行评级实施机制

一、绿色银行评级实施机制

绿色银行实施机制是为了确保绿色银行的各项规则得以执行所进行的相关制度安排。它是绿色银行制度安排中的关键一环。它们与绿色银行正式制度和绿色银行非正式制度共同构成一个完整绿色银行制度,是一个不可分割的整体。绿色银行实施机制的建立是绿色银行制度得以实施和质量的保证。究其原因,源于以下几个方面:

(一)绿色银行制度的复杂性,绿色银行前端涉及绿色信贷的环境行为评价,评级链较长,从企业贷款和项目贷款的环境行为评价,到银行绿色银行的评级,中间要经过2至3层的关系,如果没有建立机制,没有一定的激励与惩罚,制度的实施是不可能实现的。

(二)人的有限理性以及机会主义行为倾向,商业银行作为企业,成本的核算,利益的压力,是不可能自愿实施绿色金融的,只有在外在的压力和内在的要求下,商业银行才能把精力投入到绿色信贷之中。

(三)合作者双方信息不对称,企业作为环境信息的实际控制人,基于自身利益是不愿意把相关的环境信息进行完整真实披露的,企业环境信息披露的不完整不真实,直接影响商业银行绿色信贷的透明度和实际效果,容易导致目标与实际的偏离。

二、绿色银行制度实施运行机制建设

绿色银行是在各自系统运行的基础上得以实施的,这其中包括企业贷款绿色准则、贷款决策准则、企业贷款绿色评价等一系列的自系统的运转。绿色银行运行机制,是引导和制约绿色贷款决策并与人、财、物相关的各项活动的基本准则及相应制度,是决定行为的内外因素及相互关系的总称。要保证绿色银行评级工作目标和任务真正实现,必须建立一套协调、灵活、高效的运行机制。

三、绿色银行制度实施动力机制

绿色银行的动力机制是指绿色银行评级管理系统动力的产生与运作的机理。企业运行的动力来自商业银行内部不同行为主体对自身利益的追求。绿色银行制度实施动力,是通过激发企商业银行内部的利益动机,形成企业绿色银行评价运行所必要与必需的动力。

绿色银行是一项涉及全面利益的行为,是商业银行应尽的社会责任。因此,绿色银行行动需要内部全员参与,社会各界共同参加的活动,它需要充分调动与发挥商业银行员工和社会的积极性、主动性和创造性。绿色银行评级的动力机制主要由以下三个方面构成。

（一）利益驱动机制建设

这是绿色银行制度运行动力机制中最基本的力量,是由经济规律决定的,符合人性的基本特点与要求。要把绿色银行评级与商业银行效益机制、分配机制和激励机制紧密结合,以调动商业银行全员参与的积极性。形成一个基于全面利益的新的绿色银行运动机制。

（二）政令推动实施机制

政令推动是由社会规律决定的。绿色银行评级是一项社会工作,需要全社会的参与和帮助。在绿色银行评级制度的执行过程中,管理者（政府、商业银行）通过下达命令等方式,要求机构及员工完成工作。

（三）社会心理实施机制

社会心理推动是由社会与心理规律决定的。要在银行机构内部形成绿色文化的氛围,以绿色思想引导、控制绿色的行为。例如:管理者通过对员工进行生态环境观的教育,启发机构员工的思想转变,以调动员工的参与积极性。

第三节　绿色银行评级约束机制

绿色银行制度实施的约束机制是指为保证绿色银行评级组织有序运转,充分发挥其作用,进而规范银行机构和评价机构成员的行为,经法律或法规、规则的程序制定和颁布执行的,具有规范性要求的绿色银行评级约束机制的总称。目的是为保证绿色银行评级制度的有效运行,保证评级的公正性和维护绿色银行运行的秩序。具有对绿色银行评级的管理系统行为进行限定与修正的功能。

一、绿色银行评级约束机理

绿色银行评级约束机制按约束形成的机制,约束机制可以分为外生性和内生性两种。外生性约束机制是在绿色银行评级过程的运行外部形成的,如外部组织的介入,评级可以聘请与该银行机构无利益关系的第三方介入到评级的过程,以保证评级是在公平、公正的条件下运转。内生性约束机制是绿色银行评级运行过程中由银行业内部形成的约束机制。如银行业协会作为代表参与到绿色银行的评价过程中。现在对绿色银行的评价工作基本是以银行业为代表进行的,但事实证明这种方式的效力有限,根本原因是协会是一个行业的自律组织,成员由行业的各银行机构组成,行业协会与各银行机构具有千丝万缕的经济联系,且对行业协会的约束力本身就是有限的。所以,以行业协会为代表牵头绿色银行评级工作,难保利益的牵涉。进而影响评价的公正性,影响绿色银行评级的真实效果。

二、绿色银行评级权力、利益、责任与心理的约束

绿色银行评级约束机制可以按约束方式分为权力约束、利益约束、责任约束和社会心理约束。权力约束就是对绿色银行评级的过程,利用权力进行约束。这个过程即包括运用权力对绿色银行评级行为进行的约束,同时又包括对权力的拥有与运用进行约束,设计较为复杂。

(一)绿色银行评级利益约束

绿色银行评级的利益约束是指以物质利益为手段,对运行过程施加影响,对运行过程中的利益因素加以约束的机制设计。利益是人类社会进步的源泉,这是由人类的本性所决定的,运用物质利益开展绿色银行评级,符合企业运行管理的动力要求,但也要注意度的限制。

(二)绿色银行评级责任约束

绿色银行评级责任约束指通过明确评级机构及相关人员的责任,来限定或修正绿色银行评级的行为。责任约束是绿色银行评级注意约束设计,必须以强制力加以保障其执行效果。

(三)绿色银行评级心里约束

心理约束是一种软约束行为,是通过人心理绿色观念的注入,把心理变为行为的过程。当人的心理接受绿色观念时,其行动是发自内心的,是一种自觉的行为。在绿色银行评级前和绿色评价过程中,要运用教育、激励和社会舆论、道德与价值观等手段,对组织人员行为进行约束与激励。

第四节　绿色银行评级质量机制

一、绿色银行评级质量

质量包含两个含义,一是使用要求,既人们使用产品,对产品是否满足提出一定的要求。如功能的满足、服务的满足、心理的满足等等;二是满足程度的要求,这是在满足基础上提出的,既满足分为最低的和最好的,是要求能否做到更好,以满足人内心的欲望的延伸下要求。

绿色银行评级是一项完整的活动。绿色银行评级活动的产出就是贷款企业的生态环境变化状况,既由于绿色贷款的发放对企业环境行为的影响状况。所以,绿色银行评级是为了满足人类社会发展对生态环境的内在要求而产生,以正向变化度的方式表达生态环境变化的程度。绿色银行评级的质量就是要真实、客观、全面地反映这种变化的状况,这就是绿色银行评级活动的质量内涵。

二、绿色银行评级质量机制

绿色银行评级质量管理是在评级质量方面指挥和控制组织的协调活动,通常包括制定绿色银行评级的质量方针、目标以及质量策划、质量控制、质量保证和质量改进等活动。绿色银行评级质量管理包括三个方面的工作。

第一,成立质量管理机构。其主要任务包括:体系建设的总体规划;制订质量方针和目标;按职责部门进行质量职责的分解。由各职责部门领导

(或代表)参加的工作机构。工作机构一般由质量部门和计划部门的领导共同牵头,其主要任务是按照体系建设的总体规划具体组织实施。

第二,建立质量跟踪管理体系。质量的管理是一个全程性管理,是从目标的制定,到客户的选择,到客户贷款基础,再到客户环境绩效评价,再到绿色银行的评级的完整过程。期间任何一个因素的变化,都可能影响绿色银行评级的真实结果。所以,质量跟踪是绿色银行评级活动的保障。

第三,建立绿色银行评级质量管理标准。在绿色银行评级规划的基础上应制定绿色银行评级质量标准体系,以绿色银行评级的质量控制做到有章可循,通过绿色银行评级质量控制的效率与质量,推进整个绿色银行评级活动的良好完成。

第五节　绿色银行评级惩治机制

一、绿色银行评级惩治机制

绿色银行评级是一项复杂的系统工程,由于其横向的跨度大,纵向的延伸长,造成其管理的难度较高。且由于绿色银行评级的过程本身就是对利益的评判过程,涉及各个利益主体的经济利益、品牌利益、声誉利益、形象利益、社会影响利益,等等。如果不在评级的惩治上加大力度,必定会造成各种问题的产生,这是由人性所决定的,是不以人的意志为转移的。

绿色银行评级惩治机制是指在绿色银行评级的过程中,由于人为的原因,给绿色银行评级造成损失,对其行为人和行为机构进行法律手段、经济手段和道德手段的惩治方式。目的是保证绿色银行评级活动的真实、有效和公正与公平。

二、绿色银行评级惩治成因分析

在绿色银行评级过程中出现问题的主要风险点由以下几个方面构成:

（一）信息造假与泄露风险

信息造假风险是指在绿色银行评级活动过程中,参与人或机构出于维护自身不当利益的动机,故意伪造虚假数据,以骗取评价升级的行为;信息泄露风险是指在绿色银行评级活动过程中,参与人或机构出于不当的动机,故意泄露评级信息,给绿色银行评级带来失真或非公正、非公平现象的风险。

（二）人为操纵风险

绿色银行评级过程中可能出现的人为干扰、操纵评级行为的风险。该风险主要出现在银行信贷部门对企业环境行为进行评价的过程,基于未来利益的考虑,出现人为的操纵整个评级的过程,弄虚作假,欺骗公众和评级机构的行为。

（三）行贿、受贿风险

行贿风险是指接受绿色银行评级过程的企业或绿色银行评级过程中的银行机构,为获取"不正当利益",给予绿色银行评级机构或人员各种不当利益的风险。受贿风险是指绿色银行评级机构或绿色银行评级机构的工作人员利用职务便利,索取他人财物,或者非法收受他人财物,为他人谋取利益的行为。

（四）操作风险

绿色银行评级操作风险是指由于信息系统或内部控制缺陷导致意外损失的风险。引起操作风险的原因包括:人为错误、电脑系统故障、工作程序和内部控制不当等。应根据成因的不同,采取不同的惩治方式。

三、绿色银行评级不当行为惩治方式

绿色银行评级不当行为的惩治方式包括法律手段、经济手段和道德手段三种方式,根据形成的原因和所造成的后果不同,采用不同的惩治方式。

（一）法律手段

法律手段也称"最终手段",是依据国家的法律、法规,对绿色银行评级过程中的行为进行管理,以维护绿色银行评级的基本秩序和维护评级公正

与公平的方式。法律手段对行为主体具有普遍的约束性和严格的强制性。绿色银行评级过程所涉及的法律、法规、规章在我国已形成一个完整的体系。在绿色银行评级活动和人员培训的过程中,应重点进行法治教育。要树立法律的观念,以守法、遵法作为评级活动的基本准则。法律手段为维护绿色银行评级活动提供保护和稳定有序的外部条件,通过惩罚各种违法行为,保证绿色银行评级活动运行的秩序正常。

(二)经济手段

经济手段是指管理者依据国家经济政策和法规,运用价格、成本、利润、信贷、利息、税收、保险、收费和罚款等经济杠杆来调节各方面经济利益关系,规范评级参与者行为,以保证绿色银行评级可持续发展的手段。经济手段的核心作用是物质利益的调节,通过各种具体的经济措施不断调整各方面的经济利益关系。实现绿色银行评级的顺利进行。

(三)道德手段

道德手段是指道德通过传统习俗、社会舆论和内心信念来维系绿色银行评级行为的方式。该手段的特点是心理影响,通过心理的影响来调整绿色银行评级过程中机构与机构、机构与个人、个人与个人的关系。属于劝导性的行为规范。

第六节　绿色银行评级奖励机制

绿色银行评级奖励对象包括绿色银行评级参评企业,绿色银行评级参评银行,绿色银行评级机构。由于在整个绿色银行评级过程中所处的位置不同,作用不同,我们需要设计出不同的奖励机制,以满足各方的利益需要。

一、参评企业的奖励机制设计

参评企业的奖励应包括以下几种,一是与银行贷款的相关奖励,包括授信的奖励,根据企业环境行为的状况与评价后的等级,相应调整企业的授信;利率奖励,根据企业的环境行为状况,等级较高,可以降低其利率;贷款奖励,指银行机构根据参评的状况,在贷款方式、贷款担保、贷款用途、贷款期限上予以优惠或灵活的调整。二是政府的相关奖励,包括信用奖励,把参评企业的评级状况纳入国家的企业信用平台,以制度的方式明确规定信用等级的奖励;资金奖励,是指在国家各种环保资金的支持上,优先体现参评企业的优势地位。把参评作为国家环保资金支持的必要条件;税收优惠支持,国家可以针对参评的企业评级状况,制定税收的优惠政策,以鼓励企业的环境保护行为。

二、参评银行的奖励机制设计

参评银行的奖励机制设计包括人民银行系统奖励机制设计和银行业监督管理部门的奖励机制设计。人民银行参评奖励机制包括信贷政策导向奖励、准备金利率奖励、再贷款奖励、债券融资奖励等方式,鼓励银行机构参与绿色银行评级活动。银行业监督管理机构可以根据参评机构的评级状况对参评机构在机构设置、人员升职、绿色评比等方面予以奖励。

三、绿色银行评级专业机构的奖励机制设计

对参与绿色银行评级活动的各种专业性机构,我们建议采取政府购买的方式鼓励机构参与到评级活动中。在具体的激励机制上,可以把政府购买分为两部分:

(一)基础费用部分

是指专业性机构参与评级过程中所发生的车辆、人员、差旅等费用的开支。此部分费用建议作为预支费用,可以提前支付。

(二)激励部分

此部分的开支,绿色银行评级管理机构与绿色银行评级机构签订评级纪律标准合约,以标准的方式对评级机构的行为进行约束与激励。在评级机构按标准完成绿色银行评级活动的情况下,由绿色银行评级主管机构对其进行奖励支付。

第七章 绿色银行评级管理体系

第一节 绿色银行评级管理体系

绿色银行评级管理体制的设计是一项全新的工作。它是银行业系统适应人类社会绿色发展要求的设计,是未来国家环境保护、环境影响评价体制的重要构成。同时也是银行机构绿色化体制机制的重要组成部分,是银行绿色化体制的核心内容。

一、绿色银行评级运行模式设计

绿色银行评级模式的选择直接关系到绿色银行评级的效果,关系到银行信贷行为与生态环境系统的真实状况的反映。绿色银行评级模式的选择,是国家、社会和金融机构三者利益之间的一种博弈,是社会利益与机构利益、社会成本与机构成本之间衡量的结果。

我们可以把绿色银行评级模式设计为四种,即政府管制模式、社会公开模式、自身评级模式和三者结合的混合模式。四种评级模式各有优缺点,可以根据生态环境的状况、社会发展需要、外部环境状况,对银行绿色管理的成熟度进行优化选择。

(一)政府型管理体制

政府型管理体制是指以生态环境保护为目标,为实现银行信贷业务与生态环境系统的协调发展,以国家相关的法律、法规、规章、政策性文件、环境保护标准、绿色金融标准为基本依据,由专业的机构负责,按照法定的行政程序,采用科学的评级方法,对银行绿色化程度进行评价的过程。绿色银行评级工作全部由政府负责,是基于绿色银行评级工作的性质而采用的一种方法与模式。这是因为环境是公共产品,涉及的是公共利益。政府作为社会公共利益的委托人,为了保护生态环境而采取对经济活动施加影响的措施。它是以政府为主体的公共经济活动和政府的公共管理活动,同时体现了各级政府间、地区间、部门间和企业间在环境保护方面的管理范围、权限职责、利益及其相互关系。

1. 政府参与绿色银行评级管理的理论依据

绿色银行评级的公共性和外部性是采用政府管理的理论依据,同时也是中国环境保护现实的选择。当我们采用合理的机制,约束行政人员的寻租行为时,行政管理依然是当前我国环境保护形势下的基本选择。

2. 政府参与绿色银行评级的优势

政府行为具有权威性、强制性和信誉性的优点。绿色银行评级政府管理体制的设计具有以下三个优势。

(1)制度强烈的约束性。政府参与绿色银行评级工作,必须得到法律的授权,以国家权力机构的法律许可为准。这使得政府参与绿色银行评级比其它组织参与绿色银行评级具有不可比拟的优势。绿色银行评级行为的开展具有强制性,任何银行机构都必须参与到绿色银行评级的行为中,这从参与上保证了绿色银行评级的公平性。

(2)制度实施的保障性。绿色银行评级制度的建设,是使个体或组织的行为受到某种程度的羁束。由于评级行为是以法律法规为基本的依据,使得行为具有法律的保障,任何违法行为,都可以找到法律依据进行处罚,保证绿色银行评级行为的可行性,保证绿色银行评级行为的公正性。

(3)制度实施的可行性。绿色银行评级工作是一项专业性非常强的工作,同时又是对信息要求较高的工作,信息的准确直接决定评级的质量。而只有政府的环境保护部门才具有这样的信息优势、管理优势和技术优势。所以由政府成立专业的机构负责该项工作,可以保证绿色银行评级工作的有效实施。

银行系统的延伸环境规制是环境保护责任在银行领域的具体落实,是银行系统参与环境保护,控制环境风险的责权力设计,金融系统的环境保护制度的目标是为了实现人与自然的和谐发展。

(二)社会公开型管理体制

社会公开型管理体制是指银行绿色评级以环境保护为基本目标,以法律法规为基本依据,以社会组织的参与为实现手段,以评级过程要公开、评级的结果向社会公布为基本形式的绿色银行评级过程。绿色银行评级本身就有客观、公平、公正和全面的内在要求,客观公正与否直接关系到绿色银行评级产出的结果的公正性,采取公开型的模式就其成因有三点:

1. 绿色银行评级的产出是一个公共产品。生态环境问题始终是一个社会问题,是一个涉及社会大众自身利益的问题,直接关系到人类的生存与发展,关系到人类生活水平与质量,接受社会各界的监督向社会提供评级信息,是绿色银行评级基本属性的要求。评估公司要对评估结果负责,评估结果具有社会公证性质。

2. 倒逼银行增强治理污染的紧迫感和责任感。绿色信贷行为本身对商业银行而言是增加经营成本,限制其经营自由度的方法。商业银行是以经济利益为核心目标的企业,在成本增加而经济效益未必增加的情况下,就其自身是无积极性的。社会公开型评级,把商业银行环境问题传递给社会公众,能够起到正向激励和负向谴责的作用,促进社会公众对银行环境行为的真实认识,形成保护环境是全社会共同责任的氛围。

3. 推进绿色金融发展的秩序与公平。秩序与公平是社会发展的内在动力,也是社会发展的基本前提。良好的秩序为社会发展提供一个稳定、有序的条件,公平成为社会可持续发展的基本保障。绿色银行评级是商业银行内在利益的真实反映,绿色银行评级需要在一个秩序和公平的条件下进行。只有这样,在绿色金融领域才不会出现"劣币驱除良币"的不正常现象。

(三)自我型管理体制

自我型管理体制是指绿色银行的评级工作由银行机构自己通过建立评级机构,通过建立游戏规则、工作标准和工作程序等,定期组织的银行绿色化状况的评级活动。自我型管理体制的特点是评级活动由银行业自己组织,这里又有两种状况,一是银行业统一组织,属于系统内管理;二是银行机构自己组织,整个管理的设计是由银行机构组织一套系统进行。相对而言,银行业系统的组织比银行机构自己组织更具有公正性。

1. 自我型管理体制的优点

自我型管理体制是指绿色银行的评级结果不向社会公布,由商业银行内部掌握实施。绿色银行内部评级的优点,一是信息准确,因为只有商业银行的信贷部门对企业环境行为的信息掌握是完整的、清晰的,可以保证绿色银行评级的完整性;二是商业银行内部进行评级可以使得绿色银行评级的工作效率提高,由于绿色银行评级过程是信贷行为信息的收集与统计过程,如果商业银行在绿色信贷管理的过程中是规范的、清晰的,当然评级是一个高效率的过程。

2. 自我型管理体制的缺点

(1)行为的公正性难以把握。要求参与评级的商业银行其自身的行为是客观的,是基于社会利益的选择。而基于商业银行是企业的经济人理论,这一点恰恰是难以把握的,难免会出现信息的隐瞒,甚至造假行为。这将严重影响评级的公正性,使评级失去其内在的意义。

(2)行为的真实性难以把握。真实是绿色信贷行为的生命,真实的反映银行信贷行为与生态环境系统的关系状况,是绿色信贷发展的基本要求同时也是绿色发展和环境保护的基本要求。但由于商业银行无论是自身能力有限,还是绿色银行评级涉及的范围太广,都难以保证商业银行自身进行绿色银行评级工作的真实性。

(四)混合式管理体制

所谓混合式绿色银行评级是指融合政府型管理体制、社会公开型管理体制、自我型管理体制三种管理体制的优点,根据绿色银行评级过程特殊性,在绿色银行评级的过程中,分别采取不同的评级方法与模式的过程。

1. 混合式的优点分析

由于绿色银行评级工作是由绿色银行的五个阶段组成,即绿色信贷管理,属于目标建立的阶段;贷款环境影响评价,属于准入管理阶段;绿色银行决策,属于贷款授信管理阶段;贷款环境影响绩效评价,属于结果分析阶段;最后进入绿色银行的评级阶段。所以绿色银行的评级过程包含银行与企业的三个互动过程,这个过程是一个合作的过程,是一个协商的过程,因为银行与企业的地位是平等的,平等的对话如果以强制的方式,不利于市场经济模式的发展,而分段采用不同的模式,则可以避免以上问题,一方面激发银行参与的积极性,另一方面对贷款的企业也是一种基本的尊重。

2. 自我模式在混合模式中的应用

在目标的建立和贷款环境影响评价的过程中,我们认为采用自我模式较为可行,当然这是建立在绿色信贷标准统一的基础上进行的。银行绿色信贷工作目标的建立是银行经营权的基本体现,外界不能过多地干涉银行的自主经营权,否则就是越界,是干预银行的正常经营活动。在银行贷款环境影响评价阶段,采用自我模式,是基于评级行为的可行性分析,是基于社会成本与社会收益的分析。政府没有过多的精力参与到每一个贷款的环节,与其不能有效的管理,不如建立规则的放权管理。

3. 政府管理模式在混合模式中的应用

绿色银行评级的关键点是最后的绿色银行评级工作。基于成本和社会效益关系,我们建议政府应把绿色银行评级工作的控制重点放在绿色银行评级的最后阶段。一是可以以点带面,以点的工作,带动全局的工作,这是最优效率和质量的保证。二是把政府放在绿色银行评级工作的最后,可以形成政府对绿色银行评级的全程监督,因为绿色银行评级的最后是对前面所有信息的总结,是对前面所有信息的检查,通过前面信息的核对,保证整个评级过程的可靠与质量。

4. 社会公开模式在混合模式中的应用

基于市场失灵和政府失灵的理论,我们对绿色银行评级的工作加入社会共同参与的模式。目的是通过社会公平的参与,避免市场失灵和政府失灵的双重问题。通过社会力量的参与和公开评价信息,形成社会的监督力量,通过绿色银行评级全程信息的公开,保证绿色银行评级的质量与效率。

二、绿色银行评级管理体系

(一)绿色银行评级管理体制

绿色银行评级管理体系建设是一项复杂的系统构成,是一个综合内、外环境情况平衡的产物。绿色银行评级管理体系是指专业为绿色银行评级活动所设的组织机构和运行系统,设计的核心是运行系统的模式设计和组织结构的设计,目的是为提高绿色银行评级活动管理的效率与质量,进而促进人类社会与生态、经济的和谐发展。

绿色银行评级管理体系是指绿色银行评级管理系统的结构和组成方式,主要包括四个方面:一是绿色银行评级的运行模式设计;二是绿色银行评级组织形式设计;三是组织责任和岗位责任系统的建设;四是绿色银行评级运行机制设计。目的是为了有效地管理绿色银行评级活动的运行。

具体地说,绿色银行评级管理体系是根据绿色银行评级管理系统的结构和组成方式来规定绿色银行评级的管理模式、管理范围、权限职责、利益及其相互关系的准则,它的核心是绿色银行评级管理机构的设置,各管理机构职权的分配以及各机构间的相互协调。评级管理体制的强弱将直接影响到绿色银行评级管理的效率和效能,在整个绿色银行评级活动过程中起着决定性作用。

(二)绿色银行评级管理体系特点

1. 绿色银行评级管理体系的复杂性

绿色银行评级从形式上看是对银行机构绿色化程度的评价与评级,但从内容上看,它涉及生态环境状况的认知与了解,绿色金融政策与制度的解读与执行状况;涉及企业或项目环境管理系统状况的评价,特别是企业环境运行行为的监督与评价;涉及银行机构信贷系统环境行为的监督与评价,包括绿色信贷规则与制度,贷前准入系统的建设,贷中运行跟踪与管理,贷后的绩效评价与评级等。绿色银行评级是一项复杂的系统性工程。

2. 绿色银行评级管理体系的横向管理跨度大

按当前我国的政府管理体制,绿色银行评级活动,从横向看,绿色银行评级活动所涉及的部委包括国家生态环境保护部、国家发展改革委员会、工信部、自然资源部、水利部等机构。从金融监管看,涉及人民银行、国家银保监会、政府金融监管机构等。横向的跨度之大,造成绿色银行评级活动的协调与组织难度非常大。

3. 绿色银行评级管理体系纵向管理过长

绿色银行评级活动从上向下看,其内容包括国家发展战略的组织与管理、国家生态环境发展战略的组织与管理、国家金融发展战略的组织与管理、各个行业生态环境发展战略的组织与管理、各种企业的生态环境发展战略的组织与管理、银行机构的绿色行为发展战略的组织与管理。如企业的环境发展战略又分为环境污染重企业和绿色发展企业等。

4. 绿色银行评级管理体系形式上组合难

由于绿色银行评级的组织过程中,涉及政府管理、金融管理、企业管理、银行机构管理,可以说绿色银行评级活动要涉及各种各样的管理体制与管理形式。每一个管理体制都有自己的特殊性与管理的内在机制,涉及管理权限的相互冲突、相互妥协、相互支持的处理。哪一个处理得不好,将直接影响绿色银行评级活动的正常开展与运行。所以绿色银行评级的管理体制建设在组织与机制的建设上难度非常大。

第二节 绿色银行评级组织管理

一、绿色银行评级组织

绿色银行评级组织是整个绿色银行评级活动的组织者和管理者,通过绿色银行组织机构的设置和岗位责任的落实,充分调动各种资源为绿色银行评级活动服务,实现绿色银行评级的公平、公正、高效率和高质量的运行。

(一)绿色银行评级组织

1. 组织建设理论

组织是社会发展的产物,伴随社会分工日细和协作要求的提升,组织的作用日趋显著。组织理论在组织建设上起到重要的指导作用,主要有古典组织理论、行为组织理论和现代组织理论三大流派。但不同的流派,由于所站角度的不同,对组织定义的解析不同,对组织的内涵定义也略有差异。

以协作和管理的视野,曼尼给组织下的定义是:组织,就是为了达到共同目的所有人员协力合作的形态。为了达到共同的目的,并协调各组织成员的活动,就有必要明确规定各个成员的职责及其相互关系,这是组织的中心问题。该定义包含两个主要内容,一是目的,强调目的的统一性;二是组织是一种协调,把不同部门的人协调到一个行动上来。

以有效管理的视野,管理学家布朗认为:组织就是为了推进组织内部各组成员的活动,确定最好最有效果的经营目的,最后规定各个成员所承担的任务及成员间的相互关系。他认为组织是达成有效管理的手段,是管理的一部分,管理是为了实现经营的目的,而组织是为了实现管理的目的。也就是说,组织是为了实现更有效的管理而规定各个成员的职责及职责之间的相互关系。

以责任的视角,路易斯·A.艾伦将正式的组织定义为:为了使人们能够最有效地工作去实现目标而进行明确责任、授予权力和建立关系的过程。该学派的主要观点是,组织就是一个责权利的分配过程,通过责权利的授予,形成一个统一的行动,以完成共同的目的与目标。

以管理学的视角,可以给组织作出如下的定义:所谓组织,是为有效地配置内部有限资源的活动和机构,为了实现一定的共同目标而按照一定的规则、程序所构成的一种责权结构安排和人事安排,其目的在于确保以最高的效率使目标得以实现。该理论的主要观点是,组织就是一个资源的配置过程,就是通过一系列的权责利安排,去实现共同的目的。

2. 绿色银行评级组织

我们对绿色银行评级组织的定义为:是为实现生态环境的维护与改善,为有效协调银行信贷行为与生态环境的关系,而形成的一个群体,目的是确保绿色银行评级活动公正、协调地进行,以顺利达到预期管理目标的体系建设。在绿色银行评级组织的建设中包含以下几个要素:

（1）人——基本要素。绿色银行评级机构组织在人员的管理上具有一定的特殊性。它们的基本要求就是必须有专业的认识，这是因为绿色银行评级本身是一个跨专业、跨部门、跨行业的活动，专业要求极强。不仅仅是专业人士，而且必须是由一个专业的团队来共同完成。

（2）共同目标——前提要素。绿色银行评级组织拥有一个非常清晰的目标，即绿色银行评级活动的最终目的是为改善与维护人类所存在的生态环境，为人类的发展拓展生存和发展的空间。绿色银行评级活动的直接目的是为反映银行信贷系统行为与生态环境系统之间的关系状况与质量。这构成绿色银行评级组织建设的唯一目标，组织的结构体系建设、组织的运行模式建设都要与这一目标进行衔接，为这一目标服务。否则会失去该组织建设的目的。

（3）结构——载体要素。绿色银行评级活动具有特殊性和广泛性，绿色银行评级组织由三层组织系统构成：包括宏观层面、中观层面和微观层面，它们之间体现的是一种分工协作的关系。在每一个层面，又由需要及时反馈各层面的组织机构来负责绿色银行评级活动的具体实施。由部门、岗位、职责、从属关系构成，它们设有互相协调的手段，保证层面部门即工作人员可以进行沟通、互动并交流他们的工作。

（4）管理——维持要素。为了实现绿色银行评级的目的，组织体系需要一套计划、控制、组织和协调的流程。这是一个可以保证绿色银行评级工作的科学性、完整性、公正性的工作机制。以计划、执行、监督、控制等手段保证目标的实现。

（二）绿色银行评级组织建设作用

1.导向的作用

绿色银行评级组织的建设对整个社会起到一个绿色价值取向和绿色行为导向的作用。因为金融是人类社会经济发展的"发动机"和"血液"，所以，绿色银行评级组织的建设与管理，对整个人类社会的行为产生一种导向的作用。具体又包括经济运行导向、企业运行导向、银行机构运行导向和人类生活方式导向作用，更加具体地向社会发出绿色发展的信号。

2. 纽带的作用

绿色银行评级组织在企业、银行、国家宏观管理三个层面发挥"桥梁纽带"作用,就是一方面通过源头参与把企业环境运行状况和要求反映上来;另一方面,通过评价与评级等手段,把国家的生态环境保护政策与制度向下传达。在银行机构与企业层面,绿色银行评级组织发挥"桥梁纽带"作用就是沟通的方式双向传递信息,一方面使银行和企业管理层能够了解国家环境保护的相关政策和要求,增加决策的透明度和准确度;另一方面使社会大众了解银行和企业环境行为的状况,形成整个社会生态环境保护的积极性、主动性和工作热情。

3. 约束的作用

绿色银行评级组织的建设与管理,无论是从心理上,还是从行动上都会对企业和银行机构的环境行为起到约束的作用。心理约束是指对银行机构和企业的环境行为理念与文化建设所产生的影响,主要通过对企业和银行机构的理念与文化的约束,来推进企业和银行机构形成自觉的环境行为。行动约束是指整个绿色银行评级活动的过程都是对银行机构绿色化状况的认知过程,但同时也是对其监督管理的过程,是约束其环境行为的过程。

4. 协调的作用

绿色银行评级组织既是整个生态环境组织管理体系的一部分,又是银行业绿色化评级行为的组织者。绿色银行评级组织可以起到部委之间的协调作用,起到部门与金融管理部门的协调作用,可以起到银行机构与企业环境行为之间的协调作用,可以起到银行机构间的协调作用。为建立一个公平、公正的绿色银行发展环境,为维护银行业绿色发展的竞争生态,起到协调、和谐的作用。

5. 服务指导作用

绿色银行评级组织建设的核心是为生态环境保护服务,是为银行机构绿色化服务,是为约束与支持企业优化环境行为服务。这构成绿色银行评级组织建设的根本目的。应通过绿色银行评级组织的结构优化、运行优化,全面地提升绿色银行评级组织的服务能力和服务水平。保障绿色银行评级活动的质量与效率。

（三）绿色银行评级组织建设的原则

绿色银行评级是一项评级活动，也是一项公共性的事业，同时也是生态环境保护的一部分。在绿色银行评级组织建设的过程中，必须坚持以下原则要求：

1. 公共原则

绿色银行评级组织建设的最终产出是社会大众的利益，是整个社会的生态环境状况的改善。但这种利益的消费是非排他性、非竞争的，是可以共享的。所以绿色银行评级组织建设也具有公共性的特点。这与传统的评估产业具有较大的区别，传统的组织可以通过增值获得回报。但绿色银行评级的组织获得的是社会的增值，这种增值是无法通过个体的利益来反映的。

2. 生态原则

绿色银行评级组织管理过程的产出有两个，一是形式上的产出，反映的是绿色银行信贷系统与生态环境关系的状况与程度，并用等级的方式对参评银行机构的绿色状况进行标度。如绿色特级、绿色优级、绿色一级等。二是实质性的产出，即绿色银行的信贷活动维护与改善多少生态环境的状况，即为生态环境的绿色化贡献多少力量，可以通过贡献率来表达。最终是生态环境状况的改善与提升。

3. 监督原则

绿色银行评级的活动既是一个动员社会资源对银行信贷运行与生态环境关系的监督过程，也是对银行机构信贷行为与生态环境关系活动的正当性的评价过程。绿色银行评级组织的建设与运行无论是客观上，还是主观上，都起到了对银行机构信贷行为的全程运行的监督作用，并且这种监督行为是绿色银行评级组织的基本行为，是绿色银行评级组织存在的价值之一。

4. 公平、正义原则

绿色银行评级的活动需要一个组织的出现，需要一个公正、公平的组织出现。因为，绿色银行评级一方面是对银行绿色化行为的评价，但同时，又是国家生态文明建设、国家生态环境保护的需要。从形式上看是一个评级活动,但实质上与国家大众的社会利益,与国家大众的生态环境利益,与国家的未来经济转型的质量与效率等,都是紧密相连的关系。可以说绿色银行评级的效果,可能直接影响着国家的绿色发展。

5. 专业分工和协作的原则

绿色银行评级的管理,工作量大,专业性强,跨越不同的专业部门。为提高评级工作的质量与效率。在合理分工的基础上,各专业部门只有加强协作与配合,才能保证各项专业活动的顺利开展,达到组织的整体目标。

6. 集权与分权相结合的原则

绿色银行评级活动是一个连续的过程,涉及贷款企业、贷款银行、社区活动、国家环境管理等。所以,绿色银行评级组织设计时,既要有必要的权力集中,又要有必要的权力分散,两者缺一不可。集权是因为绿色银行涉及公众的要求,是为保证活动的统一领导和指挥,保证评级活动的统一性、实践性。而分权是为了调动相关机构的积极性和主动性。

7. 稳定性和适应性相结合的原则

稳定性和适应性相结合原则要求绿色银行评级组织设计时,稳定是必须的,是为保证绿色银行评级活动在受到外部力量的干扰时,能够继续有序地正常运转,同时又要保证组织在运转过程中,能够根据变化了的情况做出相应的变更。绿色银行评级组织的建设应具有一定的弹性和适应性,促使评级组织在变动的环境中,具有一种内在的自动调节机制。

二、绿色银行评级组织设置

绿色银行评级管理体制结构包括宏观管理体制、行业管理体制和银行机构管理体制三部分。三部分分别行使宏观管理、行业管理和银行管理的职责,三部分共同构成一个完整的管理体制。

(一)绿色银行评级宏观管理体制设计

绿色银行评级宏观管理体制由两部分构成,一是绿色银行评级宏观综合管理机构;二是绿色银行评级的监督管理机构,主要是对在绿色银行评级过程中所涉及的部委进行职责分工。两机构在分工明确、责任到位的组织设计下,共同负责绿色银行评级的战略设计、质量管理、监督管理和风险管理等工作。

1. 绿色银行评级综合管理机构的设置

设立绿色银行评级宏观综合管理机构的成因是绿色银行评级过程涉及的部委较多,按现在的国家机构管理模式,绿色银行评级涉及的部委有生态环境部、国家发改委、自然资源部等机构。金融管理机构包括人民银行、银保监会等机构,涉及 4000 多家银行机构。

建议成立高于各部委机构的综合机构,专门负责绿色银行评级的整体工作,以提高绿色银行评级的工作效率和质量,维护绿色银行评级工作的秩序与公正。该机构的核心功能是顶层设计和工作协调,这是绿色银行评级综合管理机构工作的第一要务。目的是为有效地协调管理绿色银行评级的各项工作。

2. 银行保险监督管理委员会绿色银行评级专业机构设置

根据国务院授权,银行保险监督管理委员会统一监督管理银行、保险公司、金融资产管理公司、信托投资公司及其他存款类金融机构,维护银行业的合法、稳健运行。其主要工作职责是依照依法制定银行业金融机构及其业务活动监督管理的规章、制度;依法审查批准银行业金融机构的设立、变更、终止以及业务范围;对银行业金融机构的董事和高级管理人员实行任职资格管理;对银行业金融机构的业务活动及其风险状况进行非现场监管;银行业金融机构监督管理信息系统的分析与评价;银行业金融机构的风险状况管理;会同有关部门建立银行业突发事件处置制度,制定银行业突发事件处置预案,明确处置机构和人员及其职责、处置措施和处置程序,及时、有效地处置银行业突发事件等工作。

银行保险监督管理委员会是国家在金融领域的管理机构,由银行保险监督管理委员会辖下专设绿色银行评级管理机构,一是银行保险监督管理委员会具有维护银行业秩序,控制风险和银行信息管理的职责,该职责也包括绿色领域的范畴,同样应包括绿色银行信息管理、环境风险管理和绿色秩序的管理职责;二是生态环境保护是基本国策,生态文明建设国家的发展战略,是银行保险监督管理委员会专设机构从事绿色管理,是环境保护国策在银行领域的具体执行,是生态文明战略在银行业的实施。绿色银行评级工作是环境保护工作在银行领域的延伸,是国家环境保护工作在金融监管机构的具体体现。

绿色银行与绿色银行评级工作应成为银行保险监督管理委员会的基本规则职责之一。

3. 生态环境部绿色银行评级专业管理机构的设置

生态环境部主要负责重大环境问题的统筹协调和监督执法检查。拟订环境监察行政法规、部门规章、制度,并组织实施。监督环境保护方针、政策、规划、法律、行政法规、部门规章、标准的执行。拟定排污申报登记、排污收费、限期治理等环境管理制度,并组织实施。负责环境执法后督察和挂牌督办工作。指导和协调解决各地方、各部门以及跨地区、跨流域的重大环境问题和环境污染纠纷。组织开展全国环境保护执法检查活动。组织开展生态环境监察工作。组织开展环境执法稽查和排污收费稽查。组织国家审批的建设项目"三同时"监督检查工作。建立企业环境监督员制度,并组织实施。负责环境保护行政处罚工作。指导全国环境监察队伍建设和业务工作。指导环境应急与事故调查中心和各环境保护督查中心环境监察执法相关业务工作。

把生态环境部列入绿色银行评级管理机构其理由有三点:一是,生态环境部是我国环境保护的主要机构,其本身的职责就是负责生态环境的保护工作。绿色银行评级就是对银行信贷行为与生态环境的关系进行统计、分析的过程,所以生态环境部负责管理绿色银行评级是工作职责的体现;二是生态环境部本身掌握我国生态环境变化和企业生态环境行为的基本信息,而这些信息又构成绿色银行评级的基础信息。提供与审核信息应成为生态环境部的职责;三是生态环境部具有生态环境状况的监督职责,银行机构的信贷行为是生态环境污染的主要成因之一,生态环境保护部门对其进行监督与管理是属于其管理的范围。

4. 自然资源部绿色银行评级专业管理机构的设置

自然资源部的工作职责为:对自然资源开发利用和保护进行监管,建立空间规划体系并监督实施,履行全民所有各类自然资源资产所有者职责,统一调查和确权登记,建立自然资源有偿使用制度,负责测绘和地质勘查行业管理等。

绿色银行发展的最终目的是促进生态环境的改善,进而加大生态空间,为人类社会的可持续发展服务。这同样与自然资源管理部门的目标相融合。绿色银行评级的内在结果与自然资源发展是一个相互依存、相互促进和循环依赖的关系。自然资源的状况与银行信贷资源利用率评价形成一致性的关系。

自然资源部应成立专业的机构为绿色银行评级服务,并负责自然资源利用的质量监督与考核。

绿色银行支持与服务的对象涉及行业较多,我们建议在与银行信贷资金产生借贷关系的行业,都应成立绿色银行评级相应的服务与监督机构。一方面为绿色银行评级提供相关信息和服务,另一方面形成对绿色银行评级的监督与检查,可以更好地促进绿色银行评级工作。

(二)绿色银行评级的社会组织

为保证绿色银行评级的公平与公正性,避免"政府失灵"现象的产生,有损绿色银行评级工作的负面效应。应把社会的组织纳入绿色银行评级的活动中来。

1. 行业管理组织

行业管理组织作用包括与绿色银行评级相关的各种行业管理机构。如银行业管理协会、项目投资管理协会、工业行业管理协会、化工行业管理协会等。由于各行业管理协会主要负责行业内的行业规划、行业组织、行业协调以及行业沟通等职责,是一种行业形成的管理体制。目的是规范行业发展,促进行业发展。

行业管理协会具有专业性强、专业熟悉和专业权威的特点。利用行业协会介入绿色银行的评级工作,可以通过绿色银行评级的专业水平,提高行业信息的准确率。为绿色银行评级的科学性打下基础。

2. 新闻组织

新闻是社会监督的有效模式,也是绿色银行评级监督的有效模式。新闻监督在绿色银行评级过程中可以说是无处不在,是一种全面参与、全程参与、无利益参与,也正是因为具备这一特点,才把新闻机构引入到绿色银行的评级过程,针对企业或项目的违法、违纪、违背民意的不良现象及行为,通过报道进行曝光和揭露,抨击时弊、抑恶扬善,可以达到对其行为进行制约的目的,保证绿色银行评级公平、公正地进行。

3. 环保组织

环保组织的特性决定环保组织参与绿色银行评级活动的专业性、无利益性和可持续性。利益可以使人迷失方向,在利益的诱惑下,很难保持一个公正与正义的立场。所以,环保组织的参与为绿色银行评级的中立立场打下基础。应设计一个完整的制度与机制,保证环保组织参与的合法性、合规性和权威性,为公正的绿色银行评级打下基础。

（三）微观领域绿色银行评级机构组织的建设

微观领域绿色银行评级机构组织的建设包括绿色银行、评级组织机构的建设和企业绿色银行评级组织的建设。该组织的建设既可以是专业的组织建设,也可以是与绿色信贷部门或企业环保部门合并工作。

1. 银行机构绿色银行评级组织建设

银行机构参与绿色银行评级过程具有双重的身份。一是评价者。在整个绿色银行评级的链条中,银行对企业的环境行为评价是绿色银行评级行为的开始。此时,银行信贷部门是评价者。二是被评价者。银行信贷行为与生态环境之间的影响关系要接受上级部门或第三方中立机构的评价,而此评价又构成绿色银行评级过程中的第二个链条。这两个链条在整个绿色银行评级过程中属于基础性评价过程,是不可缺少的环节。该环节的工作质量与效率直接决定整个评级的工作质量与效率。银行机构绿色银行评级组织的建设具有以下问题:

（1）专设机构还是合并机构。绿色银行评级专项机构的建设与银行机构信贷部门机构的设置具有一致性的特点。因为银行贷款的环境影响评价本身就放在信贷部门,所以评级是专设机构还是一套机构是两件事,是我们应重点思考的问题。如果既是评价者又是被评价者,肯定不利于客观、中立地看待评价。但如果专设机构,需要增加成本,对银行机构而言,就需要进行成本与效益的分析。

(2)多层次,还是扁平结构。绿色银行评级的工作本身是属于基础性信贷工作,现代银行机构的信贷权根据金额或行业而确定。管理权分别存在于支行级、分行级或总行级,且层级之间存在管理与被管理的关系。绿色银行评级的参与也存在管理层级的问题。纵向的管理,即评级机构只对银行机构总行负责。绿色银行评级的信息由该机构自我传递。横向的管理,是指评级机构直接面对三个层级的银行信贷评级机构。该方式的缺点是评级的组织机构要面对的层面过多,管理的难度较大。优点是减少了管理层级,成本降低,效率较高,容易查询,但需要强大的网络系统和信息系统的支持。

(3)如何解决动力问题。绿色银行评级工作的结果是生态环境的社会利益,对银行机构而言,无任何的经济利益增值。所以,银行机构缺乏参与的经济性。银行机构更缺乏参与的动力,必须利用外部的力量推动银行机构参与评级,如建立政策补偿机制,通过机构准入、业务准入、技术准入等方式调动银行机构参与评级的积极性问题。

2. 贷款企业绿色银行评级建设的设置

企业是绿色银行评级的第一环,是基础的基础。我们认为绿色银行的评级在企业层面应和国家的环境保护各种评价活动进行衔接,一是部门对企业增加负担;二是行为的重复,因为各种评价的内容上有很多重复的内容。我们建议:

(1)机构设置上和企业现有机构合并工作,一套班子,两件事。

(2)信息收集上,可以合并报表,减少重复性工作。

(3)绿色银行评级信息的传递上,企业环境行为的信息可以直接与国家层面的绿色银行评级信息服务平台对接,实现信息的共享,以增加企业环境行为信息的及时性和精准性。

（四）独立的绿色银行评级专业机构的设立

绿色银行评级专业机构的设置具有几个优势，一是绿色银行评级活动专业性强。绿色银行评级活动本身就是一个专业性非常强的活动，需要专业人士的操纵与驾驭，而专业机构可以满足这一要求。二是绿色银行评级活动需要中立的立场。绿色银行评级活动专业机构的出现，恰恰又能满足这一要求。绿色银行评级专业评价机构与绿色银行评级活动所涉及的各方都无经济利益的联系，能够帮助去实现独立第三方的身份要求。三是能够实现评价责任的落实。由于专业机构属于独立的组织，可以独立地承担评级活动过程中所出现的各种风险与损失，符合时代责任体系建设的趋势与要求。

第三节　绿色银行评级组织职责

一、绿色银行评级组织职责

（一）组织职责

职责是指任职者为履行一定的组织职责或完成工作使命，所负责的范围和承担的一系列工作任务，以及完成这些工作任务所需承担的相应责任。职责也称为责任，一是指分内应做的事，如职责、应尽责任、岗位责任等；二是指没有做好分内的事，而应承担的不利后果或强制性义务。

职责分为权利和义务两部分，权利赋予机构与人的发展的动力，人类和组织在欲望的推动下，不断地运转，不断地产生利益的交换。在满足机构和个人利益的同时，也推动了整个社会的发展与运行。但是不能只有权利而没有责任，没有义务的权利会导致社会无约束的发展，进而进入混乱的发展，并最终摧毁人类的所有成果。所以在组织机构责任体系的建设过程中，要一直保持权利与义务并行授予的原则。

（二）绿色银行评级组织的职责

1. 绿色银行评级组织职责

建设绿色银行评级组织的目的就是负责协调与管理整个绿色银行评级

的活动,是为了完成生态环境保护的目标。评级组织的建设就是为了高效、高质量地完成绿色银行评级的目标而设立的组织机构。通过职责的分配,来保证绿色银行评级组织的运行。

绿色银行评级组织的职责由权利的授予和责任的分配两部分构成。权利授予主要是指为完成绿色银行评级的目标,对绿色银行评级组织进行的权利授予。通过权利的授予,绿色银行评级组织对绿色银行评级活动可以行使管理权、监督权、处罚权、奖励权、调配权和控制权等,目的是为完成绿色银行评级的基本任务、目标任务和操作任务。责任与权利是一个事物的两个方面,有权利当然也有责任。责任也是一种动力,通过责任的分配,明确组织的管理边界,明确组织的管理程度,明确组织的管理承担。责任与权利的共同作用为绿色银行评级活动建立一个基于组织的保障系统。

2. 绿色银行评级组织职责体系

绿色银行评级的组织职责分为机构的组织职责、机构部门的组织职责和机构执行的个人职责。在生态环境保护目标的指引下,三个层次的组织职责,完成绿色银行评级活动的动力系统的建设,在职责的驱赶下,绿色银行评级活动得以运转。

(1)机构的职责授予。机构的组织职责又包括宏观组织机构职责、行业组织机构职责和微观组织机构职责,宏观组织机构职责主要任务是完成绿色银行评级活动的最高权力与责任机关,主要作用是方向的引导与顶层的设计。行业管理组织的建设,主要是为保证行业内基本的秩序与安全,是维护行业基本规则的落实。微观的组织建设是为保证绿色银行评级活动在微观层面的落实,要保证每一个参评单位必须以真实的面目参与评价活动。

(2)部门的职责授予。部门的组织职责是对组织机构职责的细化与分配。组织是一个体系,有体系就有分工,有分工就有权利与责任的分配。通过绿色银行评级组织的部门职责分配,建立一个组织部门的动力系统,催动整个组织的运转。部门的运行是组织运行的基础,绿色银行评级组织的整体运转效率与质量取决于部门运转的效率与质量。

（3）个人职责的授予。部门是由人来构成的,部门的职责也需要通过个人来完成。所以,绿色银行评级组织内部个人职责的授予,就构成绿色银行评级组织运行的基础。要科学、可行和稳定地把绿色银行评级活动的职责分配到部门内部的每一个成员。

绿色银行评级组织职责的授予是一个完整的体系,纵向的授予是体系运行的保证,横向的分配是组织协作的基础。纵向与横向的结合,构成绿色银行评级组织的运行,推动绿色银行评级组织的运转。

二、绿色银行评级宏观管理机构职责

(一)绿色银行评级宏观综合管理机构工作职责

顶层设计职责。顶层设计就是一个总体规划的具体化。如果只有规划,缺乏具体的实现手段,则在总体规划之下很可能又造成各自为政、分兵把口的局面,造成资源难以共享,信息难以互联互通的后果。绿色银行评级综合管理机构的设置就是为避免部门信息难以沟通,各自为政的现象。具体包括绿色银行评级涉及的法律、法规、行政法规、部门规章、制度等设计的工作。

组织实施职责。组织实施是指绿色银行评级综合管理机构按照绿色银行评级发展战略的要求,按照绿色银行评级相关法规的要求,具体组织绿色银行评级活动的过程。包括评级机构的组织、评级信息的组织、评级人员培训、评级方案的审批等工作。

评级监督职责。是指综合管理机构对绿色银行评级活动的真实性、合法性和合理性进行审查的功能。绿色银行评级活动要以合法作为其基本条件,应依照一定的规则进行,是在规则下完成既定的目标。

信息管理。由绿色银行评级综合管理机构负责对绿色银行评级信息综合管理工作。首先建议成立一个公益性的绿色银行评级信息收集机构,该机构不存在机构的自身利益问题,其资金来源由政府拨付、社会捐赠等形式解决。要求该机构不得接受评级机构的资金作为资金来源,以保证信息收集的完整、精准性。

培训职责。由绿色银行评级综合管理机构负责各层评级人员的培训管理工作。根据绿色银行评级管理知识的特殊性,组织全国性的培训工作。目的是通过评级人员素质的提升,提高绿色银行评级工作的质量和效率。同时也应对评级人员进行法制教育,预防评级工作各种问题的产生。

(二)绿色银行评级宏观管理机构的工作职责

这里主要是指与生态环境保护有关的各部委在绿色银行评级活动过程中所应承担的各种职责。职责在各部委的分配同样是绿色银行评级活动组织体系运转的基础。具体职责如下:

信息提供职责。由于生态环境保护的各职责部门掌握生态环境发展与变化的基础信息,绿色银行评级活动就是这些信息的一个传递与加工的过程,所以,这些生态环境发展与变化信息又构成绿色银行评级的基础信息,提供生态环境保护信息构成各职能部门的基本职责。

协调职责。由于现行的政府生态环境管理职责是分配在各个管理部门。法律、法规、规划、政策、制度的协调就成为一个基本的常态,绿色银行评级的组织统一如此,需要各部门的协同,协同就需要目标的一致,行为的一致,而这一切都需要协调。

监督职责。监督职责是指各部委机构都有在各自的权限范围内的监督运行权。虽然在形式上是一种权利的分散,但恰恰可以通过权利的分散,保证评级系统是在一种公平、公正的条件下运行,进而维护绿色银行评级活动的秩序,提升绿色银行评级活动的效率与质量。

评价职责。评价职责是指各部委机构都有在各自的权限范围内行使评价的权利,虽然这种评级只是局限在部委的职责范围以内。但可以通过这种评价与绿色银行评级活动的评价信息进行相互的印证,最大程度地保证绿色银行评级活动的准确性。

(三)绿色银行评级微观组织职责

绿色银行评级活动同时是企业环境行为与银行信贷行为的协调过程。而第三方评级组织的建设又为平衡两种的利益关系建立一种新的机制。三个组织的职责构成三个组织运行的基础与动力。

1. 银行机构绿色银行评级机构职责

银行机构绿色银行评级机构职责由两部分构成,一是部门的绿色银行评级职责,是指责任机构的职责;二是个人职责,是指部门内部人员的责任分配。根据银行机构信贷部门的基本职责,我们对其参与或独立行使绿色银行评级的职能责任进行设定。

混设或独立设置的银行机构绿色信贷评级职能机构职责包括绿色客户市场开拓工作、绿色客户审定职责、绿色客户授信职责、绿色客户贷款决策职责、绿色客户跟踪职责、绿色客户沟通职责、绿色客户的贷款环境影响绩效评价职责等。绿色银行评级个人职责是对绿色银行评级机构职责的分配,主要内容是把部门的职责分配到每个人的身上。个人的职责是整个责任体系的基础,只有个人职责的落实与有效执行,绿色银行评级组织的运转方能正常与稳定。

2. 企业绿色银行评级职责

企业绿色银行评级职责与企业环保部门的职责相匹配,在原有职责的基础上增加了向绿色银行评级机构报送职责。主要是通过固定的绿色银行评级信息系统,向相关组织管理机构定期报送企业环境行为信息。

3. 绿色银行评级专业机构的职责

绿色银行评级机构是绿色银行评级管理中的专业性中介机构,它在运行中要遵循真实性、一致性、独立性、稳健性的基本原则。向国家绿色银行管理机构、银行机构和参与评级的企业或项目者提供各种基本信息和附加信息,履行评级管理的职能。

(1)评价职责。评级专业机构可以接受绿色银行评级管理部门的委托,专业从事绿色银行的整体评级工作。在整个评级的过程中,专业机构必须秉持中立的立场,不得接受任何被评级的单位的费用与其它活动。保证评级是在公平与公正的环境下进行。

(2)监督职责。专业的评级机构可以接受绿色银行评级管理部门的委托,专业从事绿色银行评级过程中的监督工作。通过定期地提供专业性的分析报告,对绿色银行在评级过程中的各种问题及改进措施提出自己的建议。

（3）分析职责。专业的评级机构可以接受绿色银行评级管理部门的委托，专业从事绿色银行评级结果的分析工作。之所以委托专业机构从事结果的分析。一是为保证评级的科学性和准确性；二是通过专业的分析，发现绿色银行在信贷政策执行过程中的问题，为改进绿色信贷政策与制度通过依据。

（4）信息收集职责。信息是绿色银行评级的基础性工作，但信息收集又是一个专业性极强的工作。同时由于绿色银行评级的信息来源渠道广，跨部门多，涉及的企业与项目繁杂。设置专业性的评级机构，可以在精准、可靠、及时、效率上起到推进的作用。

第八章　绿色银行评级制度

以制度的方式推进绿色银行评级工作的开展,一是绿色银行的社会属性要求,必须以制度化的方式推进绿色金融的有效实施;二是绿色银行评级行为本身特性的要求,是保证绿色银行评级公平、公正、可靠的基础条件。我们要以多形式、多层次、多主体的制度建设方式,推进绿色银行评级制度系统的建设工作。

第一节　制度功能

制度建设是绿色银行评级活动的前提。绿色银行评级制度的建设需要遵循制度建设的基本规律,即制度的基本规律是绿色银行评级制度建设的基本依据。所以,本章节的讨论首先是从制度的概念、规则与规律开始。

一、制度定义

从人类的发展历程来看,制度是一个随着集体与社会的产生而产生,随集体与社会的发展而发展的概念,是人类社会走向效率、质量和成熟的标志。在制度理论的研究上影响力较大的主要有制度学派理论和制度经济学理论。

(一)制度学派观点

旧制度理论的创始人凡勃伦是最早给制度下定义的人,他认为:"制度实质上是由个人或社会对有关某些关系或某些作用的一般思想习惯或生活方式所构成的,是在某一时期或社会发展的某一阶段通行的制度的综合,因此,从心理学的方面来说,可以概括地把它说成是一种流行的精神态度或一种流行的生活理论(1899)。"康芒斯则指出:"制度无非是集体行动控制个人行动的一系列行为准则或规则(1934)。"霍奇森则认为:"制度是通过传统、习惯或法律约束的作用力来创造出持久的、规范化的行为类型的社会组织"。舒尔茨在1968年也阐述了自己对制度的理解,他说:"我将一种制度定义为一种行为规则,这些规则涉及社会、政治及经济行为。"

新制度学派的主要代表人物有加尔布雷思、包尔丁、科姆、海尔布罗纳、沃德、格鲁切以及缪尔达尔等人。新制度学研究的核心是人、制度与经济活动之间的内在关系。他们研究的主要内容包括:一是制度作用的探索,认为在社会经济发展的过程中,制度起到决定性作用,是人类社会发展的核心动力;二是认为制度是不断演化的。由于技术不断变革,经济制度和社会结构处于不断演变的过程中,制度与经济发展之间是一个因果动态过程,必须以变化的观点去研究制度,希望通过制度的演进推进人类社会的新发展。

在旧制度主义学派看来,制度无非是约束和规范个人行为的各种规则。但对制度作为规则为什么能够约束个人行为,为什么要约束个人行为,又如何发挥约束个人行为作用的深层原因并未进行解析,影响制度的发挥与作用的程度。

(二)制度经济学的主要观点

制度经济学的主要内容是解析制度产生的根源,并通过对制度的产生过程的研究,提出了制度的功能、制度作用、制度体系等一系列的观点。在近代,该观点成为制度和经济研究的主流观点,影响十分深远。

1. 诺斯的主要观点

诺贝尔奖获得者诺思认为制度起源于交换形式的发展。在简单的交换形式下,人们交易处于原始状态,(从空间到内容)都很简单,参加交易的人少,且当事人之间拥有对方的完全信息,不需要制度来约束人们的行为,来减少不确定性。但是,随着专业化和分工的日趋发达,交易人员增多,交易频率、交易金额、交易方式等产生极大的变化,信息不完全或不对称、欺诈、违约、偷窃等行为不可避免。经济交易秩序发生混乱,个人收益与社会收益之间发生背离,个人失去从事生产性活动的动力,社会效率大幅降低,影响社会的正常发展,产生"囚徒困境"和"搭便车"现象。因此,制度就应运而生。制度的作用在于规制人们之间的交换关系,减少信息成本和不确定性,把阻碍合作的因素减少到最低程度,促进个人收益与社会收益的一致性。

诺思明确指出,制度是"人为设定的决定人们之间相互关系的约束"。首先做到制度是人类社会自己所制定的,是人类根据所处环境状况所设计的,设计的目的是对人类社会生产经济交易活动进行约束与限制,进而提高人类社会交往的效率与质量。

2. 科斯的主要观点

科斯特别强调产权是一种人与人的关系,是人们行为的权利或规则。他认为,即使把物都归属给私人,如果对其责、权、利关系不作出合理、明确的制度性安排,经济同样是没有效率的,进而陷入一种低效率、低质量的发展状况。这就是著名的科斯产权理论。

二、制度的基本功能

制度功能是指制度的作用或制度建设的效应。制度在人类社会历史发展过程中起到决定性的作用,一个合理、公平、正义的制度可以推进人类社会的快速发展,反之一个非合理、不符合社会大多数人利益的制度,将起到破坏和延缓的作用。最早揭示制度功能的是新制度经济学的创始人科斯。对制度功能的研究有很多,有两功能论、四个功能论和五功能论等,主要观点如下:

(一)制度的规范性和秩序性功能

规范是指群体所确立的行为标准或对于某一工程作业或者行为进行定性的信息规定。规范是人类社会发展的必然产物,在社会分工日益精细的条件下,规范对人们的行为起指引、评价、教育、预测和强制的作用。

金融系统和生态环境系统、经济系统及社会系统分属不同的子系统,不同系统之间具有各自不同的利益诉求,在绿色发展目标下,生态环境系统与社会系统、经济系统和金融系统的协同发展,需要规范的引导、协调、教育和强制,以形成一个完整秩序下的规范发展和秩序化的发展。

(二)制度的公平性与正义性功能

制度规范性和秩序性功能的实质是为了实现利益的合理性和合法性分配。当前生态利益已成为人类社会发展的核心利益和发展的瓶颈,体现社会大多数人的利益诉求和愿景诉求。因为生态利益影响人类的生存与发展,不能因为少数人的利益而影响多数人的利益和整个社会的利益。绿色金融评级制度是社会利益在金融领域的体现,绿色银行评级制度的建设体现多数人的利益要求,所以绿色银行评级制度的建设代表绿色发展的价值观,符合人类社会社会发展的基本要求,体现社会的正义和社会公平发展的要求,符合多数人的利益。

(三)制度的约束性与激励性功能

康芒斯认为制度是强调集体行动在控制个体行动方面起的作用,就是规定着人们应该做什么不应该做什么,应该怎么做和不应该怎么做,约束着人们行为选择的空间。生态环境保护的核心就是约束人类的社会经济行为对生态环境的影响,要求人类的社会经济活动必须是在生态环境规律约束下的发展,人类的活动要以环境容量和生态的自净能力为限。约束功能可以降低不确定性,遏制机会主义,保障生态运行秩序,把生态外部性成本转化为商业银行内部的信贷成本。

生态环境的保护不仅仅需要约束人类的社会经济活动,还需要从思想深处和行为上激励人类参与环境保护和环境改善的行为。对商业银行正向的环境行为一定要进行激励。激励商业银行朝着人类诉求的利益方向发展,这种激励包含着激励方向和激励动力,或激励什么、多大程度的激励。影响商业银行信贷行为激励功能的因素包括环境责任与权利的明晰,国家环境补贴,外部性的内部化等。

(四)制度信息功能

肖特认为:"惯例和制度本身也是一种为经济当事人提供大量信息的有效的信息装置。"巴泽尔指出:制度是一种公共知识。制度为人们行为选择提供了一种公共信息或公共知识制度使主体可以获得对他人行为的预期信息。无论是从绿色信贷发展的角度,还是从绿色信贷自身来看,绿色信贷制度一方面是绿色信息的发出者,不断的向社会发出生态环境和人类对生态的态度等各方面信息;另一方面又是生态环境信息的接受者,通过对社会生态环境信息的不断接受,对银行信贷行为产生决策的影响,进而调节信贷行为与生态环境之间的关系。

（五）制度的经济功能

制度本身就是利益的交汇点,制度反映的是社会各种利益的博弈与平衡。绿色信贷行为本身就是社会利益与生态利益的博弈与平衡,是人类在生态利益和经济利益之间进行的选择行为,人类可以通过绿色信贷制度的建设,降低交易成本、提高合作收益、促进合作、优化合作、提供经济激励、降低风险成本和调整利益再分配。

第二节　绿色银行评级制度

绿色银行建设是生态环境保护的主要手段,是基于信贷行为与生态环境关系处理的最佳选择,绿色银行评级则是银行绿色化的"推进器"和动力源。把绿色银行评级制度化、规则化和标准化,是绿色银行评级公平、公正和秩序的保证。制度建设在绿色银行行为中有着十分重要的地位。

一、绿色银行制度概述

（一）绿色银行评级制度概念

绿色银行评级制度是指把绿色银行的评级工作的目标、内容、程序、结果公布、组织机构等,以法律、法规或行政规章的形式确定下来,形成银行评级行为中共同遵守的办事规程、行为准则和必须遵守的制度。绿色银行评级制度的概念分为广义概念和狭义概念。

广义的绿色银行评级制度包括银行业绿色化的评级和银行机构的绿色

化评级。广义的绿色银行评级制度的内容主要包括绿色银行业战略制度、银行业绿色信贷政策制度、银行机构绿色信贷贷前评价制度、绿色信贷行为贷后评价制度和绿色银行评级制度。绿色银行评级制度内容的设计包含银行业宏观环境行为的整体评价、银行机构环境行为评价两部分构成。

狭义的绿色银行评级制度主要包括绿色银行评级的过程,是由绿色银行评级的目标、对象、指标、标准、技术和方法构成,是指具体的绿色银行评级的阶段。此阶段是绿色银行评级的关键性阶段,其工作的质量与效率直接决定绿色银行评级的效果与效应。该制度的形式将更加多样化、多元化。所以,此阶段的制度内容应更加严谨,更加具有可行性。

绿色银行评级制度是绿色银行制度体系中的一部分,但由于绿色银行评级是一个结果性的评价工作,是以结果的方式,完整体现银行绿色化综合行为的结果。由于结果的形成是前面一系列结果的综合,所以绿色银行评级制度在绿色银行制度体系中具有十分特殊的作用与意义。绿色银行评级制度的建设,牵动绿色银行几乎所有制度的建设,具有以点带面的作用。

绿色银行评级制度建设的本质,是以制度的方式约束和激励银行业和银行机构的绿色信贷行为。绿色银行评级制度的建设在整个绿色银行评级体制与机制的建设中,处于基础性的地位。有什么样的制度,就有相应的体制建设,就有相应的机制建设。绿色银行评级制度建设的最终目的是协调银行信贷行为与企业或项目的环境行为,是协调和支持银行信贷行为与生态环境关系的维护与改善,其结果是改善人类社会的生存空间与条件。

（二）绿色银行评级制度特点分析

特点决定其存在的形式。绿色银行评级制度的特性源于绿色银行评级活动的特性。特点的研究可以使得绿色银行评级制度的设计更有针对性、精准性、适应性和可行性。绿色银行评级制度的特点如下:

1. 绿色银行评级制度生态性特征

生态作为具有一定组成要素,按照一定规律动态发展的过程与系统,是生物体与生态环境之间相互关系的纽带。绿色银行评级制度具有生态性的特征是指银行与生态系统之间所具有的生态特性,具体表现为三个方面,一是银行信贷行为必须遵守生态环境运行规则,信贷行为是在生态环境运行规则下的信贷运行;二是绿色信贷运行行为必须以支持生态环境保护为基点,要避免信贷行为的负效应关系,支持信贷行为的正环境效应关系;三是绿色银行评级制度反映的是银行系统和生态环境系统共同运行的结果,是一个动态的、发展的、完整的过程,需要相互的配合、协调和协同。

2. 绿色银行评级制度协调性特征

绿色银行评级制度是生态系统与信贷系统关系的协调过程,涉及两个协调,一是信贷系统内部的协调,是指银行系统内部以生态环境保护为基本目标和管理的协调过程,包括目标协调、管理协调、过程协调、利益协调等;二是信贷系统与生态环境系统之间的协调,即以银行自身利益最大化为目标的银行系统和以社会利益为目标的生态系统改善,在两个目标之间寻找平衡点,需要两个乃至多个目标之间的协调。绿色银行评级的管理目的是通过对银行系统与生态环境系统绿色化关系状况的描述和等级划分,推进银行系统与生态系统的和谐、协调的发展,进而实现生态文明建设和生态环境保护的目标。

3. 绿色银行评级制度秩序性特征

社会发展需要秩序的维护,从系统论的角度看,绿色金融首要的是维护生态、经济和社会的秩序,进而维护整个绿色金融系统的平衡。其次是绿色金融本身的发展也需要公平、公正的环境,保证各金融机构在公平、公正环境下公平竞争。绿色银行评级是一个由众多子制度系统构成的评级制度系统,各子系统的运行需要各种独立性和自由发挥空间。但各自系统的运行具有共同的行为目标,同样需要秩序的保障,只有在共同认可的目标和秩序下,绿色银行评级工作的运行才是高效率、高质量的,才会更加的公平、公正和自由。

4. 绿色银行评级制度激励性特征

通过绿色等级的划分和社会反馈,对银行业形成激励。基于银行信贷行为对生态环境的影响程度,建立绿色金融的国家补贴制度和社会激励制度。一方面是强化环境管理,促进金融业与生态环境系统的和谐发展;另一方面是银行业环境信用风险,推进银行业的可持续发展,进而为实现生态、经济、社会和金融业和谐发展贡献金融的力量。

5.绿色银行评级制度社会性特征

绿色银行评级制度是绿色银行制度的核心构成,银行绿色化的结果是对生态环境的改善和维护,生态环境的改善直接维护人类社会的生存环境,为人类社会的深度发展提供坚实的基础。因而,绿色银行评级制度的产品是社会性的,具有社会的共享性特征。

(三)绿色银行评级制度的功能

绿色银行制度的建设可以满足人类生态环境保护的要求,它通过对金融机构信贷行为的约束和激励,为银行系统参与环境保护提供基本依据和标准,为绿色信贷深度发展提供基本保障。绿色银行制度具有多层次、多机构的环境保护功能。

1.绿色银行制度思想功能

每一个特定制度都包含社会价值,具有伦理教化作用。制度所预设的伦理、价值观念,直接规定着该社会的整体伦理状况或精神文明发展的方向及其可能性空间。绿色银行评级制度是生态环境保护思想在绿色银行评级制度中的体现,同时绿色银行评级制度的建设,又把生态环境保护的思想贯彻到银行的每一个行为中,特别是贯彻到银行的信贷行为之中,是生态环境保护理念在金融领域的具体延伸与反馈。

2.绿色银行制度资源配置优化功能

资源配置是银行的基本功能,但资源配置优化在不同的目的与目标下是不同的。传统银行资源配置的目标是银行机构经济效益的最大化,所以创造经济效益成为银行资源优化配置的衡量标准。这个目标在以经济效益为主的经济发展阶段是正确的,是符合时代发展要求的。绿色银行优化配置是指银行信贷资金运动是在符合生态环境发展规律下运行,即银行信贷资金的运动只能促进生态环境的改善与维护,而不能破坏生态环境的现状与改善。这是绿色银行信贷运动的基本要求。因此,绿色银行可以起到优化金融资源配置作用的目的。

3. 绿色银行评级制度激励与约束功能

制度规定人们不同行为选择产生的不同结果,从而对人们的行为选择形成激励。激励包含着激励方向和激励动力,或激励什么、多大激励。激励的目的是为了调动组织成员工作的积极性,激发他们工作的主动性和创造性,以提高组织的效率。

金融信贷行为的生态外部性决定绿色金融制度的建设必须明确信贷责任人应该做什么不应该做什么,应该怎么做和不应该怎么做,约束着信贷行为选择的空间。约束功能作用包括:降低不确定性,遏制机会主义,保障运行秩序。

4. 绿色银行制度信息功能

惯例和制度本身也是一种为经济当事人提供大量信息的有效的信息装置。制度为人们行为选择提供了一种公共信息或公共知识制度,使主体可以获得对他人行为的预期信息。绿色信贷资金的运行过程是建立在对生态环境信息、企业环境行为信息、项目环境行为信息、社会环境行为信息等大量有关环境信息基础上所作出的一种选择行为。所以,拥有信息是绿色银行的基本职能与作用。

5. 绿色银行评级制度经济功能

从经济的角度看,绿色银行制度规则明晰违约成本,具有监督机制和成本(产品质量)道德自律。这样通过银行绿色制度的建设就降低交易成本(约束和信息功能,交易费用与转化成本),提高银行与企业或项目的合作收益。促进银行与社会的合作,优化银行与企业的合作。提供经济激励(降低不确定性,提供稳定经济预期,外部性内部化),降低银行和社会的风险成本(减少不确定性),调整社会利益分配、再分配。

6. 绿色银行评级制度协调功能

合作是制度产生的重要成因,社会越发展,越需要社会的合作。作为社会规范的一种重要而有力的手段,绿色银行制度具有社会协调和整合作用。绿色银行制度通过协调经济、社会和生态的关系,保证社会秩序的正常运行,为人类社会发展提供基本保障。

二、绿色银行评级制度价值与作用

(一)绿色银行评级制度价值

绿色银行评级制度的价值是指绿色银行评级制度满足人类经济和生态生存与需要的基本性能,即绿色银行评级制度对人类经济社会生态发展的有用性。绿色银行评级制度的价值是以银行绿色信贷行为与生态环境的关系作为基础的。绿色银行评级制度的建设价值如下。

1. 以制度方式落实绿色发展理念

凡勃伦强调:"制度实质上就是个人或社会对有关某些关系或某些作用的一般思想习惯,而生活方式所由构成的是,在某一时期或社会发展的某一阶段通行的制度的综合,因此从心理学的方面来说,可以概括地把它说成是一种流行的精神态度或一种流行的生活理论。"凡勃伦指出的是制度的意识形态特性,属于意识形态的范畴。树立尊重自然、顺应自然、保护自然的生态文明理念,是人类社会适应新的形势,适应人类新的需要的新思想。金融业绿色化是金融业适应人类社会发展新矛盾,解决人类社会发展新矛盾的产物,其制度的建设就是为践行生态文明建设新理念、新思想。

2. 以制度建设规范金融行为

制度是社会的博弈规则,或者更规范一点说,它们是一些人为设计的、型塑人们互动关系的约束。绿色银行制度的建设,一是通过规定和设置一些限制性规矩和纪律,并借助相应的惩罚性措施,使之成为银行主体自觉遵循的行为准则。这些行为规范和准则,可以避免和减少金融行为中因银行主体随意、自私的无序行为。二是在规范银行与生态影响关系的基础上,提高银行信贷运行的确定性和预见性,增加金融资源配置的合理性和有效性,把银行对生态环境的负面影响降低,把正影响提升到最大,形成银行行为与生态系统的良性发展,进而提升生态环境效益,降低环境损失。

绿色银行的本质是银行与生态环境关系的处理,是生态环境系统与银行系统关系的协调。绿色银行建设的核心目的是为人类的生存与发展,这是最基本也是绿色银行制度建设的基本出发点。因为生态环境的破坏已直接威胁到人类的生存与发展,究其成因是人类社会不文明的生产方式导致生态环境被破坏,原有的生态环境失去平衡,环境与人类之间不再是友好合作的关系。绿色银行制度建设是希望通过绿色银行制度建设约束银行信贷资金的非绿色行为的运行,激励银行绿色行为,进而达到为人类社会创造良好的生存与发展的环境,这是绿色银行制度建设的最终目标,也是其根本价值的指向。

3. 以制度建设激励金融行为

新制度经济学的主要代表人物诺思指出:"制度构造了人们在政治、社会或经济领域里交换的激励。"制度不仅有规范功能,更重要还有激励功能。制度的激励功能相对而言具有更加积极和主动的意义,它激励经济主体从自身利益和社会利益出发,增加金融资源投入,提高金融资源要素质量,从而提高金融资源与生态资源的效率,以增加社会价值收益或提高经济与社会绩效。

绿色银行制度建设的结果应该是生态环境的改善与维护,是人类生存与发展生态环境要素的改变,人类社会为改善生态环境采取的绿色信贷的方法与手段。生态环境的改善与平衡是绿色银行评级的基本目标。所以绿色银行评级制度具有生态性的特征,而且是其基本的特征。

(二)绿色银行评级制度的作用

作用是指某种对象在某个时间(或无)某个空间(或无)的某个过程中,作为手段、工具,最终达成的效果。绿色银行评级制度的作用包括宏观、中观和微观三个方面,通过对三个层面的银行信贷行为的约束与支持,形成一个合力,实现绿色银行制度建设的最终目的。

1. 绿色银行评级制度的宏观作用

宏观作用是指绿色银行评级制度对于一国或某一区域的生态、经济和社会环境行为的改善与提升的作用。首先是生态环境改善、预防和维护的作用。因为绿色银行评级制度虽然具体的评级对象是每一个具有相当行为的商业银行,但综合的结果却是反映某一区域的主体发展与变化,所以,应该把绿色银行评级制度上升到国家制度建设的层面,成为国家环境保护制度和绿色银行制度体系的一部分。其次是绿色经济的推进作用。通过绿色银行评级的活动,反推企业环境行为的改善,支持企业生态环境运行,成为绿色经济发展的"发动机"。

2. 绿色银行评级制度的中观作用

绿色金融市场的发展需要公平、公正、稳定和可持续的秩序,绿色银行评级制度的中观作用有两个:

一是绿色银行秩序的维护作用。绿色银行的发展受制于生态环境的公共属性。基于各种原因,银行在具体的信贷行为时,如果没有明确的经济效益的导向,对绿色的实施是处于一种天然的抵制状态。如果国家不以制度的方式明确绿色银行信贷实施的基本要求,就会产生投机的现象。所以,以制度的方式规定绿色银行评级,就会对银行机构起到约束与激励的作用。避免"劣币驱除良币"的现象产生。

二是正义的作用。环境保护是每一个人应尽的义务,同时每个人也有享受良好生态环境的权利。正义要求分配社会利益和承担社会义务时,要遵循一定的规范和标准,要按照一定的标准分配社会利益和义务。生态环境保护是银行机构应尽的责任。绿色银行评级制度的建设前提条件是银行机构环境保护责任的分配,即银行机构环境保护责任的认定。绿色银行评级制度可以推进生态环境正义的实现。

3. 绿色银行评级制度的微观作用

微观作用是指绿色银行评级制度对银行机构绿色行为和贷款企业绿色行为的影响状况,这种影响直接对企业的贷款和银行机构参与环境保护行为产生影响,即约束,优势激励,直接影响生态环境的改善。

绿色银行机构评级制度的建设,从社会和银行发展的角度,有三个作用,一是信息反映与反馈作用;二是银行机构绿色行为状况的评价作用;三是对生态环境风险的控制作用。三个作用属于基础性作用,在此基础上可以延伸更多的作用。信息是基础,评价是关键,环境风险控制是目的。

(1)绿色信贷信息的反映与反馈作用。绿色银行评级虽然是银行绿色行为结果的判定状况,但这一行为反映的是银行每一个信贷行为与生态环境之间的关系,反映的是信贷行为对生态环境影响的程度与效应。在宏观上,反映绿色银行制度的实施系统与生态环境状况,在微观上反映信贷行为与生态环境之间的影响程度与效应。

(2)绿色银行信贷行为状况的评价作用。虽然绿色银行评级制度在整个绿色银行的管理链中处于末段的环节,但它的评价由一系列的评价制度构成,包括企业贷款环境影响评价度、项目贷款环境影响评价制度、企业环境信息管理制度、银行绿色信贷绩效评价制度等。它是一个完整的系统,核心是信贷行为评级,是对绿色银行管理制度管理状况的全面评价,反映行业绿色信贷状况,反映生态环境与银行业的关系状态。

(3)环境风险控制的作用。环境风险控制具有双重的作用,一是环境风险控制是国家环境保护的重要手段,是国家环境安全系统的主要内容。二是环境风险控制是银行机构风险控制的主要内容之一,因为伴随中国环境保护相关法律法规的日益完善,企业和银行机构的环境责任逐步上升,环境风险已上升为银行机构的主要风险。如何有效地控制环境风险,已成为银行机构重要的职责,对银行机构的安全运营具有非常大的影响。总之,环境风险控制不仅仅是银行机构自身问题,同时亦是国家的环境安全问题。银行界参与环境风险的控制与管理具有可持续性、全面性、客观性的特点,银行参与环境风险控制不仅仅对银行机构的经营安全起到重要作用,而且对整个环境的风险控制与管理具有重大意义。

三、绿色银行评级制度建设中的主要问题

就中国当前绿色银行评级制度的建设现状看,应该说绿色银行评级制度的建设远远落后于绿色银行的实践发展的速度,绿色银行评级制度的建设与绿色银行实践发展是不适应的,严重影响绿色银行深度发展,当然也影响绿色银行评级制度的建设。

(一)绿色信贷发展与制度建设脱节

自 1995 年绿色信贷的提出距今已有 23 个年头,23 年里国家的环境保护管理工作发生巨大的变化,党的十八大把生态文明的建设提到"五位一

体"建设的高度,提出要坚持节约资源和保护环境的基本国策,坚持节约优先、保护优先。特别是 2015 年新"环保法"的出台,环境责任原则的进一步深化,企业环境行为约束进一步加强,环境保护成为强制性的约束行为。但反观我们的绿色信贷制度与制度体系的建设,与生态环境发展变化极为不相符。绿色信贷制度建设远远落后于环境保护制度建设,基本延续商业规则下的绿色信贷管理模式,并没有把生态文明的理念融入信贷行为之中,信贷行为的基本模式没有转变,信贷环境行为约束机制并没有建设起来。

(二)绿色信贷制度建设与生态环境保护制度建设的脱节

我们的生态文明建设制度体系的建设已初步完成,包括环境保护目标体系、环境保护责任体系、环境保护标准体系、生态保护红线体系、环境保护管理体系、生态文明考核体系等,我们已经完成初步的制度建设,形成一整套的以制度为核心的管理系统,绿色发展成为社会发展的主旋律。但看绿色信贷制度的建设,两个《绿色信贷指引》和《能效指引》成为绿色信贷制度建设的标志。相应制度的建设远远落后绿色信贷实践的需要,绿色信贷技术制度体系、绿色信贷标准制度体系、绿色信贷环境风险控制制度需要建立。制度不能满足实践的需要,制度的效应不能发挥,绿色信贷制度已成为绿色信贷深度发展的阻碍。

(三)绿色信贷制度不能起到有效的规制作用

在绿色金融发展过程中机制建设一直处于自发的规制阶段,这个阶段分为两种形式,一是政策引导形式。从 1995 年绿色信贷政策出台,到 2007 年绿色信贷政策制定与实施的高峰,我们的目标是实现环境政策、产业政策和信贷政策的结合,但这种结合是非强制的,因为信贷政策本身就是一种引导型的金融政策,信贷政策对各商业银行和金融机构不具备强制性的约束力,所以这个阶段的绿色信贷政策也只是对金融发展方向和行为的一种引导、劝导。二是规章引导形式。2012 年,中国银行业监督管理委员会发布《绿色信贷指引》,该指引虽然是以部门规章的方式发布,但没有明确各商业银行未履行的责任方式,所以也只能流于形式的发展。

2016 年,七部委联合发布《关于构建绿色金融体系的指导意见》,站在激励的角度,提出了支持和鼓励绿色投融资的一系列激励措施,包括通过再贷款、专业化担保机制、绿色信贷支持项目财政贴息、设立国家绿色发展基金等措施支持绿色金融发展。不过在环境风险控制、环境行为约束方面没有提出建设性的建议。

如前所述,环境问题是一个公共性的问题,涉及这个社会所有人的利益。金融机构是企业,基于企业的特性,金融机构是不可能自愿参与环境保护,因为这将面临经营成本的大幅提升,存在金融机构自身利益与社会利益的冲突。所以,未来中国绿色银行的制度建设成为绿色银行发展成败的关键。

绿色银行评级制度是整个绿色银行制度体系的重要构成,属于绿色银行建设效果的评价与验证环节。通过绿色银行发展绩效的评价可以推进绿色银行的建设,检验绿色银行发展的效果,成为绿色银行发展的动力机制。可以通过制度的设计,推进绿色银行整体制度的建设与发展。

第三节　绿色银行评级制度设计的原则

绿色银行评级的本质是一项公益性的事业,但又是一个基于信贷的环境影响绩效评价与分析的过程。绿色银行评级制度是为保证绿色银行评级过程的秩序与公正而产生。绿色银行评级制度设计的原则是指绿色银行评级制度设计所依据的准则与标准,是绿色银行评级制度价值的体现。

一、环保法中的关于原则的规定

2015年开始实施的《中华人民共和国环境保护法》第五条首次确立了环境法的基本原则,即"环境保护坚持保护优先、预防为主、综合治理、公众参与、损害担责的原则"。

(一)保护优先原则

保护优先原则是指在处理经济增长和生态环境保护的关系时,应遵循生态环境保护优先的原则。经济发展与生态环境之间是一对矛盾。这一矛盾成为人类社会发展的一道选择题。环境保护优先原则的确立,为我们如何处理生态环境与社会经济发展之间的矛盾,提供一个基本的解决方案。

(二)预防为主原则

无论是基于环境污染成本的考虑,还是基于人类社会的利益考虑,预防都成为人类社会发展的一个基本办法。在环境保护领域实施预防为主的策略,是人类社会在环境保护管理制度上的进步,为拓宽环境保护的手段与方法提供一个新的依据。

(三)综合治理原则

环境保护综合治理是指采取包括经济、法律、行政、技术、教育等各种措施,来控制环境污染和破坏。它要求把防治环境污染和破坏同经济建设、金融建设结合起来,综合利用各种手段推进环境保护国策的实施。要根据绿色银行发展过程中的特点即与生态环境的关系状况,设计多层次、多样式、多结构的绿色金融制度体系,要形成与生态环境保护制度的对接。在整个生态环境保护体系中起到调节与配置的作用。

(四)公众参与原则

公众参与原则是明确广大公众参与环境保护管理的权利并保障公众行使这种权利的基本原则。环境质量的好坏,直接关系到每个人的生活质量和追求幸福生活的权利。保持清洁、舒适、优美的环境,既是人们的愿望,也符合公众的利益。人们享有在良好的环境中生活的权利,依法参与环境管理的权利,对污染和破坏环境的行为进行监督的权利,同时也有保护和改善环境的义务。

(五)损害担责原则

新环保法对损害者的责任作出了具体的规定:企业事业单位和其他生产经营者"对所造成的损害依法承担责任";排放污染物的企业事业单位和其他生产经营者,应当按照国家有关规定缴纳排污费;排放污染物的企业事业单位,应当建立环境保护责任制度;重点排污单位有主动公开信息的责任;因污染环境、破坏生态造成损害的,应当按照侵权责任法的有关规定承担侵权责任;此外,还规定了行政处罚、行政拘留和刑事责任。

二、绿色银行评级制度是环境法在银行领域的延伸

我们认为,环境法所设定的基本原则应构成绿色银行评级制度设计的基本原则。因为绿色银行评级制度设计的根本是生态环境的保护,这与环境法所设定的目标是一致的。只是绿色银行评级制度是针对银行的信贷行为所做出的规则设计,虽然存在对象的不同,但绿色银行评级制度的设计只是环境保护原则在银行领域的具体延伸,是国家环境保护法律在金融领域的具体实施。

我们认为,绿色银行评级制度设计的原则应是在遵守环境保护法设计原则基础下的延伸,绿色银行评级制度原则是在环境保护原则下在银行领域的应用。

三、绿色银行评级制度设计的原则

在遵守环境保护法所设定的原则基础上,我们认为绿色银行评级制度的设计应遵守以下原则:

(一)公平正义原则

公平正义原则要求投资者在投资时,除遵守基本的经济规则外,应遵守社会公平与正义的观念,以人类社会的公众利益为先的原则。正义原则应成为投资最初的出发点,目的是保护生态环境,促进人体健康。在投资中,正义性也是投资者获得长期收益的基本条件,因为人类是一种群体性动物,互相依存,共同发展,利益共享性强,因此那些破坏人类基本生存环境和条件的投资行为是得不到多数人支持的,从而没有生命力和持久性。相反,投资于人类正义、和平和促进社会公平、民主的事业才会受到普遍的认同和支持。

(二)环保优先的原则

环保优先原则,是指在绿色银行评级的制度体系设计中,特别是银行机构贷款环境影响评价和以后机构环境影响绩效评价制度的设计中,要把生

态环境保护放在优先的位置加以考虑。在社会的生态利益和其他利益发生冲突的情况下,应当优先考虑社会的生态利益,满足生态安全的需要,做出有利于生态保护的决策。

(三)预防为主的原则

在绿色银行评级制度体系的设计时,应把设计的重点放在预防规则的制定上。例如,银行贷款准入条件的制定就是预防体制与机制建设的体现,通过准入条件的约定,银行可以及时地把不符合国家环境保护要求,不符合企业可持续发展要求的风险杜绝门外,以预防降低环境的社会风险,以预防降低银行机构的环境风险。

(四)准确与及时性原则

准确原则就是绿色银行评级指标所需信息的采集和处理应该严格按照要求进行,不能随意改变数值的大小,要保证指标能够准确反映绿色银行的基本状况。及时原则就是指标数据的采集应该根据要求按时进行,保证指标能够及时反映商业银行绿色化过程各项工作的最新发展。

(五)科学与全面原则

科学是指绿色银行评级制度所涉及的标准、指标、方法与技术必须是建立在科学分析的基础上,必须能够反映评级内在的生态环境与银行信贷行为之间的关系;全面是指评级所涉及的内容能够覆盖生态环境与银行信贷行为的全过程,包括贷前关系、贷中各项和贷后关系,全面反映贷款单位周边的生态环境状况与银行信贷部门的努力程度。

(六)动态与累积的原则

绿色银行评级所涉及的标准、指标与技术不是一成不变的,它是根据企业内外环境的不断变化而有所调整和改善,指标要能够反映企业在推进环境保护方面的实际情况。评级是一个连续不断的过程,只有长时间的观察与分析,方能真实地反映银行信贷行为与生态环境之间的因果关系与内在的联系。

第四节 绿色银行评级制度设计影响因素

　　绿色银行评级制度本身就是时代发展的产物,制度的内容与形式都受到多方面因素的影响与制约。这些因素包括了宏观因素与微观因素、思想因素与实践因素、法律因素与政治因素等。

一、环境保护思想意识因素

　　环境保护思想意识因素包括全民的思想意识因素和银行机构思想意识因素。马斯洛把人的需求概括为三种基本类型:最低限度的自然生理需求或生存需求、高层次的满足人的社会生活的社会需求、满足人的精神要求的精神需求。环境需求是现代人类最基本的需求之一,是随着经济社会进步而发展变化的自然需求。

　　在人类与环境关系的思想态度上,人类的环境思想经历三个发展过程,一是环境决定论阶段,人们认为环境决定人类的生存,人类处于对大自然的盲目崇拜的过程,这与人类的生产力水平有关;第二个阶段认为人定胜天,也是人类大肆破坏生态环境的阶段;第三阶段是绿色发展、和谐发展的阶段,在生态与人类之间和谐相处,保护环境,绿色发展是这个阶段的主导思想。

　　20 世纪 70 年代以后我国对环境问题的关注也主要集中在国家和政府层面。进入 21 世纪,公众的环保意识普遍得到提升,NGO 组织得到快速的发展。自觉参与环境保护成为社会发展的主流思潮。

　　伴随绿色发展、相互发展、低碳发展的思想理念深入人心,《环保法》的修改,金融机构的环境保护责任意识和环境风险意识不断上升,金融机构开始主动参与环境保护,环境保护思想逐步成为现代信贷行为的指南。这为绿色银行的评级工作的开展奠定良好的工作基础,为绿色银行评级制度的建设打下前提条件。

二、生态政治因素

党的十八大把生态文明建设纳入中国特色社会主义事业"五位一体"总体布局,将"建设社会主义生态文明"写入中国共产党党章,成为全党的共同意志;十八届三中全会提出紧紧围绕建设美丽中国深化生态文明体制改革,加快建立生态文明制度;十八届四中全会进一步要求加快建立生态文明法律制度,用严格的法律制度保护生态环境;十八届五中全会强调把绿色发展作为指导"十三五"发展的五大理念之一,实行最严格的环境保护制度。

绿色金融制度是生态文明制度在金融领域的具体体现,绿色金融制度的目的与目标,与生态文明建设的目的与目标是一致的,金融行为必须以遵守社会行为基础,金融行为是在社会行为模式约束下的金融行为,金融行为的基本规则就是不能以牺牲社会利益为代价,不能以牺牲生态环境为代价。

三、法律因素

法律以规定当事人权利和义务,以国家强制力作为保证的行为规则。绿色的法律法规,对绿色银行评级制度的建设具有十分重要的影响,决定绿色银行评级制度的层次和规范程度。伴随宪法对环境保护的明晰,环境保护法基本法和环境保护专项法和环境保护各项标准的陆续发布,以法律、法规为基本约束的中国环境保护体系正在逐步形成,法律开始成为社会环境行为必须遵守的基本条件。

商业银行是企业,企业首先应遵守公司法的规则。依据《公司法》第五条的规定,"公司在谋求利润最大化之外,有维护和增进社会利益的义务"。商业银行的企业属性,决定其行为必须在公司法的约束下发展。环境利益是最基础的社会利益,借助于法律手段落实公司社会责任,是一种对非环境行为的直接约束方式。以立法的形式明确企业的社会责任,既是为商业银行的内部管理与外部经营提供法律依据,做到有法可依;也是为了规范商业银行的内部管理与外部经营,完善商业银行的社会责任机制,引导商业银行的发展方向,推动商业银行做出有益于社会的行为,促进金融行为与生态行为之间的协调,最终为推动生态、经济和社会的协同发展贡献力量。

四、经济行为模式因素

大力发展绿色经济、低碳经济、循环经济、生态经济、环境友好经济已成为社会的共识,成为未来经济发展的基本模式,并已纳入国家的发展战略。

党的十八大要求:"把生态文明建设放在突出地位,融入经济建设、政治建设、文化建设、社会建设各方面和全过程,努力建设美丽中国,实现中华民族永续发展。"生态文明建设不但要做好其本身的生态建设、环境保护、资源节约等工作,更重要的是要放在突出地位,融入经济建设、政治建设、文化建设、社会建设各方面和全过程,这不仅意味着生态文明建设与经济建设、政治建设、文化建设、社会建设相并列,而且是生态文明建设优于其它建设。

2015年国务院出台《生态文明体制改革总体方案》,明确提出要构建自然资源资产产权制度、国土空间开发保护制度、空间规划体系、资源总量管理和全面节约制度、资源有偿使用和生态补偿制度、环境治理体系、环境治理和生态保护的市场体系、生态文明绩效评价考核和责任追究制度等8个方面的制度体系。着力解决发展绩效评价不全面、责任落实不到位、损害责任追究缺失等问题。生态文明制度体系的建设成为生态文明建设的重点,生态文明绩效评级成为推进生态文明建设的重要抓手。

2016年12月,中共中央办公厅、国务院办公厅出台《生态文明建设目标评价考核办法》,该办法充分体现了绿色发展的基本要求,是绿色生产方式和生活方式的体现,是经济增长与资源环境相协调的发展道路的具体实施,意味我国生态环境保护体制要从末端治理向源头预防和全过程控制转变,更加注重环境质量的效益与结果。我国的生态文明建设工作从理念走向具体实施,以生态文明建设目标评价为基本机制的生态环境保护体系正在逐步走向完善的过程。

2017年,国务院出台了《国务院关于促进环境保护国策实施的决定》,

该决定中重点阐述了环境保护优先原则,不能一味追求经济发展,这是我国历史上首次提出环境优先的原则。环境优先原则成为我国社会经济发展决策过程中的必选项和优先选项,在具体的实际操作中体现在制定各项发展战略环境优先成为主要因素,制定政策时要优先考虑生态环境的影响,绿色成为经济发展的基本模式,在金融投融资领域,绿色成为基本的前提条件和制约条件。

五、人类科技的不断进步

科技进步对绿色银行评级制度的建设具有两方面的影响,一是对绿色银行评级过程所需技术的影响。二是绿色银行评级过程所涉及科学技术的影响。评级过程所需技术包括信息收集技术,环境保护信息分析技术,绿色信贷大数据技术,绿色信贷海量分析技术,等等。

绿色银行评级所需科学技术是指绿色银行评级所涉及的信息收集技术、信息分析技术、信息评价技术等条件。例如,信息绿色银行评级首先是绿色信贷信息的集聚过程,这些评价信息包括环境保护部门的各种信息、企业环境行为各种信息、能源保护部门的各种信息、工业技术信息、环境保护标准信息、生态环境发展变化信息等。环境信息具有跨部门、跨行业、跨学科、知识综合的特点。利用大数据的原理对以上信息进行整理、分析并运用到绿色银行评级工作过程中,需要技术上的突破。

21世纪,大数据技术、计算机技术、现代通讯技术、智能分析技术、现代计算技术等不断地成熟与深度发展,这些都为绿色银行评级制度的建设奠定良好基础,为绿色银行评级的具体、可操作实施打下基础,绿色银行评级的技术条件已经具备。

第五节 绿色银行评级制度议程

银行机构绿色评级系列化的规则体系包括银行机构绿色评级目标、银行机构绿色评级主体、银行机构绿色评级指标、银行机构绿色评级标准、银行机构绿色评级方法、银行机构绿色评级流程和银行机构绿色分级标准等要素,现分别简要叙述如下:

一、银行明确机构绿色评级的目标

银行机构绿色评级的核心目标是全面、真实反映银行信贷业务活动过程中所形成的对生态环境系统的影响状况。但站在不同的角度和位置,对银行机构绿色评级的要求也是不一样的。如银行自身位置,政府管理位置,金融监管位置,社会组织位置等都有不同。

根据位置不同,目标不同的理解,我们将银行机构绿色评级的目标分为三个层次,一是银行机构绿色评级的操作目标;二是银行机构绿色评级的管理目标;三是银行机构绿色评级的最终目标。三个目标之间是一个从表及里,从外延到内涵的,从形式到实质的关系。

（一）银行机构绿色评级的操作目标特性

银行机构绿色评级的操作目标是银行机构绿色评级工作直接反映某一银行机构的评级状况的指标形式。该指标以定量和定性的方式直接反映评价的结果。首先该目标是用一个区间值来反映这种状况与程度,尽管这个量化的结果的测算难度较大,但如果不能以定量的形式来反映这种状况与程度,该目标的表达是不精准的,不能确切表达其程度状况的;其次该目标还需要用定性的方式来表达其所在的状态,来反映绿色信贷管理行为的结果,反映该银行机构的绿色信贷行为的状况。该目标的程度操作是由评级机构来反映。

（二）银行机构绿色评级的管理目标特性

操作目标反映参评银行绿色化程度,这种反映是一种形式上的反映。我们开展银行机构绿色评级工作的内在目的是通过形式的表达,起到的作用是通过银行机构绿色评级促进整个银行业绿色化的进程与质量。银行机构绿色评级的目的是促进银行业的绿色化发展,加速推进银行业绿色化的进程。同时也是为推进银行业绿色化的高质量发展,以内涵的绿色化,推进人类与生态之间的平衡发展。该目标的操作应由金融监管机构来反映。

（三）银行机构绿色评级的最终目标

可持续发展是人类对未来生产与生活方式的一种选择，是人类社会为避免陷入生态危机的一种自保行为。银行机构绿色评级的目的与可持续发展的要求是一致的，应体现可持续发展的内涵与基本要求。金融的行为方式必须与可持续发展的要求保持一致，必须改变金融的行为模式，绿色发展是银行信贷行为的必然选择。银行机构绿色评级的最终目标是为人类社会的发展服务，这是银行机构绿色评级方向的指引，必须加以明确。该目标的操作应由环境保护部门来反映。

二、明确绿色评级的对象

（一）银行机构绿色评级的对象

银行机构绿色评级对象分为形式对象和实质对象。形式对象是指评级是对某一银行机构或银行业监管的评级。但实质上，银行机构只是一个载体。银行机构绿色评级是要反映银行机构的信贷行为与生态环境关系的，所以银行机构只是银行机构绿色评级的形式对象。实质对象是指银行机构绿色评级是对银行信贷行为与生态环境系统状况进行系统的定性与定量描述，评级对象是银行的信贷行为与生态环境之间的关系状况，因为银行信贷行为具有生态外部性，所以银行机构绿色评级可能是一种正相关的关系，亦可能是一种负相关的关系。正相关关系代表银行的信贷行为对生态环境和人类社会的生存发展是有益的，反之，则是有害的。

由于银行机构绿色评级的结果是由每一个银行贷款对象的绿色信贷行为的结果而来，因而每一个贷款对象绿色信贷行为的结果的真实性将成为绿色评级的基础。同时由于绿色评级行为的评价又是一个长时间的评价与分析的过程，所以必须用制度的方式，保证绿色信贷行为的可持续性。

（二）银行机构绿色评级参评对象的整体性要求

由于银行机构绿色评级的实质是要反映生态环境系统与银行业系统之间的内在关系，其针对的对象是银行机构的信贷行为。信贷行为是所有银行的基本业务行为,构成银行机构业务的基本来源。所以参评的结果应以制度的方式加以明确,要求银行业参评的机构为所有机构。否则银行机构绿色评级就不能反映信贷行为与生态环境之间的真实关系,不能达到开展银行机构绿色评级的内在目的要求,不能反映银行机构绿色评级制度建设的初衷。

三、银行机构绿色评级主体设计

(一)银行机构绿色评级主体选择

所谓主体,是指主导评价活动的人与团体。评价主体的选择对银行机构绿色评级的真实、准确、公平、公正和有效性具有重大的影响,因为评级的背后是一场巨大利益的博弈。生态环境的改善与维护是公共产品,公共产品具有消费的非排他性和共享性的属性,其特点决定其社会利益的基本性质,是社会利益为主,还是企业的利益为主,是一场重大的选择。站在不同的位置,对银行贷款环境影响评价的看法是不同的,立场不同,决定其处于评价过程的目的不同,自然导致行为的不同。

1. 从银行机构绿色评级属性看银行机构绿色评级的组织主体

由于绿色评级的结果具有公共产品的属性,所以在银行机构绿色评级的组织过程中,商业银行会出现两种现象。

一是投机现象。投机现象是指商业银行会根据银行机构绿色评级的结果对自身的影响程度,来设计自身在整个评级行为中的位置。有利,则商业银行会积极地参与;不利,则商业银行会选择观望或回避。这与银行机构绿色评级要求的长期性是不符的。

二是成本约束。在评价过程中需要增加商业银行的各种费用,造成管理成本的上升,根据理性经济人原理,商业银行自身的积极性是受限制的,商业银行本身缺乏内在的动力。没有内置的动力,就会影响评级的积极性。必须把绿色信贷管理行为的评级工作纳入国家对商业银行的统一管理机制之中,方能保证绿色信贷管理能力评价的可持续。

2.利益不同,角度不同

站在不同的位置与角度对银行机构绿色评级的要求是不一致的。站在政府环境保护部门的角度是为了维护生态、经济和社会的总平衡。站在金融监管机构的角度是为了考核商业银行绿色信贷战略与政策的执行状况,及银行机构开展绿色金融公平与公正性,维护绿色金融市场的秩序。站在商业银行的角度则是成本的付出与经济利益的分析。

(二)环境保护类评价的发展

根据 2014 年环境保护部等四部委联合发布《企业环境绩效评价办法(试行)》和环境保护部、发展改革委、人民银行、银监会发布的《企业环境信用评价办法(试行)》的通知,当前的企业环境绩效评价的主体是国家环境保护管理机构。政府环境保护相关主管部门成为企业环境行为的评价主体,以保证企业环境影响绩效行为评价的顺利进行,保证国家制度的落实。但由于企业环境绩效评价与银行贷款环境绩效评价的内容有一定的区别,二者在动机上具有不同,如果完全采用政府的环境影响绩效信息,在某种程度上不能满足银行贷款对环境绩效信息的需要,因为站在银行的角度,控制环境风险的产生是其本质性工作。

(三)以混合制推进银行机构绿色评级

银行机构绿色评级行为是社会性公益行为,是为大众的生态环境利益而设置的机制。在评级的过程中不掺杂经济利益,不应掺杂银行机构的个体利益,以保证银行评级过程的公平和公正性,以保证银行机构绿色评级制度的作用效力。

鉴于生态环境保护行为的社会性,为保证环境绩效评价的公平、公正性,我们建议环境绩效评价的主体分为银行自身、政府环境保护相关机构和金融监管机构,在评价的内容一致性的条件下,企业环境影响评价信息可以上报不同的主体,最后形成一个完整的企业环境行为信息,政府、金融监管机构、银行自身都可以形成一个完整的企业环境影响绩效分析的信息系统、评价系统,信息系统的评价结果可以相互的印证、相互影响、相互制约,保证企业环境行为绩效评价的真实性和公正性。

　　另外,银行贷款环境绩效评价要邀请社会组织的广泛参与,大学、研究机构和社会组织以其专业性、广泛性保证银行贷款环境绩效评价的真实、有效。因为社会组织参与评价是社会性公益行为,不掺杂经济利益,可以保证环境绩效评价过程的公平和公正性。

第九章 绿色银行评级制度体系的建设

鉴于绿色银行评级是多活动、多因素、多环节、多层级共同作用的结果。制度的设计是其必然性的选择,只有通过制度,只有通过制度体系,整个绿色银行评级活动方能在规范、秩序、公正的条件下进行,方能保证其工作的效率与质量。

第一节 绿色银行评级制度体系

一、绿色银行评级制度分类

(一)绿色银行评级制度分类的成因

绿色银行评级活动分类的成因源于绿色银行评级活动的多环节、多成分、多因素和多模式,使得单一的制度模式无法满足评级过程中各方面的多元诉求。必须建立一个多层次、多形式的评级制度体系,方可实现多方的利益要求,实现多方的共赢。

1.利益主体的多元,要求制度的多形式

在绿色银行评级过程中涉及的利益主体是多种、多样的,包括各种类型的企业。如,国有股份企业、私人企业、股份制企业、集体企业等。多种类型的项目,如公路建设、水利建设、森林建设、铁路建设等,每一个建设的主体不一样,诉求不一样,利益不一样。只有多元的制度模式方能满足其多元的诉求与利益。

2. 利益关系不同,要求制度的多模式

在绿色银行评级过程中各种关系是不一样的,银行与企业之间只能是合作协商的关系,而不能采取强制性的要求。政府与商业银行之间同样是政府与企业之间的关系,过多的刚性约束会降低银行机构的运营积极性,影响银行机构在经济效益的积极性。所以,也只能采取多元的制度模式,实现各方关系处理的合法、合理和规范,调动各方参与绿色银行评级。

3. 环节过多,每个环节制度不同

绿色银行评级活动本身是由两大环节构成,一是单体贷款的评价活动,这个活动包括企业贷款的申请、绿色企业的审核、绿色贷款的决策、绿色贷款的跟踪、绿色贷款的绩效评价等;二是单体银行机构绿色贷款绩效的汇总评价,银行机构绿色状况的评级。而每一个环节又内套多个环节,单一的制度形式不能满足各环节的诉求。

4. 刚性约束与软性约束并存,导致制度的多元

绿色银行评级在制度的建设上,既要求刚性的约束与激励,同时存在软性的约束与激励。刚性不能过多,只能在主线,在关键的环节起作用。软性的设计是绿色银行评级制度设计的主流,以充分调动绿色银行评级各方参与的积极性和主动性。如,银行贷款环境影响基准的制度,就必须是刚性的设计。而银行贷款环境运行标准可以是银行机构自我的设计。

二、绿色银行评级制度体系

基于绿色银行评级活动的特殊性及其与生态环境关系处理的要求,绿色银行的制度具有多层次、多种类、多形式的特点,既需要国家的强制力保证绿色银行评级的实现,又需要以协商的方式保证银行与企业之间的各自独立性,绿色银行评级的制度主要由以下两种类型构成。

(一)绿色银行评级正式制度

正式制度又称正式规则,是指人们有意识创造的,以正式文本形式颁布的、并往往以国家权威为后盾的,以强制实施为保证的一系列规则构成。正式制度包括政治规则、经济规则、契约等,以及由这一系列规则所构成的等级结构:从宪法到成文法和不成文法,到具体特殊的细则,再到个别的契约,这些从上到下的一系列规则,共同约束着人们的行为。

绿色银行评级正式制度是指政府、国家或领导人等,按照一定的目的和程序有意识创造的,有关绿色银行活动与运行的一系列的规则与契约规定的法律、法规。绿色银行评级正式制度可以包括各种成文的法律、法规、政策、规章、契约等。它们共同构成银行机构评级行为的激励和约束机制。绿色银行制度必须以正式制度,必须是国家权力部门颁布。

1. 绿色银行制度是协同与协调经济系统、社会系统与生态环境之间关系的基本工具与手段

把绿色银行评级制度列为正式制度还是非正式制度,取决于生态环境状况、经济发展状况、政治形势状况和科学技术状况等因素。当生态威胁人类的生存与发展时,生态成为人类社会的重要矛盾,绿色银行评级制度将成为国家正式制度的一部分,需要以法律、法规、规章的方式对绿色银行评级的程序、指标、内容、结果等以国家的名义进行规定,以保证商业银行绿色金融行为的严肃性、公正性和公平性,进而保证国家环境政策、制度、战略的落实,维护金融市场发展的秩序和稳定。

2. 绿色银行正式制度产生源于金融资源配置效率低下

金融产生的本身就是基于资源配置效率的需要,当然这种资源的配置需要是以经济利益为目标的配置过程,配置的动力源于银行机构对货币增值的需要。绿色银行则不同,它是以绿色的效益为基本目标的资金运动过程,是生态环境规律下的资金运动。所以,以传统的、货币增值为目标的标准去衡量货币资源的配置是不可行的。近20年的银行信贷资金运行与效果恰恰证明这一点。我们急需基于绿色目标的银行配置体系的出现,以满足人类的生态环境利益要求。

3. 绿色银行制度产生是基于集体利益与个体利益的选择

正如诺贝尔经济学奖获得者诺思指出:"制度是一系列被制定出来的规则、守法程序和行为的道德伦理规范,它旨在约束追求主体福利或效用最大化利益的个体行为。"制度所起的重要作用之一,就是连接个人利益和集体利益,并在集体利益和个人利益之间进行平衡与约束,以维护人类社会发展中的最大利益需要。生态环境危机的实质是人类社会发展制度与生态环境之间的矛盾,是人类现有制度不能适应人类社会发展的具体表现。我们可以通过绿色制度的设计缓冲和协调这种矛盾和冲突。绿色银行制度正是适应人类新制度建设的要求所产生。

4.绿色银行制度是基于金融机构理性特点所作出的选择

银行机构的信贷活动、行为的方式和逻辑是由银行机构的动机决定的,银行机构的动机则是由收到他们现行的制度所诱导、塑造和决定的。因此,制度是影响生态环境绩效好坏以及确定生态环境绩效好坏评价标准的最终决定因素。绿色银行制度的建设必须基于银行机构的内在运行机理,即银行机构是一个理性的经济人角度进行设计,方能保证绿色银行制度设计的可行性和可持续性。

三、非正式制度设计

(一)绿色银行评级非正式制度

非正式制度,又称非正式约束、非正式规则,是指人们在长期社会交往过程中逐步形成,并得到社会认可的约定成俗、共同恪守的行为准则,包括价值信念、风俗习惯、文化传统、道德伦理、意识形态等。在非正式制度中,意识形态处于核心地位。非正式制度主要依靠主体自身的内在的自觉自省,以及外部的舆论褒奖,形成对社会成员的约束力。

绿色银行非正式制度,也称绿色银行评级协商制度,是指在银行评级活动的内部交往和银行外部的交往过程中,自觉贯穿绿色发展理念的过程,经双方的友好协商,自愿达成的鉴于环境保护为目的的制度形式。

绿色银行评级本身就是一个社会创新的结果,是人类社会适应新的问题而主动进行变革的产物。因而,绿色银行评级首先是社会的价值观念、伦理规范、道德观念和风俗习性的变革,而且还可以在形式上构成某种正式制度安排的"先验"模式。绿色银行评级非正式制度的建设,是以绿色指导思想的形式构成行为的约束力,同时也是正式制度安排(或正式约束)的理论基础和最高准则。

（二）绿色银行评级非正式制度的特点

绿色银行的非正式制度安排具有自发性、非强制性、广泛性和持续性的特点。所谓自发性,是指非正式制度安排得相当部分是由绿色文化遗传和绿色评价习惯累积而成的。所谓广泛性,是指这种自发的绿色习惯,绿色理念贯穿于银行行为的每一个环节。所谓持续性,是指绿色银行评级的思想与理念所形成的内在制度约束,可以形成我们的习惯、形成我们的惯性行为,进而在相当长的一段时间内起到约束的作用。

绿色银行制度有一个发生、发展的过程,我们认为在当今的条件下,环境问题是我们的主要问题。因而在初期阶段,我们可以以正式制度的建设为主,以非正式制度的建设为辅,当生态矛盾成为非主要矛盾时,以非正式制度建设为主。无论是正式制度的建设还是非正式制度的建设,核心一点,就是制度建设的效力必须得到发挥,要让制度真正起到协调、协同绿色金融发展的目的,起到人类与生态和谐共存的目的。

第二节　绿色银行评级制度法律化的思考

2006 年 Mike W.Peng 提出制度三个"支柱"理论,即一个完整的制度框架依次由规则支柱,规范支柱和认知支柱构成。规则支柱是针对正式制度,需要政府的强制性权利,因此它也是制度框架的首要支柱。规范支柱是指其他相关竞争者的价值观、信仰和规范如何影响个人和企业的行为。认知支柱是引导个人和企业行为内部化习以为常的价值观和信仰。[①] 绿色信贷的问题实质是环境保护问题。环境保护具有社会公共产品的属性。金融的生态环境外部性决定绿色银行评级制度的设计是一个基于环境保护的公共利益设计。从环境保护规制、制度建设角度看绿色银行评级制度的设计,法

[①]　尤号:《基于制度的战略观研究评述》,《华东经济管理》2010 年第 9 期。

律化是其必然性要求。

一、从环境保护角度看,绿色银行评级制度的法律化

(一)绿色银行评级制度是环境保护制度的重要构成

制度建设是一个完整的体系。从环境保护的角度看,环境保护法律体系由宪法部分、环境保护基本法部分、环境保护单项法部分、环境保护规章和环境保护标准部分构成。绿色银行评级制度是国家环境保护法律在银行领域的具体延伸。从宪法的角度看,每一个公民、企业和组织都有享受生态环境的权利;从环境保护法看,环境保护是每一个公民、企业和社会组织所应尽的责任,绿色银行评级制度是把银行系统应尽的环境责任进行落实的前提,没有评级,就不会产生绿色行为的动力,银行系统环境保护的责任就无法真正、真实的落实;从环境保护单项法的角度看,都对金融的环境保护责任进行设计;从环境保护标准的角度看,环境保护标准同样是银行信贷行为应遵守的基本标准,贷款的前提条件就是企业的环境行为必须突破环境保护标准的要求,实施一票否决的制度设计。

绿色银行评级是通过评级的方式对银行系统环境保护责任进行分解、实施与评价,这种分解、实施与评价只有以法律方式才能得到保证,才能保证评级的公平与公正性,才能真正维护绿色金融市场的有效秩序。绿色银行评级制度是国家环境保护法律在银行系统的延伸,法律化是其基本的行为方式。

(二)绿色银行评级制度建设是环境规制的需要

规制是指以法律、规章、政策和制度为手段对人们的某些行为加以控制与约束。环境规制的目的是保护公共权益不受侵害。规制常常被定义为依据一定的规则对特定个体和特定经济活动进行限制的行为。由于环境规制具有高度的政府干预和法律约束力性质,从这个意义上讲,环境规制也可理解为一种严格的环境管理。

环境规制的方法与手段经历一个不断发展与演进的过程,从开始的单一政府管制,逐步发展到全方位的激励,从强制性的命令控制型到市场为基

础的激励型,环境规制手段与方法在不断地丰富。但在其发展的前期,以环保为目标,个人和组织为规制对象,各种有形法律、规定、协议等为存在形式的强制性约束是其发展的主要内容。

绿色银行制度的建设处于开始的初期,各种绿色制度的建设亟待发展,绿色银行评级制度的法律化,可以起到以点带面的作用。以绿色银行评级制度为核心,以法律化为带动,把绿色银行制度落到实处。进而形成以市场为基础的激励型绿色银行规制体系建设,具有可持续、激励的特点,是未来绿色银行环境规制模式的主要方向。

(三)绿色银行评级制度的实施,需要法律的保证

法律的基本特征包括,法律是由国家制定或认可的。法律是靠国家强制力保证实施的,具有强制性。法律对全体社会成员具有普遍约束力。绿色银行评级制度的建设需要以下三条的保证:

一是需要国家层面的认可,绿色银行评级是在银行全系统展开行为,该行为涉及银行系统中的每一个银行机构,否则该评级将失去可比较性和制度设计的初衷,无法形成银行参与环境保护的合力。

二是绿色银行评级制度需要国家的强制力作为保证。银行机构作为企业,经济利益是其追求的主要目的,降低经营成本是其本能的思考,在环境保护的问题上具有投机主义的倾向。当前在绿色信贷政策执行中出现的"良币驱除劣币"现象就充分的证明这一点。如果不以国家的强制力予以保证,绿色银行评级制度必将落入形式主义的结果。

三是绿色银行评级制度要对银行系统的所有成员具有法律意义上的约束,这是绿色银行评级制度落实的基本保障。绿色银行评级制度不仅仅承担绿色银行状况评级的任务,同时承担维护绿色银行市场秩序和公平、正义的责任。在绿色银行评级上必须保证所有机构的参与,必须保证所有机构的责任一致,必须保证所有责任的落实。否则绿色银行评级将成为一句空话。

二、传统商业银行行为模式与绿色银行评级制度的法律化

商业银行是以追求最大利润为目标,能向客户提供多种金融服务的特

殊的金融企业。盈利是商业银行产生和经营的基本前提,也是商业银行发展的内在动力。《中华人民共和国商业银行法》中把商业银行定义为:吸收公众存款、发放贷款、办理结算等业务的企业法人。商业银行以安全性、流动性、效益性为经营原则。这与理性经济人的理论是一脉相承的,利益是商业银行追求的唯一目标。理性经济人理论成为商业银行经营的基础。

亚当·斯密指出,经济人假设作为一种经济分析工具,是以制度约束为前提条件的,良好的制度可以成功的约束行为。亚当·斯密这一理论把银行经营模式理论与社会制度建设连在一起。银行机构决策者们都是充满理性的,它们所追求的目标使自己的利益最大化,充满了机会主义的倾向。商业银行的经营模式不仅仅要求制度建设时要出于约束人性的弱点,而且要考虑经济人的其他特性,设计出既有利于制度制定者,又有利于制度行为者的制度。

客观地讲,商业银行的传统行为模式与社会的生态环境利益之间存在利益的矛盾与冲突。这是基于人类长远利益与短期利益之间的冲突,是一个不可回避的现实。

金融业的社会实践证明,在利益和社会利益面前,金融机构更多地是选择自身的经济利益,鉴于成本和自身利益的考虑,金融机构不会自动把社会利益放在前面。虽然根据会有一部分的贷款投向环保、水利、生态等行业,但那是基于经济利益的交换关系,在贷款的风险测评、利息的优惠方面并无明显的建树。绿色金融的开展受到商业银行行为模式的约束。必须以制度的方式进行新的约束与改进。

第十章 绿色银行评级相关制度研究

绿色银行评级制度建设是一项系统工程,绿色银行评级制度是绿色银行评级制度的主系统,绿色银行评级相关制度是绿色银行评级制度的子系统。主系统与子系统之间是一个相互依托的关系,主系统反映绿色银行评级过程中的核心规则,子系统反映绿色银行评级过程中附属规则。主系统与子系统的结合共同构成绿色银行评级制度系统。

第一节 绿色银行信用管理制度

绿色银行评级制度是绿色银行信用管理制度的重要构成,银行绿色信用的建设需要绿色银行评级来实现。银行通过一定时间的绿色信用积累,形成银行机构自身的绿色信用。它代表着银行在绿色化过程中的程度状况,代表着银行绿色管理的信用状况,绿色银行管理的意愿、能力与水平。

一、信用特征

信用发展到今天,已成为人与人交往的基本前提,社会资源优化配置基本机制,社会秩序规范的主要工具。通过褒扬诚信,惩戒失信,有效降低社会和经济交往的风险和成本,减少社会生活与经济交往中的矛盾、摩擦和冲突,为社会经济发展奠定良好的基础。

(一)信用概念

把信用概念放到现代经济系统里进行分析,信用的概念包含两层含义,一是履约状况;二是履约能力。履约状况反映的是当事人在历史活动中的信用状况。履约能力是通过历史状况对未来履行能力的判断。两者结合在一起共同构成信用。

所以,信用主要是指参与社会和经济活动的当事人之间所建立起来的、以诚实守信为道德基础的"践约"行为。

(二)信用特征

信用社会性特征。信用体现一种社会关系。信用不仅是个体行为,而是发生在授信人和受信人之间的社会关系。成千上万的授信人和受信人发生信用关系,行为主体时而是授信人,时而是受信人,身份在不断变换。如银行在吸收存款时,是受信人,与存款客户发生信用联系;银行在发放贷款时,则为授信人,与贷款客户发生信用联系。这充分体现信用错综复杂的社会关系。随着信用的发展,信用内涵及其表现形式愈加丰富,信用作为一种社会关系也愈加复杂。在现代社会,信用关系逐步深入到社会生活每一个角落,尤其是经济领域。可以说,现代市场经济实质上是由错综复杂的信用关系编织而成的巨大社会关系网络。

信用伦理性特征。信用属于伦理学范畴,体现为一种约束人们行为的道德准则。信用不仅仅是一种社会关系,也不仅仅是一种交易方式,它更是人类社会的一种价值观。诚实守信得到社会的推崇和信任,失信则将受到谴责和孤立。当人们都认同并遵守这种价值观和道德准则的时候,社会信用环境就会优化,失信的行为就会减少。

信用文化性特征。不同的文化背景对信用具有不同的理解。在中国传统文化背景下,借债始终被认为是在不得已的情况下做出的选择。人们常常将债务称为"饥荒",即只有到了饥荒的时候才可以借债。在消费上,将"寅吃卯粮"视为"恶习",主张禁欲节俭和量入为出。在西方文化背景下,情况则大为不同,人们对透支习以为常,超前消费成为普遍现象。尽管信用的产生是人类社会发展的共同规律,"诚实守信"是人类普遍认同的美德,但是,不同的文化对信用的理解存在差异,体现出信用的文化特征。

信用经济性特征。信用是一种借贷行为,借贷的条件是到期要按时偿还本金,并支付使用资金的代价——利息。在这里,信用是价值运动的特殊形式,所有权没有发生转移,而改变了资金使用权。通过信用方式融通资金,促成了资金的再分配和利润率的平均化。信用加速了资本的集中和积累。信用可以节省流通费用,加速资本的周转。

信用发展性特征。信用的社会性对经济发展和社会生活的影响越来越大。随着时代的发展,信用始终处于发展变化之中。不同的时代,信用有不同的表现形式,人们对信用有着不同看法。在当今社会,传统的信用观念发生了急剧变化,人们对信用的理解不断深化。信用前所未有地影响着经济发展和社会生活,成为一种越来越重要的社会关系。

二、绿色信用内涵

对绿色信用内涵的解析,我们可以从三个角度进行理解:一是道德伦理的角度;二是经济价值的角度;三是社会规范和法律的角度。三种角度不同,概念的内涵不同,带来的方式、方法亦不同。

(一)绿色信用的道德含义

履约意愿是受信人偿还信用的主观态度,涉及受信人的道德意识和社会责任感。这种道德意识和社会责任感实际上属于道德和伦理的范畴。绿色信用是道德在生态环境领域的延伸和表现形式,是道德伦理的社会性外延之一。有环境行为必定存在绿色信用,生态社会伦理对绿色信用行为提出行为标准,法律对各种社会关系、生态环境关系做出了强制性的规定。绿色信用意识的提升不能仅仅依靠道德和舆论的力量,更要以信用法规强制诚实守信,进而在法律和道德、外力和内力的共同作用下,诚实守信的社会风气才能养成。

(二)绿色信用的法律含义

由于生态环境问题的外部性和社会性,绿色信用对人类社会而言越发显得重要和紧迫。一是绿色信用是当事人对生态环境的契约协定,是市场主体之间所发生的对环境问题的一种合理期待或者信赖关系,它存在于人们的交往行为之中。二是双方当事人按照"契约"规定享有的绿色权利和肩负环保义务,这是构成法律上的绿色信用的必要条件。

在市场经济高度发达的当代社会,信用问题典型地体现为契约和法律问题,人们相互交往中的失信行为实质上是对市场秩序的破坏,是对国家法律规范的背离,或者说,普遍缺少诚信实质上是调整社会交往关系法律规则的无效或者未被遵守。① 国家必须通过立法的方式,将市场经济中的交往规则以国家意志的形式加以体现,并以国家强制力保证其实现。绿色信用的实施更需要国家法律的保证。

(三)绿色信用的经济含义

站在经济角度理解绿色信用可以分为三个方面。一是绿色信用是指在信用为经济交往服务时,必须体现绿色的思想和价值观,保证经济交换为绿色的行为,体现循环经济的要求;二是绿色信用是指在信用为生产服务的过程中,必须体现绿色的观念,必须把绿色的思想渗透到生产的每一个环节,体现清洁生产的基本要求;三是在分配的环节必须体现绿色的思想要求,实现绿色的分配。

绿色信用具有一般信用所具有的基本性质。绿色信用表现为多方主体责任、义务关系中的一种约束关系,包括:政府要代替公众承担环境监护人的责任,负有对公众提供优质的环境公共物品的义务;环境管理对象要履行政府环保规范中的环保义务;政府、公众、一切市场行为主体本着对人类社会的未来、对环境负责的态度,对我们赖以生存在的自然环境承担保护义务。而这所有的关系中,义务、责任通过正式的或非正式的规则,最后主要集中在政府与环境管理对象(主要是作为市场行为主体的企业)两者身上。②

绿色信用的经济含义的根本是在经济过程中体现可持续发展的思想、观念和内涵,体现信用是以绿色为约束的信用,让绿色成为信用活动的核心所在,进而为实现经济、社会、自然的和谐发展贡献力量。

---

① 陶娟:《论中国信用体系建设》,北京大学 2004 年硕士学位论文。
② 秦虎:《环保信用:一种环境管理整合手段》,《环境经济》2006 年第 9 期。

三、绿色银行信用管理体系

绿色银行信用系统包括绿色银行信用管理系统、绿色银行信用组织系统、绿色银行信用评价系统、绿色银行信用社会监督系统、绿色银行信用信息服务系统五个方面构成。

（一）绿色信用管理系统

绿色信用管理是指信用的当事人对自己绿色行为承诺、履行的管理过程。银行的绿色信用管理系统主要是指银行绿色信贷信用管理系统，绿色信贷管理系统又包括绿色信用准入管理系统、绿色信用评价系统、绿色信用跟踪管理系统、绿色信用绩效评价系统等。银行环境行为首先是一个公共行为，它最为关键的是涉及社会大众的生存利益，绿色信用能否真正实现公平、公正。鉴于我们国家当前生态环境行为的管理的分散性和跨部门，绿色信用系统的建设是一个漫长的过程。

（二）绿色银行信用组织系统

绿色信用机构系统的建设同样也是绿色银行信用体系中不可缺少的重要组成部分，绿色信用服务机构担负着信息采集和整理、信息统计与分类等征信服务职责，是介于环保部门等管理者与监管者、被评价主体之间的信用管理服务组织。绿色银行信用评价机构主要包括：绿色信用报告机构、绿色信用调查机构、绿色信用评级评估机构、绿色信用咨询服务机构和绿色信用管理培训机构等。绿色信用报告机构主要是通过搜集、整理全社会各方面的信用信息，为使用者提供信用报告；绿色信用调查机构主要是按照客户的需求展开信用调查，为客户提供个性化的信用调查报告；绿色信用评估机构主要是通过信用评估模型对被评估者的信用信息进行分析，最终提供信用评估结果，为授信人开展信用交易提供参考；绿色信用咨询服务机构主要是为客户提供信用管理咨询方面的服务；绿色信用管理培训机构主要是进行绿色信用管理知识的培训，培养绿色信用管理人才。

（三）绿色银行信用信息系统建设

绿色信用信息系统是绿色信用建设的基础，第一，绿色信用工作的前提是绿色信用信息的收集、统计与分析,信息是绿色信用评价的前提与基础,绿色信用评价就是绿色信息的优化过程;二是,绿色银行信用所涉及的利益是生态环境效益,是公共利益,社会公众是最终的受益人;三是社会大众对绿色银行信用的监督、检查只有通过绿色信用信息系统来实现。建设绿色信用信息系统是绿色信用建设的核心与关键。

（四）绿色信用社会监督系统

社会大众既是环境保护受益者,又是环境保护活动的参与者和环境保护活动的见证者,在绿色银行信用体系建设和评价实施过程中,要充分发挥社会大众的监督力量和调动社会公众参与积极性,通过社会公众的规范参与,提高绿色银行信用评价的可信度,提高绿色银行信用评价的权威性。要做到公众参与到绿色银行信用活动的每一个环节、特别是加入政府信用评价、企业信用评价、金融机构信用评价等一系列活动中去,起到良好的舆论监督作用和不良信用行为的声讨责任。

社会公众作为环境权的受益人,是绿色银行信用体系建设和绿色信用服务的直接或间接受益者,同时也是企业环境行为中生产的产品的最终消费者,有责任和义务参与到环境保护行为中去,因此,社会大众可以积极参与绿色银行信用体系的建设中去。通过自身能力为绿色银行作用的发挥和绿色信用体系的公信力贡献力量。

四、绿色银行信用规范制度系统建设

绿色信用规范体系的作用是规范信用主体的绿色信用行为,即对绿色信用行为做出相应的规定,告诉主体在生态环境关系领域,哪些行为可行,哪些行为不可行,并通过一定的惩罚机制督促或限制其具体的信用行为。主要包括道德规范体系、制度规范体系和法律规范体系的建设。

（一）绿色道德规范制度体系

绿色道德信用规范是整个社会道德绿色信用外化后的产物或表现形式,它是一套非正式的、不具强制力的、用于调节主体之间绿色信用关系的习俗、约定或行为准则,并对信用主体行为的权益、责任、义务等做出规定,引导主体在进行生产、交换、分配混合交换时"以诚相待,信守诺言,履行诺言"。

(二)绿色银行信用制度规范体系

绿色信用是一定制度的产物,根植于一定的制度土壤之中,故绿色信用的高低与制度的发育和完善程度密切相关。完善的绿色制度体系包括以环境制度为核心的基础制度体系、工具性的操作制度体系和信用安全保障制度体系三个层次。

(三)绿色银行信用法律法规

绿色银行信用法律法规是社会信用体系的"软件",它为绿色信用管理行业的行为提供"游戏规则"。绿色信用法律法规既是信用法律法规体系的一部分,同时亦是自然生态环境保护法律法规系统的一部分。既要遵守信用的分类法规的基本要求,同时要以自然生态环境保护法律法规为基本基础,形成融信用法律法规和环境保护法律法规于一体的综合系统。

第二节　绿色信贷分类指导制度

绿色信贷分类管理指导目录是绿色信贷管理的核心制度之一,是绿色信贷管理的主要依据和出发点。同样绿色信贷的评价以绿色信贷管理目录为基本目标和依据。

一、制定绿色信贷目录的目的

制定绿色信贷分类指导目录制度的目的是要对银行信贷资金的投放方向与质量进行有效的约束与激励,是国家通过分类指导目录的方式调整信贷资金结构,以适应生态环境发展和绿色经济发展需要所作出的政策引导。最终的目的是促进生态、经济、社会和金融的和谐发展,推进人类社会的健康发展、可持续发展。

绿色信贷分类指导目录建设的理论基础是基于信贷资金运行的外部性

理论。信贷资金运动与生态环境之间存在外部性问题是建设绿色信贷分类指导目录的根源,目的是通过绿色信贷分类指导目录的建设减少银行信贷生态环境外部性的负面影响,提升银行信贷资金的使用质量与效率,进而推动经济发展质量与效率的全面提升。

二、目录编制的基本依据

通过绿色信贷分类指导目录作用的发挥,实现国家层面的优化布局,实现企业层面的绿色化生产。绿色信贷分类指导目录制度编制的主要依据有三个:

(一)生态环境形势状况

这是绿色信贷分类指导目录编制的核心依据,因为绿色信贷分类指导目录建设的目的是实现生态环境的改善与维护,是实现人类的健康发展与生活,是拓展人类的生活空间与环境,所以绿色信贷分类指导目录建设的核心基础是生态环境的状况。当生态环境状况已经威胁到人类的生存时,绿色信贷分类指导目录就应向刚性的制度发展。当生态环境状况不成为人类社会发展的主要矛盾时,可以以软性的制度形式出现。

(二)绿色经济发展要求

当绿色经济成为一种经济发展的必然性形式时,绿色信贷分类指导目录将对绿色经济的发展起到基础性的作用。因为众所周知的金融是经济的"发动机","发动机"的绿色化程度与质量决定经济的绿色化状况。"发动机"没有实现绿色化,经济的绿色化将受到阻滞。所以,绿色经济的发展首要是金融绿色化的发展,以金融的绿色化带动实现经济的绿色化,实现经济发展方式的转型与升级。

(三)具体依据

首先,国家层面的各种发展规划是绿色信贷分类指导目录建设的具体指导依据。规划是各级政府对未来一段时间内的各项工作的具体安排,是我们社会、经济的发展目标,体现着国家层面的发展意图。绿色信贷分类指导目录以各项发展规划为基本依据,是对国家规划的落实,是国家发展意图的具体体现。其次,是地方政府的各项规划,因为环境问题具有区域性的特点,每一个地方的生态环境状况都是不同的,根据地方需要,制定地方的绿色信贷分类指导目录,体现地方政府层面上对优先发展产业和限制发展产业进行合理的引导。第三,体现金融对企业发展的引导,其引导作用体现在,企业在对自身绿色发展规划时,基于资金的约束力量,要参照"指导目录",做到把资金的绿色发展与企业绿色发展战略的紧密结合,实现国家绿色发展战略在企业具体行为的实施。

三、目录建设的借鉴

世界银行在 1989 年制定了《环境评价工作指南》,指南要求根据项目对环境潜在的不利影响进行筛选和分类,建设项目共分为三类。A 类属于可能对生态环境引起"敏感的,不可逆的或多种多样的不利影响"建设项目;B 类属于影响程度一般的建设项目,此类项目需要进行部分的环境影响分析;C 类是基本不具备直接影响的建设项目,不需要进行环境评价的项目。

2003 年,原国家环保总局颁布《建设项目环境保护分类管理名录》,对建设项目实施分类管理的办法。其分类的主要是根据有两点:一是该建设项目的规模;二是该建设项目所处区域,即是否处于环境敏感区。并根据项目对生态环境的影响程度,要求编写环境影响报告书、环境影响报告表和填报环境影响登记表。

四、绿色信贷分类指导管理目录制度的主要内容

为有效实现国家指导行业和企业发展的意图,形成激励与处罚并举的环境保护建设趋势。银行绿色信贷分类管理指导目录在内容的设计上,根据环境风险对项目的影响和信贷项目对社会产生的影响。可以主要分为三大类,即鼓励类、一般类和限制类三种。

(一)鼓励类

即在绿色信贷分类管理指导目录中明确要支持的行业与对象,如环保

产业的发展,因为环保产业发展的水平将直接决定我国未来企业环境污染的治理水平和质量,所以把环保产业列为国家优先支持的行业与对象,对鼓励类的行业与企业,国家要求金融机构在贷款授信、贷款规模、贷款利率等方面予以优先和支持。国家也要根据具体状况对银行进行补贴,以保证鼓励类行业和对象的发展。

（二）一般类

一般类项目是指环境影响仅次于第一类项目,但是可以通过某种技术方法将影响降到最低的项目。对这一类项目将视市场和环境状况予以政策的关注,在关注中要密切注视生态环境发展的状况,根据生态环境状况及时调整分类,及时调整政策的其它调控。同时要注意对此类项目的末段治理,以保证此类项目的环境适应性和科学性。

（三）限制类

此类项目是指对生态环境和社会产生产生重大影响的项目。银行业要站在环境保护的角度,以行政加经济双重手段进行控制与管理。一是通过对此类项目建立严格的环境标准,包括细分的各个行业的环境标准,建立信贷项目的分类标准,以准入标准的方式,控制此类企业获得银行贷款的融资。二是运用绿色信贷标准与市场拓展结合的方式进行贷款投向的控制,对此类项目在银行贷款方面要进行严格的准入政策,采用适当的控制措施,给每个企业对应的基于环境保护措施的授信额度。

第三节　绿色银行评级信息管理制度

绿色银行评级实质就是绿色信息的统计与加工的过程,所以绿色信息的数量与质量将直接决定绿色银行评级的质量与效果。绿色银行评级信息管理制度就是把绿色银行评级过程中所涉及的信息以规则的方式固定化、标准化,目的是保证评级的统一性和公正性。

一、绿色银行评级信息管理制度

(一)绿色银行评级信息

1. 绿色银行信息

绿色银行信息是指绿色银行的建设与运行过程中表征绿色问题及其绿色管理过程中各固有要素的数量、质量、分布、联系与规律等的数字、文字和图形等的总称,是经过统计、加工的、能够被银行、金融机构、金融监管机构、政府环境保护部门、公众及各类企业所利用的数据。绿色银行信息是银行实现绿色化建设与运行的基础条件,无论是银行贷款环境影响的评价,还是绿色银行贷款环境影响绩效评价,还是绿色银行的评级,都是以绿色信息为基本前提,是绿色信息的收集、统计、分析、评价、发布的过程。

2. 绿色银行评级信息

绿色银行评级信息是指在绿色银行评级过程中所涉及的信息。绿色银行评级信息管理过程同样是银行机构信息技术与信息制度的发展过程,绿色银行的评级本身就是绿色银行信息的加工过程。完整、真实、全面的绿色信息是银行资源优化配置的基本前提。绿色银行评级信息体系的建设,首先是绿色金融相关信息系统的搭建,是绿色信息收集、统计、分析、报告的系列过程,可以说没有绿色金融信息系统的完整建设,就无法构建绿色银行信息系统,进而无法真正完成绿色银行的工作目标。

3. 绿色银行评级信息内容

绿色银行评级信息内容是指在银行机构评级过程中所必须具备的基本信息条件,即评级信息应包含绿色银行评级过程中所需要的信息。它包括基础信息、微观绿色管理信息及评级信息四个层面:

(1)绿色银行评级基础信息。绿色银行评级应包含的基础信息包括,一是政府控制和指导的信息。如国家绿色战略信息,国家绿色发展信息,国家环境保护政策信息,国家环境保护法律、法令信息,国家环境保护规划和计划信息、国家环境保护标准信息等。二是生态环境信息,包括整体和区域生态环境状况信息,水状况与污染信息,大气质量与污染信息,土地质量与污染状况信息。三是环境技术发展信息,如绿色技术专利信息,绿色产品更新信息,绿色技术引进与改造的信息等。

(2)绿色银行评级微观绿色管理信息。绿色银行评级微观绿色管理信息,包括企业基本信息、企业环境行为信息、企业环境污染排放信息、企业固体废弃物信息、企业环境违法处罚信息、企业环境行为表彰信息等。

(3)绿色银行评级信息。一是银行机构绿色管理信息包括绿色组织信息、绿色政策信息、绿色战略信息、绿色人员信息等,这是绿色银行管理应具备的基本条件,也是绿色银行评级的基础信息;二是绿色银行运行信息,包括绿色贷款信息,绿色贷款企业信息,银行贷款环境影响信息,银行贷款环境影响绩效信息,历年绿色银行评级信息等。

(4)绿色银行评级社会反响信息。社会反响信息包括绿色银行行为社会反响信息,银行贷款对象社会反响信息,银行社会行为反响信息等。这些信息对银行对未来发展具有深刻的影响。

二、绿色银行评级信息管理制度

(一)绿色银行评级信息管理

绿色银行评级信息管理是综合采用各种方法与手段,对信息流(包括非正规信息流和正规信息流)进行统计、分析与控制的过程。目的是为绿色银行评级工作通过基础与应用信息,进而提高绿色银行信息利用效率,最大限度地实现信息效用价值的一种活动。

绿色银行评级的信息管理,是一个复杂的信息交流过程,一是因为绿色银行信息来源广泛,涉及各个行业和系统的信息。二是信息的内涵复杂,包括直接信息,即由生态环境变化所产生的与绿色银行评级有关的信息。如与人类社会信息活动的各种相关因素,主要是人、信息、技术和机构信息等。三是信息加工的复杂性,既包括微观上信息内容,信息的组织、检索、加工、服务等,又包括宏观上对信息机构和信息系统的管理。四是信息协调难度大。绿色银行评级信息要进行科学的计划、组织、控制和协调,以实现信息资源的合理开发与有效利用的过程。建立环境管理信息系统主要有以下功能：

全面准确地查询和检索各种绿色银行评级信息。因绿色银行评级信息系统提供绿色银行评级所需要的各种数据和信息,且绿色银行评级信息系统具有统一的格式,统一的管理系统。因此。可以准确地完成绿色银行评级所需信息查询与咨询的任务。

有效地分析各种空间数据。绿色银行数据库的信息经过数学模型进行数据加工,可以进行区域环境质量的现状评价、企业环境污染现状评价、银行信贷与生态环境关系评价、银行贷款与企业环境状况评价、银行贷款环境影响绩效评价、绿色银行信贷工作方案预测、经济发展对环境影响的预测以及绿色银行发展规划的设计等工作。

绿色银行评级各环节的决策支持。针对各环节银行贷款环境影响评价工作的不同要求,输出各种图片和报告,为绿色银行评级工作提供辅助决策。

有效地利用系统本身的功能,可降低绿色银行评级过程的综合成本,提高绿色银行评级的综合效益与产出效应。

（二）绿色银行评级信息管理制度

1. 绿色银行评级信息管理制度

信息过程是绿色银行评级的基础性工程,绿色信息伴随绿色银行评级的每一个环节。因此,加强绿色银行评级信息管理的权威性、公平性、公正性,增加社会大众对绿色银行评级的社会认可度,都需要对绿色银行评级信息进行有效的管理。绿色银行评级信息的管理制度就是绿色银行评级信息管理的规则化、章程化和规范化。目的是保证绿色银行评级的严肃性和权威性。

为增加绿色银行评级信息的管理力度与水平,绿色银行评级信息的管理制度,必须做到以下几点:一是强制性,在其适用范围内具有强制约束力,一旦形成,不得随意修改和违犯;二是排它性,评级信息的管理原则和管理方法一旦形成制度,与之相抵触的其他做法均不能实行;三是权威性,绿色银行评级信息管理制度应由具有权威的环境管理部门、金融监管部门和社会各环境不好组织共同制定;四是普遍适用性,在绿色银行工作的范围内所有同类事情,均需按此制度办理;五是相对稳定性,绿色银行管理制度一旦制定,在短时间内不能轻易变更。当然稳定性是相对的,当现行制度不符合未来的实际情况时,要及时修订。

2. 绿色银行评级信息管理制度主要内容

完善的绿色银行评级信息管理制度主要包括信息收集制度、信息渠道规定、信息利用制度和信息反馈制度等,具体如下:

(1)建立原始信息收集制度

绿色银行评级需要一个完整的信息群和强大的信息处理平台,一切与绿色银行评级活动有关的信息,都应准确、及时、全面地收集。为此,要建立相应的制度,安排专业人士和设立专门的机构从事原始信息收集的工作。在组织信息管理中,要明确权责利的关系,对那些因不负责任造成信息延误和失真,或者出于某种目的提供虚假数据的人和机构,要给予严格的处罚,以保证信息的真实性。

(2)要规定严格信息渠道制度

由于绿色银行评级信息涉及面较广,信息复杂,信息传输距离长。所以,在绿色银行评级信息管理中,一是要对信息源要进行明确管理,保证信息的准确性;二是要明确规定横向之间的信息通道,特别是同级之间的信息;三是要明确纵向的信息通道,特别是上下级之间的信息管理;四是对信息传输要进行明确规定,明确各单位、各部门在对外提供信息方面的职责和义务;五是在银行业、银行机构和社会组织之间要进行合理地分工,避免重复采集和收集信息。

(3)以制度方式,提高信息的利用率

制度的目的之一就是效率的提升和交换成本的降低。绿色银行评级信息制度建设的目的之一就是要提升绿色信息的利用效率,降低绿色银行评级过程中的成本消耗。所以,在绿色银行评级信息制度的设计时,一是要明确绿色信息人员的基本素质要求,以专业提升效率;二是要加强绿色信息人员的培训工作,为提高信息资源利用效率打下坚实的基础;三是提高信息资源的管理水平,以管理提升资源利用水平。同时以上的工作都可以有效地降低绿色银行评级信息的交换费用,降低交换的成本,即信息资源的利用效果的提升。

(4)要建立信息反馈制度

绿色银行评级信息反馈制度建设的目的是为及时发现绿色银行评级过程中出现的各种偏差行为,对银行机构进行有效的控制和调节。避免由于信息的失误,给绿色银行评级工作带来权威性、信誉性、公正性的损失。因此,绿色银行评级信息的组织工作必须要把信息的追踪检查、监督和反馈摆在重要地位,严格规定监督反馈制度。要定期对各种数据、信息作深入地分析。通过反馈机制保证绿色银行评级信息系统的完整、真实,进而保证绿色银行评级工作的可持续发展。

第四节　绿色银行评级信息披露制度

环境信息披露是环境保护的重要手段,具有可靠、可控、公平、公正的特点。在绿色银行评级管理机制中引入信息披露机制,使得绿色银行评级工作更具有权威性和社会影响,为绿色银行建设和发展进入可持续和可发展的过程,提供一种有效手段与方法。

一、绿色银行评级信息披露理论

从理论上讲,绿色银行评级披露信息制度建设的根源是绿色银行评级的特殊属性,即绿色银行评级的公共产品属性,源于银行信贷行为的外部性影响。但由于前面对公共产品和外部性理论都进行阐述,此处不再论述。绿色银行评级信息披露的其它理论有以下几点。

(一)利益相关者理论

利益相关者理论是弗里曼在1984年出版的《战略管理:利益相关者管理的分析方法》一书中提出。该书认为,企业的发展和利益的享受不单纯是企业股东的事。影响企业运营与发展的因素还包括这些利益相关者,从交易伙伴因素看,包括债权人、雇员、消费者、供应商等。从地方因素看,包括政府部门、本地居民、本地社区、媒体、环保主义等社会团体,从生态环境因素看,包括其所在区域的自然、生态与环境,这些因素都直接或间接影响着企业的经营活动。承担着企业运行过程中的经营风险、利益风险、市场分析、赔偿风险、环境风险等。企业的经营决策必须要考虑他们的利益或感受。但企业运行的经济利益和他们没有任何的关系。这说明权责利的关系是不公平的,至少不应让他们承担哪些不应承担的风险。

基于以上的关系,弗里曼提出利益相关者管理理论,该理论认为任何一个公司的发展都离不开各利益相关者的投入或参与。该理论有三个要点:一是认为企业的经营管理者应综合平衡各个利益相关者的利益要求而进行的管理活动;二是企业的利益相关者有权力对企业进行监督和制约,以维护它们所拥有的利益;三是企业所追求的应该是利益相关者的整体利益,而不仅仅是股东的利益。这为企业绩效评价的理论提供一个新的视野,为站在社会的角度看待企业的发展提供一个新的评价标准。

(二)信息非对称理论

1970 年,阿克尔洛夫发表了著名的《次品问题》一文,首次提出了"信息市场"概念。阿克尔洛夫从二手车市场入手,发现了旧车市场由于买卖双方对车况掌握的信息量不同,而滋生的矛盾。信息不对称现象几乎是无处不在,掌握信息量的多寡,则承担了不同风险和收益。

信息不对称理论有四个重点的提示:一是,信息不对称无处不在,事物的活动几乎都存在信息非对称的问题;二是,信息非对称和市场经济行为是并存的,进而市场经济是存在缺陷的,完全的市场经济并不是天然合理的,完全依靠自由市场机制不一定会给市场经济带来最佳效果;三是,人的本性决定信息非对称是一个必然的存在,这不是依靠简单的道德说教所能解决的,需要创新一种机制,来避免信息非对称现象,降低市场操作的风险。四是,政府应在信息非对称的市场体系中发挥强有力的作用,以减少信息不对称对市场经济所带来的弊端,减少信息不对称对经济产生的危害。

(三)环境规制理论

环境规制理论起源,一是生态环境危机,导致人类社会主要矛盾由物质生产上升为生态环境威胁人类生存与发展;二是生态环境破坏源于生态环境污染的外部不经济,源于环境问题上的市场经济机制的失败,需要一种新的具有直接效力的改进措施。

环境规制具有三个特点:一是约束性,既环境规制是使某个个体或组织的行为受到某种程度的约束。二是环境规制具有公益性的特点,使得该行为的主体难以取得收益。三是环境规制利益长期性特点。环境规制的结果是使资源消耗和污染物的排放控制在生态系统可承载的限度内。这是一个漫长的过程,但收益也是一个长期过程。

政府作为社会公共利益的委托人,政府成为环境规制的主体。代表社会大众行使保护环境的权利,采取对环境经济活动施加影响的所有措施。

二、环境保护信息披露现状

(一)环境信息披露的各项规定

关于环境信息披露,我国陆续出台法律、法规、规章和管理规范性文件,对环境信息的披露的内容、程序、方法等进行规定。包括《中华人民共和国环境保护法》《企业信息公示暂行条例》《政府信息公开条例》《环境信息公开办法(试行)》《企业事业单位环境信息公开办法》《国家重点监控企业自行监测及信息公开办法(试行)》和《国家重点监控企业污染源监督性监测及信息公开办法(试行)》等。

(二)企业环境信息披露现状

根据复旦大学环境经济研究中心 2017 年 11 月发布样本(取自我国270 家上市公司)的"企业环境信息披露指数"的报告。研究结果表明,2016年企业环境信息披露指数得分为"41.2",比 2015 年得分水平提高了4.66%,比 2014 年的得分水平提高 14.25%。其中绝对值分别提高了 1.85和 5.18。但得分的差异性较大,标准差达到了 16.38。

从分类评级状况看,企业"环境政策、方针和理念"披露率为 98.3%,该项评价内容的披露率为最高;"环保设施的建设、投资和运行费用"和"三废处理情况"披露率均为80%以上;"碳排放量和减排量""碳减排目标"这两项指标披露率低于30%;披露最低的内容为"对合作企业的环保要求"披露率仅为15.1%。总体来看,我国企业环境信息披露状况不容乐观,样本企业对企业环境信息的披露,特别是对企业环境污染运行排放信息的披露处于抵触的状况,亟待形成制度的约束。

三、绿色银行评级信息披露

绿色银行评级的信息披露是绿色银行评级取得社会认可的主要途径与方法。这里所说的信息披露不仅包括结果信息的披露,同时应包括过程信息的披露、分类信息的披露、参与组织信息披露等内容。具体应包括以下内容。

(一)银行机构基本信息披露

参评的银行机构应在信息平台上对自己的基本状况信息和绿色管理信息进行公布,基本状况信息包括银行资产状况信息、银行信贷信息、银行组织管理信息、银行人员状况信息、银行资产状况信息、银行资产流动状况信息、银行盈利能力信息;绿色管理状况基本信息包括绿色银行目标信息、绿色银行战略信息、绿色银行信贷政策信息、绿色银行信用评价制度、绿色银行贷款环境影响评价制度信息、绿色银行环境影响绩效评价制度信息、绿色银行评级制度信息等予以正式公布。

(二)评级机构与人员信息的披露

政府环境保护部门和金融监管部门应在正式的信息平台对评级工作的主导机构信息予以公布。包括评级机构的性质、评价机构的人员构成、评级机构的历史状况、评级机构的资质、评级机构管理水平、评级机构历次合作单位等。目的是维护评级工作的公平与公正性,保证评级工作的可信性与可持续性,更好地维护绿色金融发展的秩序。

(三)绿色银行评级过程的信息披露

绿色银行应将贷款企业达成协议,按照国家相关的法规的规定,联合向社会公开其环境行为相关的基础信息。披露信息的内容主要包括:污染物及特征污染物排放情况等排污信息、企业周边环境质量监测信息、防治污染设施的建设和运行情况信息、生产技术改进状况信息、污染控制技术信息、环保行政许可信息、环保行政处罚信息、突发环境事件行动、周边社区民意等信息。

(四)绿色银行评级结果信息的公布

银行应将绿色银行评级的整个过程,包括评级机构、评级时间、评级人员、评级对象、评级指标等以绿色银行评级报告的方式向社会公布,以取得社会各界的广泛认可,为其下一步的发展打下信誉的基础。

四、绿色银行信息披露方式

要求参评的银行机构将绿色信用信息向社会公开,同时纳入金融机构绿色信用信息系统和全国统一的信用信息共享交换平台。

(一)自我报告方式

参评的银行应编制绿色银行报告表,报告内容包括绿色资产数量状况、绿色资产质量状况、环境风险状况等。绿色银行报告的报告机构,一要向环境保护部门报送,取得环境保护部门的认可与指导;二要向人民银行报送,为人民银行的宏观绿色金融政策的调控打下信息基础;三要向银行业监督管理机构报送,银行业监督管理机构应对其报送的内容、状况进行审核,并根据等级的划分,纳入其人事管理和机构管理的系统,与银行机构的人事任命和系统的支持联系在一起,形成基于绿色银行的管理局面。

(二)社会查询方式

为形成社会广泛参与环境保护的机制,绿色银行评级信息披露制度应明确,绿色银行的参评机构、评级机构、组织机构、监管机构、环境保护机构,应将参评银行的绿色发展报告在固定的信息平台予以公布。绿色银行评级信息披露制度包括信息披露的内容、披露频度、披露方式、披露责任以及信息披露渠道等事项,形成社会广泛参与的局面与事实。参评的绿色银行应按规定的方式,及时、准确地公布其绿色银行发展报告。

第五节　绿色银行评级公众参与制度

一、环境保护的公众参与

(一)环境保护公众参与

1969 年,美国《国家环境政策法》首先提出"环境保护公众参与"一词。环境保护公众参与就是指在生态环境保护的领域,公众依法有权力参与涉及自身利益的环境权益的各项活动的总称。公众是一个大众的概念,这里的公众泛指自然人、法人或其它组织,也有指社会上的大多数人。

1969 年,谢里·安斯坦提出公众参与阶梯理论,对公众参与的方法和技术产生了巨大的影响,他把公众参与分为八个阶梯,从低到高分别为:(1)操纵(Manipulation)、(2)治疗(Therapy)、(3)告知(Informing)、(4)咨询(Consultation)、(5)安抚(Placation)、(6)合作(Partnership)、(7)权力转移(Delegated Power)、(8)公民控制(Citizen Control)。每一个阶梯都代表公众参与的程度与范围,反映公众参与社会建设的态度与国家文明进行的状况。

(二)公众参与环境保护的机理分析

生态环境就其自然属性和作为人类生活必需要素来说,是全体公民的共享资源和公共物品。生态环境的好坏与人类社会的生存具有直接性的关系。在公众与生态环境的关系中,公众有三种身份,每一种身份都决定了公众有责任、有义务参与环境保护中来。

一是环境保护的受益者。生态环境是人类社会生存与发展的基础条件,公众享受生态环境维护与改善给其带来的各种福利,公众有责任保护文明赖以生存的生态环境,把生态环境的保护作为第一责任来对待。

二是生态环境的破坏者。正是人类社会贪婪和无止境的物质追求,导致生态的失衡和环境的破坏。因为生态环境的破坏损坏来大多数人的利益,多数人应参与到环境保护的决策中来,以维护自己的权益。

三是生态环境的保护者。当意识到生态环境的失衡对人类社会的威胁时,人类的环境保护意识不断提升,对美好生态与环境的需求也日益提升,对环境风险的警惕程度日益提高。生态环境的保护就成为人类社会的自我意识和行动。

参与生态环境的保护是每一个人的责任与权力,公众不应只是环境权益的受益者,而应参与环境保护,承担相应的环境保护责任。完善人类社会参与环境保护的机制,为公众参与提供可供选择的方式,推动履行其环境责任,这也构成了人类社会的基本需求。人类正成为生态环境的保护者。

(三)法律、政策赋予社会公众参与环境的权力分析

1. 环境权分析

环境权的概念最早由瑞典的一位医生针对环境污染问题提出。1969年美国《国家环境政策法》规定环境权。1972年联合国《人类环境宣言》(以下简称《宣言》)对环境权作出阐述:人人都有在良好的环境里享受平等、自由和充裕的生活条件的基本权利,在享受权利的同时又肩负着维持和改善这种环境的责任。这意味着国际上已经公开承认公民环境权。

当前我国对环境权的讨论主要集中在几点:一是环境知情权,是指公众有知道环境状况的权力;二是环境管理权,是指公众有参与环境类决策的权力;三是环境监督权,是指公众有对环境污染行为监督的权力。以上三项权力构成公众参与环境保护的基本权。社会环境保护制度的建设应保护大众的环境知情权、环境监督权和环境管理权,把维护社会大众的三项权利为基本的出发点和工作的准则。

2. 我国当前公众参与环境保护的相关法律规定

《宪法》第2条指出人民有权依法管理社会事务,环境保护作为一项社会事业,人民有权参与管理,宪法以根本大法的形式明确了公民参与环境保护的权利,

新《环境保护法》设立"信息公开和公众参与"专章,明确指出"公民、法人和其他组织依法享有获取环境信息、参与和监督环境保护的权利"。2003年《环境影响评价法》第5条、第11条、第21条明确规定在环境影响评价过程中,国家鼓励公众参与环境影响评价的过程,要求在报批前必须征

求公众意见。《水污染防治法》《大气污染防治法》都对公众参与环境保护做出明确规定。

自 2006 年至 2015 年间,国务院、环保部等陆续发布关于公众参与环境保护的部门规章。包括《环境影响公众参与暂行办法》《环境信息公开办法(试行)》《环境保护公众参与办法》《企业事业单位环境信息公开办法》《建设项目环境影响评价政府信息公开指南(试行)》等,进一步明确公众参与环境保护的途径、方式与方法。公众参与环境保护的热情得到极大的提升。

(四)公众参与环境保护的途径分析

根据环境保护法律与法规的规定,我国当前公众参与环境保护有以下方式和途径:公众参与环境影响评价、获取环保相关信息、向有关部门举报环境违法行为、提起环境公益诉讼等。

1. 环境影响评价的公众参与

环评是环境保护中重要的事前预防措施,而公众参与是环评制度关键的一道法定程序。2018 年,环保部公布《环境影响评价公众参与办法(草案)》,新办法对公众参与责任主体、信息公开内容、时限、载体等进行优化设计。特别是环境影响的公众参与制度设计由过去规范性文件上升为部门规章,进一步强化以人民为中心的绿色发展思想,积极推动构建政府为主导、企业为主体、社会组织和公众共同参与的环境治理体系,满足广大人民群众在生态环境改善中的获得感、幸福感和安全感。

2. 环境信息公开的公众参与

环境信息公开是保障公众知情权、确保社会有效参与环境监管的前提和基础。近年,我国主要产区健全信息公开方式加快推进公众的环境参与,主要是包括建立专门的环境保护信息公开平台和环境保护部门的电子政务信息化途径进行。其作用一是扩大了信息公开渠道,二是公开的方式更加多样化,使得环境信息数量快速的增加。

3. 环境公益诉讼的公众参与

新《环境保护法》规定,对污染环境、破坏生态、损害社会公共利益的行为,符合条件的社会组织可以向人民法院提起诉讼。这为公众参与环境保护提供一条法律途径。伴随公众环境保护素质的不断提升,我国的环境公益诉讼案件逐渐增多,公众参与环境保护的作用日益体现。

二、绿色银行评级的公众参与

(一)绿色银行评级的公众参与

绿色银行评级的公众参与源于绿色银行与环境保护的关系,源于绿色银行评级的产出属性。绿色银行评级的公众参与代表环境保护手段与方法的未来趋势,是避免市场失灵与政府失灵的第三条发展路线。

1. 从银行信贷行为与生态环境关系看绿色银行评级的公众参与

银行信贷资金从其资金本身的角度看,是不涉及公众参与问题的,关键问题是,银行信贷资金不是一个独立运动的过程,根据马克思对信贷运动规律的阐述,银行信贷资金必然是要进入生产过程,信贷资金与工业资本的结合,共同构成企业的生产过程。有生产过程就必然与生态环境发生关系。生态环境的变化与银行信贷资金产生发展与变化的因果关系。根据环境保护与社会公众关系的理论,银行应公布其信贷资金运动变化的状况信息,公众就有权利,有责任参与到绿色银行评级的工作中来。

2. 从绿色银行评级的公共产品属性看绿色银行评级的公众参与

绿色银行评级属于典型的公共产品,其本身具有消费的非排它性、非竞争性和非分割性特征。这种属性决定银行机构对待活动过程的态度与方式,为保证绿色银行评级的公平与公正性,避免市场失灵和政府失灵给绿色银行评级所带来的纷扰;为避免在评级过程中各种非正常性行为的出现,真实有效地开展绿色银行评级活动,进而真实、有效地保护是社会大众的生态环境利益,公众的参与是必要的,是需要以制度的方式加以保证的。

(二)绿色银行评级公众参与的内容

如前所述,绿色银行的评级必须是通过设立制度的方式,特别是通过法律的方式加以规范。而绿色银行评级又是一个系列的过程,制度规范的内容在每一个层次都有所不同。所以绿色银行评级的公众参与包括以下行为。

立法层面的公众参与。公众可以通过绿色银行评级制度立法的全程参与，来表达公众对绿色银行评级的态度、观点、立场和内容。通过对绿色银行评级制度建设的参与，保障在绿色银行评级过程中所涉及的内容是以公众的利益为核心，是以生态环境的保护为基本点，进而可以形成以银行信贷行为为支点的绿色保护法律、法规体系的建设。

信贷决策层面的参与。银行信贷决策过程即是一个银行与企业共同协商的过程，同时也是一个落实国家环境保护法律、法规和维护社会公众利益的过程。由于这个过程涉及社会的公共利益，公众的参与也成为其必然的过程。银行机构在信贷决策过程中，在涉及公共利益的点上，引进公众参与一方面是社会发展的要求，可以通过这个过程，参与环境保护。另一方面就是企业行为的本身，就是在维护其自身的利益，因为公众的参与可以影响抑制环境风险的产生，降低银行机构信贷的环境风险影响。所以银行贷款的社会公众参与具有双重的作用。

绿色银行评级过程的公众参与。在具体的评价过程中公众可以从两个方面介入评级中来：一是信息的收集过程，绿色信息是银行绿色评级的保障，信息的准确直接决定评级的质量，所以公众应以各种方式参与环境保护信息的搜索，确保其质量的可靠；二是评级决策过程，评级的决策应加入公众参与的环节，要征求银行周边公正对银行的意见，一方面通过公众的参与，加大其公正性，另一方面可以通过此行为加大银行的影响力，提高品牌的威信，促进银行经营的发展。

（三）绿色银行评级公众参与的方法

绿色评级信息交流方法。信息交流包括提供信息和收集信息两个方面。绿色银行评级信息交流的方法包括：面对面信息交流、电话交流、信函交流、传单交流、视频交流、网络交流等。

绿色银行评级的各种咨询。绿色银行评级咨询就是让公众参与到绿色银行评级的具体行为中来，如银行绿色发展战略的制定，银行绿色利率的制定等。绿色咨询的方法包括：互动工作小组、居民评审团、利益相关人的对话、公民论坛、问卷、民意调查、公共会议和辩论等方式。

环保组织的参与。环保组织是由自愿参与环境保护的志愿者组成,与公众个人相比,专业化的环保组织具有技术优势、社会资源优势、效率优势、专业优势、组织优势和动力优势等优点。它们不以个人利益为基点,而是社会的利益和人类生态利益为参与的目标。我国活跃着大量的环保社会组织,在环境宣教、环境维权、环境信息传播等方面发挥着积极作用。绿色银行评级在各个环节,要积极吸纳环保社会组织参与绿色银行评级工作,要充分利用各社会组织的专业及掌握的资源优势,弥补市场和政府可能出现的缺陷。

4. 社区组织与新闻组织的参与。环境问题首先是一个区域问题,社区是一定地域范围内拥有一定数量人口的集合,处于同一个社区的人们往往面对共同的环境问题,有着共同的环境利益诉求。绿色银行评级是要吸纳社区人员与组织参与评级工作,借助社会组织的专业力量,降低环境风险的威胁。

媒体的作用体现在两个方面,一是媒体作为监督主体;二是媒体信息作用。这两个作用正是环境保护所最需要的,提供监督,可以提高绿色银行评级的公信力和权威性。提供新闻的信息传播,广泛反映民意,代表广大公众表达环境诉求。同时可以通过发布环境信息,保证公众的环境知情权,调动社会群体参与环境保护的积极性。

参考文献

[1]《马克思恩格斯全集》第 25 卷,人民出版社 2006 年版,第 390 页。

[2]《马克思恩格斯选集》第 2 卷,人民出版社 2012 年版,第 9 页。

[3]安国俊、曹超:《绿色金融国际立法与借鉴》,《中国金融》2017 年第 18 期。

[4]蔡定剑:《公众参与风险社会的制度建设》,法律出版社 2009 年版。

[5]蔡军:《固体废物乔装易名玩"偷渡"》,《中国检查检疫》2017 年第 7 期。

[6]蔡守秋:《论中国的环境政策》,《环境导报》1997 年第 6 期。

[7]曹晓磊:《假币犯罪治理研究——基于公众参与的视角》,上海交通大学 2014 年硕士学位论文。

[8]曾学文、刘永强、满明俊、沈启浪:《中国绿色金融发展程度的测度分析》,《中国延安干部学院学报》2014 年第 6 期。

[9]曾洋洋:《中国商业银行发展绿色金融刍议》,《河北金融》2017 年第 8 期。

[10]常奎:《绿色金融服务区域循环经济的调查——以山西省长治市为例》,《华北金融》2014 年第 12 期。

[11]陈纲:《湖北省绿色 GDP 测算研究》,武汉理工大学 2005 年硕士学位论文。

[12]陈凯:《绿色金融政策的变迁分析与对策建议》,《中国特色社会主义研究》2017 年第 5 期。

[13]陈丽等:《我国水污染的现状及其防治》,中国环境科学学会 2008

年学术年会论文。

[14]陈龙来:《国际贸易与环境问题研究——以我国环境敏感产品进出口贸易为例》,中国人民大学 2010 年博士学位论文。

[15]陈瑞清:《发展绿色信贷服务两型社会探讨》,《内蒙古统战理论研究》2008 年第 5 期。

[16]陈晓敏:《十六大以来中国共产党生态文明建设理论研究》,华南农业大学 2015 年硕士学位论文。

[17]陈亚芹:《以绿色债券作为金融服务新支点》,《中国金融》2016 第 1 期。

[18]陈游:《绿色金融在我国的实践及思考》,《西南金融》2018 年第 7 期。

[19]陈媛媛:《FDI 对中国环境影响的理论和实证分析——基于环境技术的角度》,南开大学 2010 年硕士学位论文。

[20]丁洪贵:《清洁生产在化工行业中的应用》,《化工时刊》2014 年第 5 期。

[21]杜玲:《国有商业银行的经营绩效分析》,《管理观察》2014 年第 12 期。

[22]凡勃伦:《有闲阶级论》,商务印书馆 1964 年版。

[23]冯刚:《绿色金融发展的实践与探索——以张掖市为例》,《甘肃金融》2018 年第 4 期。

[24]冯玥、成春林:《长江经济带产业转型升级的绿色金融支持研究》,《金融发展评论》2017 年第 6 期。

[25]冯岳珠:《绿色金融国际实践及启示》,《黑龙江金融》2015 年第 3 期。

[26]付嵩琦:《OTFT 器件及其气敏性能研究》,电子科技大学 2010 年硕士学位论文。

[27]高岩:《绿色金融:环境保护的支撑》,《金融电子化》2010 年第 12 期。

［28］龚晨:《探索微利时代我国商业银行绿色金融业务合作模式》,《经济视角》2012 年第 6 期。

［29］谷秀娟等:《商业银行全面风险管理体系及其在我国的构建分析》,《河南工业大学学报(社会科学版)》2014 年第 1 期。

［30］郭成大:《光大银行践行绿色信贷制度的调研报告》,湖南师范大学 2015 年硕士学位论文。

［31］郭佳祥:《中国对外直接投资与对外贸易关系的协整分析》,《中国外资》2012 年第 4 期。

［32］郭淼:《新形势下国家投资类项目节能报告编制初探》,《中外交流》2017 年第 36 期。

［33］郭松:《银行项目贷款风险评估与控制——以辽宁熙盛集团贷款项目为例》,《经济研究导刊》2011 年第 21 期。

［34］郭溪茗:《让绿色金融真正落地——中国银监会副主席王兆星谈政策实施与监管引导》,《中国金融家》2012 年第 6 期。

［35］郭晓宏:《5 种草本植物对矿区铅污染土壤的修复研究》,山西师范大学 2014 年硕士学位论文。

［36］《国土资源部关于进一步规范矿产资源补偿费征收管理的通知》,《中华人民共和国国务院公报》2013 年 7 月 10 日。

［37］《国务院办公厅关于加强节能标准化工作的意见》,《建筑节能》2015 年。

［38］郝敬武:《推行清洁生产促进企业发展》,《山东煤炭科技》2007 年第 2 期。

［39］何思睿:《商业银行的转变及其对策建议》,《经济研究导刊》2012 年第 25 期。

［40］贺丽健:《国外绿色信贷实务发展及对我国启示研究》,河北经贸大学 2017 年硕士学位论文。

［41］胡春生:《政府路径下的绿色金融》,《经济研究导刊》2013 年第 15 期。

[42]黄登宇:《太原高新区建立企业信用体系对策研究》,中国社会科学院 2008 年博士学位论文。

[43]黄进:《ISO 14031:2013〈环境管理环境绩效指南〉助力组织环境绩效评价》,《标准科学》2015 年第 6 期。

[44]黄贤、钟为亚:《我国绿色金融发展问题及对策探讨》,《环境保护》2014 年第 14 期。

[45]霍成义、刘春华、任小强、刘晓晴:《构建绿色金融体系的国际经验及启示》,《中国经贸导刊(理论版)》2017 年第 32 期。

[46]季强:《北部湾经济区环境污染防治法律制度研究》,《广西政法管理干部学院学报》2015 年第 6 期。

[47]蒋先玲、张庆波:《发达国家绿色金融理论与实践综述》,《中国人口·资源与环境》2017 年第 27 期。

[48]解振华:《发展环保标准推动生态文明建设》,《中国环境管理》2015 年第 4 期。

[49]金振杰:《我国商业银行的信贷业务发展探究——基于民生银行》,《今日湖北》2013 年第 4 期。

[50]孔瑞:《我国绿色信贷发展研究》,山东师范大学 2014 年硕士学位论文。

[51]寇静:《陕西省水污染现状与防治对策》,《大陆桥视野》2015 年第 24 期。

[52]雷立钧、高红用:《绿色金融文献综述:理论研究、实践的现状及趋势》,《投资研究》2009 年第 3 期。

[53]李恒全:《"潜渎职":选择性的制度化——对 L 县环保部门不合职责制度履职案例的分析研究》,华中科技大学 2016 年博士学位论文。

[54]李金生:《浅析经济政策工具在实施循环经济中的作用》,《生态经济》2007 年第 5 期。

[55]李瑞红:《"绿色信贷"风险防范的策略选择》,《青海金融》2010 年第 10 期。

［56］李瑞红:《绿色金融:全球趋势、韩国实践及我国建议》,《贵州农村金融》2011 年第 5 期。

［57］李润兰:《采用城市中水作为火电厂循环水水源的影响》,《能源与节能》2014 年第 5 期。

［58］李若愚:《我国绿色金融发展现状及政策建议》,《宏观经济管理》2016 年第 1 期。

［59］李淑芬:《对农村信用社推行"绿色信贷"的探讨》,《财经界》2009 年第 12 期。

［60］李维维:《兴业银行:环境金融,开创低碳时代的商业"蓝海"》,《低碳世界》2012 年第 8 期。

［61］李溪:《国外绿色金融政策及其借鉴》,《苏州大学学报(哲学社会科学版)》2011 年第 6 期。

［62］李晓西、夏光等:《中国绿色金融报告 2014》,中国金融出版社 2014 年版。

［63］李鑫:《绿色信贷助推经济绿色可持续发展——基于甘肃银行实践》,《甘肃金融》2017 年第 8 期。

［64］廖茂林、钱慧:《中国当下绿色金融需要收缩"离差"幅度》,《银行家》2018 年第 3 期。

［65］刘博:《国外商业银行绿色金融政策及其借鉴》,《现代管理科学》2016 年第 5 期。

［66］刘建明、王泰玄等:《宣传舆论学大辞典》,经济日报出版社 1993 年版。

［67］刘立忠:《境规划与管理》,中国建材工业出版社 2015 年版。

［68］刘晓宇:《商业银行开展绿色金融业务的研究》,《金融理论与教学》2018 年第 2 期。

［69］卢树立、曹超:《我国绿色金融发展:现状、困境及路径选择》,《现代管理科学》2018 年第 3 期。

［70］卢勇:《"茅台"酒包装艺术风格的变迁研究》,武汉理工大学 2013

年硕士学位论文。

[71]陆雄文:《管理学大辞典》,上海辞书出版社2013年版。

[72]路春芳:《金融控股集团财务风险传导机理研究》,河南理工大学2008年硕士学位论文。

[73]罗传钰:《金融消费者保护路径建构》,厦门大学2011年硕士学位论文。

[74]麻建学:《甘肃省生态贫困问题研究》,甘肃农业大学2008年硕士学位论文。

[75]马骏:《构建绿色金融的理论框架》,《金融市场研究》2016年第2期。

[76]马骏:《中国绿色金融发展的十个领域》,《武汉金融》2017年第1期。

[77]马其林:《河北省绿色信贷发展现状调查研究》,河北金融学院2015年硕士学位论文。

[78]马越:《火电厂乏汽余热利用合同能源项目的节能效益评价》,太原理工大学2014年硕士学位论文。

[79]孟晓玲:《生态文明视角下的绿色金融发展趋势分析》,《产业与科技论坛》2014年第1期。

[80]倪姗:《从外部性视角看经济法对收入分配的再调节》,《广西民族师范学院学报》2015年第6期。

[81]倪紫越:《中国绿色金融工具发展现状、问题及国际借鉴》,《中国商论》2018年第7期。

[82]皮琨:《基于网络交易的垄断性市场结构分析》,湘潭大学2008年硕士学位论文。

[83]钱益跃:《我国森林资源生态环境及其评价探讨》,《河南科技》2014年第11期。

[84]秦虎:《环保信用:一种环境管理整合手段》,《环境经济》2006年第9期。

［85］邱洪华：《基于层次分析模型的中国内外资银行创新能力综合评价》，《研究与发展管理》2012 年第 5 期。

［86］瞿亢、赵威：《绿色金融发展与中国策略》，《银行家》2016 年第 1 期。

［87］申群德：《贵阳卷烟厂异地搬迁过程的节能减排对策研究》，贵州大学 2008 年硕士学位论文。

［88］时波：《绿色金融在青海的发展》，《青海金融》2016 年第 12 期。

［89］时磊：《绿色金融：融资美丽中国——中国银行业"福州承诺"》，《中国银行业》2014 年第 Z1 期。

［90］史小惠：《榆林地区土地生态敏感性时空动态分析》，长安大学 2012 年硕士学位论文。

［91］《水环境综合整治》，《环境导报》2003 年第 4 期。

［92］四川省金融学会课题组，梁勤星：《我国绿色金融发展路径探索——以四川省为例》，《西南金融》2018 年第 4 期。

［93］宋晓玲：《西方银行业绿色金融实践对中国的启示》，《经济研究参考》2013 年第 24 期。

［94］宋晓玲：《西方银行业绿色金融政策：共同规则与差别实践》，《经济问题探索》2013 年第 1 期。

［95］宋珍：《河北省绿色信用体系建设研究》，河北经贸大学 2014 年硕士学位论文。

［96］苏博、瞿亢：《绿色金融发展的国际经验及启示》，《国际金融》2016 年第 5 期。

［97］孙立：《银行绿色金融经营思考》，《市场研究》2016 年第 2 期。

［98］孙琼：《绿色金融视角下我国商业银行可持续发展研究》，湖南工业大学 2008 年硕士学位论文。

［99］索瑾：《绿色信贷——支持绿色经济发展》，《环球市场信息导报》2013 年第 35 期。

［100］谭洪坤：《吉林省工业经济发展与环境质量优化研究》，吉林大学

2009 年硕士学位论文。

[101]谭太平:《国内外银行业绿色金融实践的比较研究》,《生态经济》2010 年第 6 期。

[102]唐勇、丁嘉铖:《我国绿色金融发展促进产业结构转型升级研究》,《石河子大学学报(哲学社会科学版)》2018 年第 3 期。

[103]陶娟:《论中国信用体系建设》,北京大学 2005 年硕士学位论文。

[104]王昌海:《秦岭自然保护区生物多样性保护的成本效益研究》,北京林业大学 2010 年博士学位论文。

[105]王芳:《绿色金融引入生态建设》,《中国报道》2015 年第 7 期。

[106]王卉:《我国发展"绿色金融"中存在的问题及政策建议》,《科技信息》2008 年第 8 期。

[107]王姣、史安玲:《基于我国绿色金融发展问题的讨论》,《中国商论》2015 年第 Z1 期。

[108]王力兴:《浅谈环境管理的基本制度》,2007 年辽宁省环境科学学会论文。

[109]王小江、祝晓光:《提升绿色金融政策执行力的途径》,《环境保护》2009 年第 15 期。

[110]王琰:《绿色金融在我国的实践》,《金融会计》2017 年第 4 期。

[111]王兆星:《积极实施绿色金融战略》,《中国金融》2012 年第 10 期。

[112]王志伟:《信用评级原理和方法在节能减排中的应用研究》,《科技创新与生产力》2013 年第 7 期。

[113]王周户:《公众参与的理论与实践》,法律出版社 2011 年版。

[114]魏新让:《论技术标准与技术创新之关系》,2013 年第十届中国标准化论坛论文。

[115]熊学萍:《传统金融向绿色金融转变的若干思考》,《生态经济》2004 年第 11 期。

[116]徐丙根:《企业环境风险评估概述》,《安全、健康和环境》2014 年

第 10 期。

［117］徐剑波、张奇斌、朱敢、许伟河:《福建省发展绿色金融的实践与国际经验借鉴》,《福建金融》2014 年第 11 期。

［118］许聪聪:《河北省经济发展与环境污染趋势研究》,《合作经济与科技》2015 年第 16 期。

［119］许岚等:《土壤的健康管理探讨》,2016 中国环境科学学会学术年会会议论文。

［120］薛新宇:《建立低碳经济发展的绿色金融体系初探》,《现代金融》2010 年第 7 期。

［121］薛迎春:《情景模拟在管理学教学中的设计及其应用》,《科学导报》2016 年第 5 期。

［122］闫培雄:《促进我国绿色金融持续健康发展的思路和路径研究》,《湖北经济学院学报(人文社会科学版)》2016 年第 9 期。

［123］盐城市农村金融学会课题组:《构建商业银行风险管理体系的策略研究》,《海南金融》2006 年第 1 期。

［124］杨冠雄、李吉祥、刘红:《我国绿色金融法规政策构建的思考》,《西部金融》2017 年第 12 期。

［125］杨亮:《基于土地综合评价的村镇空间规划整合研究》,中国人民大学 2011 年博士学位论文。

［126］杨梦瑶:《环境文化建设的体系构建与重要作用分析》,《长安大学学报》2013 年第 1 期。

［127］杨培祥、马艳、刘诚洁:《发展绿色金融与叠加风险防范的研究》,《福建论坛(人文社会科学版)》2018 年第 5 期。

［128］杨庆虹:《国外绿色金融市场发展借鉴》,《中国金融》2017 年第 13 期。

［129］杨松:《绿色金融在中国商业银行的发展》,《中外企业家》2016 年第 36 期。

［130］杨锈祯:《英大信托创新绿色金融新模式》,《中国报道》2017 年

第 3 期。

[131]杨旭:《经济转型背景下政府职能转变问题研究》,河北大学 2015 年硕士学位论文。

[132]杨阳、王国松:《绿色金融发展水平测度——以上海为例》,《海南金融》2017 年第 4 期。

[133]杨志刚:《绿色金融发展之路初探——以黑龙江省为例》,《银行家》2018 年第 4 期。

[134]尤号:《基于制度的战略观研究评述》,《华东经济管理》2010 年第 9 期。

[135]游天嘉:《采用绿色制造技术降低资源消耗》,《宁德师专学报(哲学社会科学版)》2006 年第 1 期。

[136]喻钺:《绿色供应链下供应商选择及博弈分析》,东华大学 2013 年硕士学位论文。

[137]翟天源:《企业文化创新与安全文化建设》,《科技创业月刊》2013 年第 12 期。

[138]张百灵:《检察机关提起环境公益诉讼的困境与完善——以〈人民检察院提起诉讼试点工作实施办法〉为蓝本》,《江苏大学学报(社会科学版)》2017 年第 4 期。

[139]张藏领、王小江:《关于绿色金融发展瓶颈期的思考》,《环境保护》2015 年第 24 期。

[140]张传秀:《浅议我国的环境标准》,《化工环保》2004 年 S1 期。

[141]张敦福:《现代社会学教程》,高等教育出版社 2001 年版。

[142]张国盟:《企业战略管理研究》,《现代企业文化》2015 年第 27 期。

[143]张红:《论绿色金融政策及其立法路径——兼论作为法理基础的"两型社会"先行先试权》,《财经理论与实践》2010 年第 2 期。

[144]张梅:《绿色发展:全球态势与中国的出路》,《国际问题研究》2013 年第 5 期。

［145］张清爽:《德州城区特征肺部疾病与大气污染的相关性研究》,山东大学 2009 年硕士学位论文。

［146］张瑞怀:《创新绿色金融产品服务 探索金融引领绿色产业发展的"贵安模式"》,《清华金融评论》2017 年第 10 期。

［147］张伟、陈旸:《绿色金融的地方实践与难点》,《清华金融评论》2017 年第 10 期。

［148］张秀萍:《环境保护社会制度构建的理论分析》,山西大学 2007 年博士学位论文。

［149］张学慧:《国际低碳经济合作的制度陷阱与中国的对策分析》,《经济问题》2013 年第 2 期。

［150］张学江:《基于外部性视角的产业和谐》,《商业时代》2009 年第 16 期。

［151］张玉:《区域绿色金融发展水平评价体系》,《时代金融》2016 年第 11 期。

［152］张长弓:《中国商业银行社会责任研究——从法学角度出发》,中山大学 2010 年硕士学位论文。

［153］张振成、张涛:《如何提高空中交通管制中协调席协调工作的效率》,《中国民航飞行学院学报》2016 年第 4 期。

［154］张志宗:《清洁生产效益综合评价方法研究》,东华大学 2011 年博士学位论文。

［155］章林:《环境空气与大气污染的预防治理措施》,《城市建设理论研究》2014 年第 8 期。

［156］赵静:《实施绿色金融措施保护环境概论——以英国"绿色金融项目"为例》,《法制与社会》2009 年第 4 期。

［157］赵忠世:《信贷全流程风险管理研究》,《农村金融研究》2010 年第 4 期。

［158］赵卓:《中国环境规制的"三维"分析》,《学术交流》2013 年第 8 期。

［159］《中国绿色金融政策年度报告 2016》,《环境经济》2017 年第 8 期。

［160］中国人民银行黔西南州中心支行课题组:《绿色信贷推进的现状、问题及对策——以"中国金川"为例》,《西南金融》2013 年第 11 期。

［161］钟朝宏:《"全球报告倡议组织"及其〈可持续发展报告指南〉》,《社会科学》2006 年第 9 期。

［162］重庆绿色金融规划:《2020 年建成长江上游生态示范区》,《给水排水》2017 年第 12 期。

［163］周晶:《面向产品全生命周期的网络化技术服务研究》,东北大学 2008 年博士学位论文。

［164］周荣勤:《热电联产企业发展循环经济的方案设计及效益评价》,东南大学 2013 年硕士学位论文。

［165］周中明:《完善我国绿色金融政策支持体系的探讨》,《华北金融》2017 年第 7 期。

［166］周中明:《我国绿色金融政策支持体系构建》,《合作经济与科技》2017 年第 17 期。

［167］邹锦吉:《绿色金融政策、政策协同与工业污染强度——基于政策文本分析的视角》,《金融理论与实践》2017 年第 12 期。

责任编辑:柴晨清

图书在版编目(CIP)数据

绿色银行评级制度研究/王小江 著. —北京:人民出版社,2019.8
ISBN 978－7－01－020972－2

Ⅰ.①绿…　Ⅱ.①王…　Ⅲ.①商业银行-银行信用-资信评估-银行制度-
研究-中国　Ⅳ.①F832.33

中国版本图书馆 CIP 数据核字(2019)第 122589 号

绿色银行评级制度研究
LÜSE YINHANG PINGJI ZHIDU YANJIU

王小江　著

人民出版社 出版发行
(100706　北京市东城区隆福寺街 99 号)

环球东方(北京)印务有限公司印刷　新华书店经销

2019 年 8 月第 1 版　2019 年 8 月北京第 1 次印刷
开本:710 毫米×1000 毫米 1/16　印张:17.25
字数:251 千字

ISBN 978－7－01－020972－2　定价:59.00 元

邮购地址 100706　北京市东城区隆福寺街 99 号
人民东方图书销售中心　电话 (010)65250042　65289539